W0466751

Lyrik des 20. Jahrhunderts (1900–1945)

Interpretation von Herrmann Korte

Oldenbourg

Zitate sind halbfett gekennzeichnet.

Das Papier ist aus chlorfrei gebleichtem Zellstoff hergestellt, ist säurefrei und recyclingfähig.

© 2000 Oldenbourg Schulbuchverlag GmbH, München
www.oldenbourg-bsv.de

Das Werk und seine Teile sind urheberrechtlich geschützt. Jede Nutzung in anderen als den gesetzlich zugelassenen Fällen bedarf deshalb der vorherigen schriftlichen Einwilligung des Verlages. Hinweis zu § 52 a UrhG: Weder das Werk noch seine Teile dürfen ohne eine solche Einwilligung eingescannt und in ein Netzwerk eingestellt werden. Dies gilt auch für Intranets von Schulen und sonstigen Bildungseinrichtungen. Der Verlag übernimmt für die Inhalte, die Sicherheit und die Gebührenfreiheit der in diesem Werk genannten externen Links keine Verantwortung. Der Verlag schließt seine Haftung für Schäden aller Art aus. Ebenso kann der Verlag keine Gewähr für Veränderungen eines Internetlinks übernehmen.

Bei den Zitaten, Literaturangaben und Materialien im Anhang ist die neue Rechtschreibung noch nicht berücksichtigt.

1. Auflage 2000
Druck 13 12 11 10 09
Die letzte Zahl bezeichnet das Jahr des Drucks.

Umschlagkonzept: Mendell & Oberer, München
Umschlag: Stefanie Bruttel
Umschlagbild: © IFA-Bilderteam, Ottobrunn/München; Fotografin: Birgit Koch
Typografisches Gesamtkonzept: Gorbach GmbH, Buchendorf
Lektorat: Ruth Bornefeld
Herstellung: Verlagsservice Dr. Helmut Neuberger
& Karl Schaumann GmbH, Heimstetten
Satz: jürgen ullrich typosatz, Nördlingen
Druck und Bindung: Himmer AG, Augsburg

ISBN: 978-3-637-88699-5

Oldenbourg Interpretation
Band 97

Oldenbourg Interpretationen
Herausgegeben von
Klaus-Michael Bogdal und Clemens Kammler

begründet von
Rupert Hirschenauer (†) und Albrecht Weber

Band 97

Inhalt

Vorwort

Die Studie zur Geschichte der deutschsprachigen Lyrik von 1900 bis 1945 hat das Ziel, einen Überblick über fünf Jahrzehnte zu geben, welche die produktivsten innerhalb der Gattungsgeschichte der Lyrik seit der Romantik waren und bis in die Gegenwart nachwirken. Während die Zahl der Lyrikerinnen und Lyriker aus dem gesamten 19. Jahrhundert, die heute noch zum lyrischen Kanon gehören, recht überschaubar ist – es geht im Kern um eine Hand voll Namen: Goethe, Schiller, Novalis, Brentano, Eichendorff, Heine, Droste-Hülshoff, Mörike, Keller, Meyer und Storm –, steigt die Zahl in der ersten Hälfte des 20. Jahrhunderts deutlich an.

Allein für ein einziges Jahr, für 1900 etwa, lässt sich bereits eine stattliche Reihe von Namen ermitteln: Stefan George, Rainer Maria Rilke, Hugo von Hofmannsthal, Else Lasker-Schüler, Hermann Hesse; außerhalb des Kanons kommen Arno Holz, Richard Dehmel, Rudolf Borchardt und Rudolf Alexander Schröder hinzu. Schon ein Jahrzehnt später ist das Spektrum der Lyrikerinnen und Lyriker noch entschieden weit gespannter. Raabes Repertorium *Die Autoren und Bücher des literarischen Expressionismus*[1] zählt allein für den Zeitraum zwischen 1910 und 1920 vierhundertfünfzig Gedichtbände aus der Feder von Dutzenden von Autoren, darunter so bekannten Namen wie Georg Trakl, Georg Heym, Gottfried Benn, Ernst Stadler, Alfred Lichtenstein, Jakob van Hoddis, Johannes R. Becher, August Stramm, Franz Werfel, Albert Ehrenstein, Theodor Däubler und Paul Zech. Und in den folgenden drei Jahrzehnten kommt eine weitere Reihe von Autorinnen und Autoren hinzu, deren Gedichte in Lyrikanthologien des 20. Jahrhunderts nicht fehlen. Die Reihe reicht von Bertolt Brecht, Kurt Tucholsky, Erich Kästner, Oskar Loerke, Elisabeth Langgässer und Wilhelm Lehmann bis schließlich zu Peter Huchel, Günter Eich, Johannes Bobrowski, Rose Ausländer und Paul Celan, die bereits allesamt schon vor 1945 Gedichte schrieben.

Die Liste der Namen macht deutlich: Je differenzierter ich mich auf die Lyrik zwischen 1900 und 1945 einlasse, desto nuancierter wird mein Bild. *Die* Lyrik zwischen der Jahrhundertwende und dem Ende des Zweiten Weltkriegs hat es im Übrigen gar nicht gegeben. Der Zeitraum markiert keine in sich geschlossene Epoche, sondern eine Phase konkurrierender Ismen und Stilrichtungen. Die historischen Begrenzungsdaten umfassen Lyrik als einen Sammelbegriff, der Hunderte von Gedichtbänden und Tausende von Gedichten einschließt. Weder für eine Dekade noch gar für den gesamten Zeitraum gibt es das *eine* exemplarische Gedicht, das stellvertretend zu zitieren wäre. Gilt für das Arbeitsfeld der Literarhistorie generell, dass Geschichte nichts anderes als eine *Konstruktion* des Vergangenen – ihres Verlaufs, ihrer Zäsuren, ihrer Prozessrichtungen – ist, so gilt diese Prämisse für den vorliegenden Gegenstand in besonderer Weise.

Die Studie hat drei Schwerpunkte. Sie ist – erstens – *historisch* angelegt und stellt die deutschsprachige Lyrik von der Jahrhundertwende bis zum politisch-geschichtlichen Zäsurjahr 1945 dar, und zwar in einem diachronen Verfahren, das helfen soll, in übersichtlicher Form das komplexe, umfangreiche Text- und Quellenmaterial zu sichten. Die einzelnen Jahrzehnte sind zugegebenermaßen eine äußere Ordnungslinie; aber auf diese Weise bleibt die Konstruktion des geschichtlichen Verlaufs offen. Epochennamen und Stiletikette spielen, verstanden als Selbstverständigungs- und Abgrenzungsformeln, eine untergeordnete Rolle. Die Studie hat – zweitens – einen *systematischen* Akzent; es sollen neben der Themenvielfalt und dem Formenrepertoire zumindest in knappen Umrissen die Autoren des lyrischen Kernkanons berücksichtigt werden. Die Studie verfährt – drittens – *exemplarisch*, indem sie einzelne Gedichte heraushebt und sie ausführlicher interpretiert. Die Auswahl hat keinen repräsentativen, sondern einen didaktischen Anspruch; sie ist für die Nutzung im Literaturunterricht konzipiert. Vorschläge dazu finden sich im unterrichtspraktischen Teil des Buches.

1 Lyrische Moderne um 1890

1.1 Die Wende zur Moderne

In der deutschsprachigen Lyrik gehört die epochale Zäsur am Ende des 19. Jahrhunderts zu den markantesten Einschnitten ihrer Gattungsgeschichte. Sie trennte nicht nur Namen und Stile voneinander, sondern bewirkte einen umfassenden Wandel der produktions- und wirkungsästhetischen Bedingungen der Lyrik und veränderte grundlegend die kulturelle Alltagspraxis im Umgang mit Gedichten. Die epochale Zäsur hatte drei wichtige Prämissen. Erstens erfolgte sie auffallend rasch und abrupt, sodass ihre Datierung – der Zeitraum zwischen 1885 und 1890 – nicht strittig ist. Zweitens war der Einschnitt von Beginn an mit einem Statuswandel der Lyrik innerhalb der literarischen Gattungen verbunden: Lyrik wurde als literarische Gattung nicht nur förmlich wiederentdeckt, sondern entwickelte sich rasch zur zeitweilig bedeutendsten Gattung im System der Literatur. Drittens – und eng mit dieser neuen Rolle der Lyrik zusammenhängend – vollzog sich innerhalb der lyrischen Gattung am ehesten und entschiedensten die Hinwendung zur literarischen Moderne. Eine der bedeutendsten poetologischen Schriften im letzten Jahrzehnt des 19. Jahrhunderts – sie stammte aus der Feder des naturalistischen Theoretikers Arno Holz – trug nicht zufällig den Titel *Revolution der Lyrik*.[2] Auch wenn Holz keineswegs für sein Programm des *natürlichen Rhythmus* und seine Experimente mit dem Mittelachsenvers eine neue Schule von Lyrikern begründen konnte: Der Titel der Schrift und vor allem der Anspruch, mit dem sie als unerhörte Novität dargeboten wurde, waren der Ausdruck eines konsequenten Bruchs mit Traditionen des 19. Jahrhunderts.

Die neue Lyrik war Lyrik im Zeichen der Moderne. Beim Begriff der Moderne ist freilich besondere Vorsicht angebracht. Er wird, solange man ihn nicht differenziert, leicht zur Leerformel. Schon für den umgangssprachlichen Gebrauch von *modern* ließe sich ein ganzes Spektrum an semantischen Bedeutungsvarianten ermitteln. In ihnen spiegelt sich ein schillernder, wohl gerade in seiner Zweideutigkeit so attraktiver Gebrauch des Wortes. Der wissenschaftlich geführte Begriff der Moderne ist indes nicht weniger diffus. Er wird auf der einen Seite in *unterschiedlichen* Disziplinen unterschiedlich gebraucht und auf der anderen Seite selbst innerhalb *eines* Faches, ja Fachgebietes unterschiedlich definiert.

Der Begriff *Moderne* begegnet uns in der neueren deutschen Literatur erstmals in spezifischer Bedeutung um 1800 und ist mit dem Namen Friedrich Schlegel verbunden. Bedeutungsvoll und seiner Zeit weit voraus war sein Versuch, die Moderne philosophisch und poetologisch zu rechtfertigen. Die eigene Zeit verstand er als eine Zeit des Gegensatzes zur Antike. Hatte die Antike, so die Vorstellung, noch klare Regeln und reine Gesetze, bildeten Kunst und Leben in ihr noch eine Einheit und galt in ihr die Autorität des Musterhaften und Vollendeten, so ist die Moderne eine Zeit der Subjektivität. Das Moderne verband Schlegel mit dem Begriff des *Neuen* zu einer *dynamischen Kategorie*: Das eben noch Neue veraltet unaufhörlich und macht ständig einem veränderten Neuen Platz – in einem unablässigen Prozess; was für modern gehalten wird, verändert sich ständig im Zeichen des Neuen. Zur Moderne gehört nach Schlegel das Unvollendete, das Provisorische, das Projekt. Das Fragment und das Fragmentarische dominieren gegenüber der vollendeten klassischen Form.[3]

Nicht die Jahrhundertwende um 1800 allerdings, sondern die um 1900 brachte, gattungsgeschichtlich gesehen, die entscheidende Wende zur *lyrischen Moderne*. Was unter dieser Formel zu verstehen ist, hat Lamping näher erläutert:

> **Ein Ausdruck wie *moderne Lyrik* signalisiert, daß die Lyrik ihre eigene aktuelle Moderne hat. Nach allgemeiner Einschätzung reichen deren Anfänge bis weit ins 19. Jahrhundert zurück. Als ihr Nullpunkt gilt 1857, das Jahr, in dem Charles Baudelaires *Les fleurs du Mal* in erster Auflage erschienen sind. Mit diesem Buch beginnt die moderne Lyrik. Es ist aber nur das erste in einer langen Reihe prominenter Gedichtbände, die die Dichtung der Moderne geprägt haben.[4]**

Lampings Beispiele reichen von Mallarmé über Rilke, García Lorca, Brecht bis zu Celan.

Die literarische Moderne avancierte im 20. Jahrhundert zu einer Art Makroepoche, der sich einzelne Phasen und Richtungen zuordnen lassen. Sie entstand in Deutschland zwischen 1890 und 1914, und zwar in zeitlicher Nähe zum massiven Industrialisierungsschub am Ende des 19. Jahrhunderts. Die Lyrik war eine der ersten literarischen Gattungen, die den spannungsreichen, oft gegenläufigen Kontext zur technologisch-ökonomischen und politisch-sozialen Modernisierung reflektierte. Das lyrische Großstadt-Sujet war eines der frühesten literarischen Paradigmen, in dem literarische Moderne und gesellschaftliche Modernisierung in ihrem widersprüchlichen Zusammenhang beobachtet werden konnten. In der Anthologie *Moderne Dichter-Charaktere* von 1885, in dem der Begriff der Moderne zum ersten Male programmatisch für aktuelle Lyrik gebraucht wurde, findet sich auch ein Gedicht des aus der westfälischen Provinz nach Berlin gekommenen Jurastudenten und späteren Dichters Julius Hart. Dieser hat den Weg aus dem tiefen **Westen** in die **Fluten** Berlins als Kontrast zwischen Landschaftsidylle und Großstadt-**Schlacht** beschrieben, als Erfahrung von Gegensätzen, die seine Alltagswahrnehmung maßgeblich bestimmten:[5]

Vom Westen kam ich, schwerer Heideduft
Umfloß mich noch, vor meinen Augen hoben
Sich weiße Birken in die klare Luft,
Von lauter Schwärmen Krähenvolks umstoben,
Weit, weit die Heide, Hügel gelben Sands
Und binsenüberwachsne Wasserkolke,
Fern zieht ein Schäfer durch des Sonnenbrands
braunglühendes Land verträumt mit seinem Volke.

Bilden in dieser Idylle Mensch und Natur noch eine Einheit, bis hin zum idyllischen Schäfermotiv am Schluss, so ist Berlin ein Moloch, ein Ort der Bedrohung, der Einsamkeit, Entfremdung und Hölle:[6]

Berlin! Berlin! Die Menge drängt und wallt,
Wirst du versinken hier in dunklen Massen? …
Du suchst … du suchst die Welt in dieser Flut,
Suchst glühnde Rosen, grüne Lorbeerkronen …
Schau dort hinaus! … Die Luft durchquillt's wie Blut.
Es brennt die Schlacht, und niemand wird dich schonen …
Zusammen liegt hier Tod und Lebenslust,
Und Licht und Nebel in den langen Gassen –
Nun zeuch hinab, so stolz und selbstbewußt,
Welch eine Spur willst du in diesen Fluten lassen?

Dieses Gedicht, so holprig es wirkt und so simpel es seine Kontraste ausspielt – die erdfeste westfälische Heide gegen die Fluten des Berliner Großstadtmeeres, der Schäfer gegen den Städter, die **klare Luft** gegen den trüben Schlachtenrauch –, ist voller Erfahrungen einer neuen Wirklichkeit, die sich als moderne Lebenswelt der Großstadtmetropole vor den Augen des lyrischen Ichs entfaltet. Noch steht der provinzielle Betrachter angstvoll den expandierenden Städten gegenüber, fühlt sich bedroht von der zweiten Industriellen Revolution, von modernen Verkehrs- und Kommunikationsmitteln, steht staunend vor Auto, Telegraf, Elektrifizierung, Aeroplan, später Flugzeug genannt, Dampfschiffen, Eisenbahnbrücken und Bahnhöfen, die wie moderne Kathedralen aussehen und in denen ein pulsierendes Leben stattfindet. Die letzte Frage: **Welche Spur willst du in diesen Fluten lassen?** macht deutlich, dass die angstvolle Erfahrung des Neuen wohl nicht die letzte Erfahrung bleiben wird: Dass es einen Willen gibt, sich in jenen **Fluten** zu behaupten.

Der erste Schritt, Bildfacetten der modernisierten Welt mit dem Selbstbild von der eigenen künstlerischen Modernität zu verbinden, sich also als ein explizit moderner Dichter zu definieren, erfolgte über den thematisch bestimmten Innovationsgestus. Der moderne Dichter war der Dichter mit modernen Themen. Bei ihm kam das Proletariat in den Blick, nicht als vierter Stand, sondern als neue soziale Bewegung, vor allem aber als neuartige soziale Erscheinung der Moderne, als Masse und Massenbewegung. Zeitweilig wurden soziales Elend und die Verelendung des Industrieproletariats regelrecht zu modischen Gedichtstoffen. Daraus ist noch nicht auf die Solidarität mit der Arbeiterschaft zu schließen, schon gar nicht auf ein parteiliches Engagement von Dichtern. Wer seinen Neuigkeitswert lyrisch dokumentieren wollte, wählte neue Themen, und die sich verschärfende soziale Frage gehörte ebenso dazu wie das Spektrum ihrer konkreten Erscheinungsform: vom Wohnungsproblem bis zum Alkoholismus, von Hungerkriminalität bis zur Straßenprostitution. Großstadtlyrik wird dieses Genre später genannt; es ist das erste sehr verbreitete und zugleich früheste Genre moderner Lyrik, wobei das Attribut modern wesentlich thematisch bestimmt wird.

Die Signatur des Modernen lässt sich noch dezidierter an einem anderen Lyriker der ›Modernen Dichter-Charaktere‹ illustrieren, an Arno Holz. Holz, 1863 zu Rastenburg in Ostpreußen geboren, früh nach Berlin gekommen und dort 1929 gestorben, hatte sich ausgiebig mit der Theorie und Praxis zeitgenössischer Literatur beschäftigt. Und das hieß für ihn zunächst: mit französischen Romanschriftstellern wie Emile Zola und mit Literaturtheorien, die den Anspruch hatten, wissenschaftlichen Gesetzen zu genügen. Seine erste Veröffentlichung 1883, ein Gedichtband, hatte allerdings einen ausgesprochen traditionellen Titel und hieß *Klinginsherz*. Die Augsburger Schillerstiftung hatte seine Gedichte preisgekrönt. Holz war mittellos nach Berlin gekommen und von der Großstadt fasziniert, deren soziale Spannungen er, selbst in materielle Not geraten, unmittelbar erleben musste.

1886 erschien sein *Buch der Zeit*, Lyrik mit dem Untertitel *Lieder eines Modernen*. Damit akzentuierte Holz die ein Jahr zuvor in der Anthologie *Moderne Dichter-Charaktere* eingeleitete Wende zur Moderne, indem er den Begriff des *Modernen* als eine Selbstbeschreibungsformel verwendete. Sein *Buch der Zeit* lebte vom Gestus des Modernen, indem der Verfasser dem Buch das Etikett *modern* förmlich aufklebte und diesen Vorgang nach außen hin präsentierte. Modern hieß nun: mit dem Alten brechen, sich auf die Seite des Neuen stellen, selbst das Neue darstellen und so auf der Höhe der Zeit sein. Einem Zyklus des *Buchs der Zeit* gab Holz den Titel *Phantasus*, den er kurz darauf seinem wichtigsten poetischen Werk verlieh. Im *Phantasus*-Zyklus entwarf Holz das Schicksal eines verhungernden und zugleich zu träumerischen Höhenflügen aufschwingenden Dachstuben-Poeten, der oben unter dem Dach eines heruntergekommenen Berliner Mietshauses wohnt. Dichter und Gesellschaft stehen in einem problematischen Verhältnis zueinander:[7]

Ihr Dach stieß fast an die Sterne,
vom Hof her stampfte die Fabrik,
es war die richtige Mietskaserne
mit Flur- und Leiermannsmusik!
Im Keller nistete die Ratte,
paterre gab's Branntwein, Grog und Bier,
und bis ins fünfte Stockwerk hatte
das Vorstadtelend sein Quartier.

Dort saß er nachts vor seinem Lichte
– duck nieder, nieder, wilder Hohn! –
und fieberte und schrieb Gedichte,
ein Träumer, ein verlorner Sohn!
Sein Stübchen konnte grade fassen
ein Tischchen und ein schmales Bett;
er war so arm und so verlassen,
wie jener Gott von Nazareth!

Dachstubenromantik und proletarisches Milieu stehen in diesem Gedicht beieinander, verbunden in Reimen wie **Sterne** und **Mietskaserne**, **Fabrik** und **-musik**. Der literarische Raum wird in der ersten Strophe mit wenigen Strichen angedeutet und entsprechend typisiert – als **Quartier** des **Vorstadtelends**. Die soziale Referenz des Gedichts, also die Konstruktion eines sozialen Raumes, die proletarische Bildlichkeit des Vorstadtelends, ist zwar in den entsprechenden Bildelementen des Gedichts nachweisbar. Aber es wäre verfehlt, das Gedicht als eine soziale Milieustudie zu bezeichnen. Das lyrische Ich übernimmt die Perspektive des armen Poeten, besonders deutlich im pathetischen Ausruf **duck nieder, nieder, wilder Hohn!** – und in den Versen **er war so arm und so verlassen/ wie jener Gott von Nazareth!** Zum Pathos tritt ein sentimentales Element, Selbstmitleid. Die Selbstdeutung steigert sich über den **Träumer** und **verlornen Sohn** zum Schlüsselvergleich: **wie jener Gott von Nazareth!**

Die Selbstreferenz des Poeten erfährt damit eine erste wichtige Definition. Der Dichter, der seinen Platz außerhalb der bürgerlichen Sphäre hat, der außerhalb der anerkannten Gesellschaft steht, mitten im **Vorstadtelend** haust, reklamiert für sich eine herausgehobene Position. Er ist nicht nur der Außenseiter, sondern auch der Gezeichnete, ein entlaufener **verlorner Sohn**, aber einer mit angedeutetem messianischen Bewusstsein, das sich im Vergleich **arm und verlassen/ wie jener Gott von Nazareth** unmissverständlich ausspricht:

In Fetzen hing ihm seine Bluse,
sein Nachbar lieh ihm trocknes Brot,
er aber stammelte: »O Muse!«
und wußte nichts von seiner Not.
Er saß nur still vor seinem Lichte,
allnächtlich, wenn der Tag entflohn,
und fieberte und schrieb Gedichte,
ein Träumer, ein verlorner Sohn!

Die nächtliche Schreibszene ist poetische Urszene: Erst im Schreiben erfährt sich der Dichter, und zwar in einem Schreiben, das die Wirklichkeit vergessen macht und Poesie und Traum verbindet. Die nächtliche Schreibszene ist ein Initiationsvorgang, in dem der arme Poet in seiner Dachstube die höheren Weihen der Dichtung erfährt. Wir erfahren nichts über die Inhalte der Gedichte, das Schreiben ist kein Mittel der Mitteilung mehr, sondern das Ziel und der Schreibvorgang wird zum erregenden Augenblick. Der *Phantasus*-Zyklus im *Buch der Zeit* wird zur Basis für das wichtigste Gedichtwerk von Arno Holz, das 1898/99 erschien und bezeichnender Weise den Titel *Phantasus* trägt und damit den wichtigen Gedichtzyklus aus dem *Buch der Zeit* zitiert.

Für das *Buch der Zeit* war der moderne Innovationsgestus eine Frage des Themas, des sozialen Inhalts. Wir wissen zwar nicht, welche Gedichte der arme Poet schrieb, aber die Gedichte von Holz waren konventioneller Natur. Mit Gedichten, die er um die Mittelachse zentriert, überschreitet Holz die Grenze zum Versexperiment und zur sprachlichen Innovation. Die Verse sollen Sinneinheiten von unterschiedlicher Größe und Verdichtung darstellen. Die Rhythmus-Konstruktion basiert auf einem System differenziertester Tempi; sie reichen vom Staccato bis zu reflexiven, von langen Pausen unterbrochenen Bewegungselementen. Besonders deutlich ist die Konzentration auf den Augenblick, auf einen poetischen Sekundenstil:[8]

Seligkeit!

....

Im Garten, frühauf, pfiff ein Vogel, von tausend Gräsern troff der Tau,
der ganze Himmel stand in Rosen.

Lieber! Liebe!

Und wieder:
Kuß auf Kuß! Und ... nichts als wir! Nichts als wir!

....

Was
kann die Welt – uns jetzt noch bieten!

Im *Phantasus* dominiert ein lyrisches Ich, das die eigene Emotionalität immer wieder umkreist. Die Sprache kann, wie in den zitierten Strophen, hoch emotional sein, bis hin zu den angedeuteten Unterbrechungen, den Punktierungen, die sowohl eine Sprechpause als auch sprachloses Schweigen und Stille signalisieren können. Die Gedichte sind Wahrnehmungsstudien, in denen optische und akustische Elemente ebenso eine Rolle spielen wie die bis ins sprachliche Detail differenzierten, affektiven und emotionalen Selbstbeobachtungen. Die Zergliederungstechnik mancher Texte lässt Holz' Kompositionstechnik als eine aus einer Vielzahl von Partikeln zusammengesetzte Partitur erscheinen; sie hat dem Autor das Etikett *impressionistisch* eingebracht. In manchen Gedichten gerät die Ballung aus asyndetisch verbundenen Farbattributen, Epitheta, Partizipialkonstruktionen, Komposita und Verben tatsächlich zu einem Kaleidoskop von Eindrücken: **Große, blanke, grünblau glasflüglige Libellen,/ wippend,/ runde, flirrend über die alten, dicken, moosgoldnen Stämme wie verzaubert hinhuschende Sonnenlichter/ Rehkälbchen,/ Erdbeeren und kleine, drollige rotpumplige Pilzmännchen/ lockten uns,/ wie in einem Märchen,/ Schritt für Schritt, Busch um Busch, Farreninselchen um Farreninselchen,/ immer tiefer und tiefer.**[9] Auch die zuweilen manierierte Neigung zu Neologismen (glasflüglig, rotpumplig, Pilzmännchen) zeigt an, dass der *Phantasus* als autonome poetische Schöpfung des Dichters gelesen werden möchte. Auch dies ist ein charakteristisches Merkmal lyrischer Moderne. Holz hat seinen *Phantasus* als unabgeschlossen und unvollendet betrachtet, sodass er ständig weiterarbeitete. Zuletzt kam er auf einen zu fünf Bänden ausgewachsenen *Phantasus* von 1600 Seiten Gedichte. Aus dem armen Poeten war ein die Welt sich aneignender Sprachschöpfer, Rhythmuskünstler und Gedichtkompositeur der Moderne geworden.

1.2 Von der vormodernen zur modernen Gedichtpoetik

Die Wende zur lyrischen Moderne, die gattungsgeschichtliche Zäsur um 1890, bewirkte auch auf dem Feld der Gedichtpoetik einschneidende Veränderungen. Sie lassen sich exemplarisch und kontrastiv an programmatischen Statements von Theodor Storm auf der einen und Hugo von Hofmannsthal und Stefan George auf der anderen Seite aufzeigen. Storm schrieb über vier Jahrzehnte lang Gedichte; als er 1888 starb, arbeiteten George und Hofmannsthal an ihren literarischen Werken. Die Dichtungstheorie des literarischen Realismus, dem Storm zugerechnet wird, kannte kein geschlossenes Programm. Es gab keine verbindliche ästhetische und poetologische Konzeption, nicht einmal Ansätze dazu, sondern eine verbreitete Skepsis gegenüber allen Versuchen, die Produktion von Literatur systematisch zu begründen. Erfahrungswissen bestimmte jahrzehntelang

Storms poetische und ästhetische Reflexionen. Sie waren das Produkt der literarischen Lektüre und der literarischen Praxis, nicht aber das Resultat systematischer Studien. Im Ideal der im Gefühl gründenden Dichtung entwarf STORM wie in dem folgenden Auszug aus der 1854 veröffentlichten Rezension eines Lyrikbandes die harmonische Einheit von Autor, Werk und Leser:[10]

> **Die eigentliche Aufgabe des lyrischen Dichters besteht [...] darin, eine Seelenstimmung derart im Gedicht festzuhalten, daß sie durch dasselbe bei dem empfänglichen Leser reproduziert wird, wobei freilich der Wert und die Wirkung des Gedichts davon abhängen wird, daß sich die individuelle Darstellung mit dem allgemeingültigsten Inhalt zusammenfinde. Die besten lyrischen Gedichte sind daher auch immer unmittelbar aus der vom Leben gegebenen Situation heraus geschrieben worden; die höchste Gefühlserregung wird, wie das Jeder schon im täglichen Leben an sich erfahren mag, auch immer den schlagendsten Ausdruck finden [...]. Es beruht daher auch das willkürliche und massenhafte Produzieren lyrischer Gedichte [...] auf einem gänzlichen Verkennen des Wesens der lyrischen Dichtkunst; denn bei einem lyrischen Gedichte muß nicht allein, wie im Übrigen in der Poesie, das *Leben*, nein es muß geradezu das *Erlebnis* das Fundament desselben bilden. Den echten Lyriker wird sein Gefühl, wenn es das höchste Maß von Fülle und Tiefe erreicht hat, von selbst zur Produktion nötigen, dann aber auch wie mit Herzblut alle einzelnen Teile des Gedichtes durchströmen.**

STORMS Faszination für **die höchste Gefühlserregung** setzt auf den schönen Schein der Kunst, indem sie deren Gefühlssuggestion mit der Aura des Unmittelbaren und Ungekünstelten verknüpft und die Differenz von Kunst und Wirklichkeit verdrängt. Wie die Gedichte **immer unmittelbar aus der vom Leben gegebenen Situation heraus geschrieben worden** sind, so würden die Leser sie in ihre Erlebniswelt einbeziehen und als deren **schlagendsten Ausdruck** begreifen. Der **Naturlaut des Herzens** war für ihn stets ein ***unmittelbarer* Drang des Gefühls**, der erst dann jenen **Herzton** bei den Lesern bewirkt, wenn diese im Prozess der Identifikation den **Drang des Gefühls** wieder hervorbringen. Die Dichtung erreiche, so STORM, **das höchste Maß von Fülle und Tiefe** nur, wenn sie die Erinnerung an den Produktionsvorgang, an dessen artifizielle Seite, auslösche. Auf diese Weise wird der Schreibvorgang, das Verfassen von Erlebnislyrik –, STORM erkannte einzig das Erlebnisgedicht als wahre, innerste Poesie an –, zu einer fiktiven Übermächtigung durch Gefühl und Erlebnis. Vor diesem Horizont hat das Unmittelbarkeitspostulat, die Maxime, das Gedicht müsse unmittelbar und unvermittelt für sich selbst sprechen, für Storm eine kanonische Bedeutung. Die Illusion des Unmittelbaren soll die in den Text projizierte **Seelenstimmung** als ein ganzheitliches Erlebnis bewahren.

Fast vier Jahrzehnte später haben sich nicht nur Begriff und Verständnis vom Gedicht und von der Aufgabe des Lyrikers geändert, sondern auch der Duktus, in dem über Dichtung und Gedicht gesprochen wird. Hatte STORM sein Unmittelbarkeitspostulat noch auf der erlebnisgemäßen, stimmungshaften Wirkung des Gedichts aufgebaut, so grenzte sich GEORGE 1894 kategorisch vom intentionalen Wirkungsbegriff ab: **In der dichtung – wie in aller kunst-betätigung – ist jeder der noch von der sucht ergriffen ist etwas ›sagen‹ etwas ›wirken‹ zu wollen nicht einmal wert in den vorhof der kunst einzutreten.**[11] Die Maxime sichert die künstlerische Autonomie gegen alle Wirkungskonzeptionen ab, indem sie die Grenze zwischen Kunst und Nicht-Kunst deutlich markiert. Daher sucht man bei GEORGE jeden Ansatz zu wirkungspsychologischen Begründungen von Dichtung vergeblich, die noch für STORMS **Herzton**-Poetik mit ihrer Seele und Gemüt gleichermaßen erfassenden Kraft eine wichtige Rolle spielte. GEORGE dagegen hebt die Bedeutung der Form stärker hervor. Nicht um poetisch erzeugte **Seelenstimmung** und **höchste Gefühlserregung** geht es ihm; das Moment der ›Erregung‹ ist ins Innerste des Gedichts zurückgenommen, also kein wirkungs-, sondern ein produktionsästhetisches Phänomen besonderer Art: **Den wert der dichtung**, heißt es bei GEORGE weiter, **entscheidet nicht der sinn (sonst wäre sie etwa weisheit gelahrtheit) sondern die form d. h. durchaus nichts äusserliches sondern jenes tief erregende in maass und klang** [...].[12]

Die Abkehr von der vormodernen Gedichtpoetik war um 1890 eine Frage der theoretischen und praktischen Distanz zur Erlebnislyrik. Je weiter sich ein Lyriker vom Gefühls- und Stimmungszauber des 19. Jahrhunderts entfernte, je fundamentaler er den Abstand und nicht die Nähe von Kunst und Leben definierte und je deutlicher die Kluft zwischen Dichter und Publikum, Gedicht und Rezipientenerwartung wurde, desto prägnanter wurden die Konturen moderner Gedichtpoetiken. Hofmannsthals Vortrag *POESIE UND LEBEN* aus dem Jahre 1896 war eine poetologische Manifestation der lyrischen Moderne, die er selbstbewusst und entschieden gegen das **ermüdend(e) Geschwätz von Individualität, Stil, Gesinnung, Stimmung** abgrenzte.[13] Hatte STORM noch die Ansicht geäußert, die **besten lyrischen Gedichte** seien **immer unmittelbar aus der vom Leben gegebenen Situation heraus geschrieben worden**, so lautete Hofmannsthals poetologische Grundmaxime: **Es führt von der Poesie kein direkter Weg ins Leben, aus dem Leben keiner in die Poesie.** In zustimmender Anspielung auf GEORGES Essay *ÜBER DICHTUNG* begründete er seinen Standpunkt:

> **Das Wort als Träger eines Lebensinhalts und das traumhafte Bruderwort, welches in einem Gedicht stehen kann, streben auseinander und schweben fremd aneinander vorüber, wie die beiden Eimer eines Brunnens. Kein äu-**

ßerliches Gesetz verbannt aus der Kunst alles Vernünfteln, alles Hadern mit dem Leben, jeden unmittelbaren Bezug auf das Leben und jede direkte Nachahmung des Lebens, sondern die einfache Unmöglichkeit: diese schweren Dinge können dort ebensowenig leben als eine Kuh in den Wipfeln der Bäume.

Das Unmittelbarkeitspostulat vormoderner Poetiken des 19. Jahrhunderts hat keine Gültigkeit mehr, es wird im Gegenteil die Ansicht, das Gedicht sei ein unmittelbares Sprechen, kompromisslos verworfen: in der aufgekündigten Einheit von Poesie und bürgerlichem Leben, in der Beschwörung der ästhetischen Form als mystischer Größe und in der kalkulierten Differenz zwischen Dichter und Publikum. Zum veränderten Selbstverständnis gehört nicht zuletzt auch eine seit 1900 vielfältig zu beobachtende Tendenz zur Rolle des Poeten als eines ›Sehers‹. In dieser Selbstbeschreibungsformel wird der Anspruch auf ein Künstlertum außerhalb der Gesellschaft deutlich. Etwas dichterisch zu ›sehen‹ hieß, etwas nicht in konventioneller Sprache zu sagen, sondern in einem komplizierten Prozess der Spracharbeit eigenständig hervorzubringen. Sprache selbst wird zur Produktivkraft und nimmt im Gedicht Gestalt an. Der Dichter-Seher reklamiert für sich eine eigene, nur ihm gemäße Wahrnehmungsweise. Nur er kann Unterschiedliches, Disparates zusammenbringen und wieder auflösen. **Ich will ein Poet sein, und ich arbeite an mir, um aus mir einen *Seher* zu machen. [...] Es geht darum, durch Entgrenzen aller Sinne am Ende im Unbekannten anzukommen,**[14] hatte Rimbaud 1871 geschrieben. Vor diesem Hintergrund hieß ein Gedicht zu schreiben in der lyrischen Moderne: auf radikale Weise an sich zu arbeiten. Welche Bedeutung der Rede vom Gedicht und vom Dichter sowie dem Verfassen von Gedichten um 1900 zukam, lässt sich an einem Brief Rilkes näher erläutern. Das Beispiel ist zunächst recht unscheinbar: ein Brief, den Rilke im Februar 1902 aus Paris an einen unbekannten (und unbekannt gebliebenen) Dichter schrieb, an den acht Jahre jüngeren Franz Xaver Kappus. Gerade die private Schreibsituation, die von Offenheit, Verständnis und Einfühlungsvermögen gekennzeichnet war, erlaubt dem Mitleser des Briefes konkrete Einblicke:[15]

Sie fragen, ob Ihre Verse gut sind. Sie fragen mich. Sie haben vorher andere gefragt. Sie senden sie an Zeitschriften. Sie vergleichen sie mit anderen Gedichten, und Sie beunruhigen sich, wenn gewisse Redaktionen Ihre Versuche ablehnen. Nun (da Sie mir gestattet haben, Ihnen zu raten) bitte ich Sie, das alles aufzugeben. Sie sehen nach außen, und das vor allem dürfen Sie jetzt nicht tun. Niemand kann Ihnen raten und helfen, niemand. Es gibt nur ein einziges Mittel. Gehen Sie in sich. Erforschen Sie den Grund, der Sie schreiben heißt; prüfen Sie, ob er in der tiefsten Stelle Ihres Herzens seine Wurzeln ausstreckt, gestehen Sie sich ein, ob Sie sterben müßten, wenn es Ihnen versagt würde zu schreiben. Dieses vor allem: fragen Sie sich in der

> **stillsten Stunde Ihrer Nacht, *muß* ich schreiben? Graben Sie in sich nach einer tiefen Antwort. Und wenn diese zustimmend lauten sollte, wenn Sie mit einem starken und einfach ›*Ich muß*‹ dieser ernsten Frage begegnen dürfen, dann bauen Sie Ihr Leben nach dieser Notwendigkeit; Ihr Leben bis hinein in seine gleichgültigste und geringste Stunde muß ein Zeichen und Zeugnis werden diesem Drange.**

Rilke grenzt Schreiben kategorisch von allen Konventionen und Realitäten des Literatursystems ab. Markt, Literaturkritik und Öffentlichkeit spielen am Beginn des Schreibprozesses keine Rolle. Die poetische Urszene, also der entscheidende Durchbruch zur Erfahrung der eigenen poetischen Existenz, ist ein Augenblick höchster Einsamkeit und nächtlicher Isolation (**fragen Sie sich in der stillsten Stunde der Nacht**). Die existenzielle Dimension wird auf die Spitze getrieben: **gestehen Sie sich ein, ob Sie sterben müßten, wenn es Ihnen versagt würde zu schreiben.** Schreiben wird zur existenziellen Notwendigkeit. Für den Dichter bilden Schreiben und Leben eine Einheit: Schreiben ist Leben! Hinzu tritt ein religiöses Moment: Die Szene ist Selbsterforschung, Gewissenserforschung, innerste und lauterste Zwiesprache des Dichters mit sich selbst: **Graben Sie in sich nach einer tiefen Antwort.** Der ersten Station, der Gewissensprüfung im emphatischen Moment produktivster Einsamkeit, folgt eine Berufungsszene, auch diese mit religiöser Aura versehen, die Antwort **mit einem starken und einfachen ›*Ich muß*‹** schreiben. Für diesen Brief gilt: Der Begriff der Initiation ist keine bloße Metapher, um die hohe Bedeutung auszudrücken, die dem Schreiben zukommt. Das Initiationsritual, also die Einweihung in mystische Tiefen der Dichterexistenz, konkretisiert sich in rituellen Stufen: nächtliche Szenerie, Gewissenserforschung, Bekenntnisformel, Berufung. Die Berufung verlangt **Zeichen und Zeugnis**, und zwar im Leben: **Ihr Leben bis hinein in seine gleichgültigste und geringste Stunde muß ein Zeichen und Zeugnis werden diesem Drange.** Das ist religiöses Pathos, liturgische Rhetorik, feierlicher Weihesprache nachempfunden bis zur pathetischen Inversion am Satzende. Die meditative Formel von der **Versenkung**[16] verleiht dem Schreibvorgang die Aura eines schöpferischen Geheimnisses. Am Ende steht die Figur des großen autonomen Dichters, **der Schaffende**, wie es im Schlusssatz heißt, der **eine Welt für sich sein und alles in sich finden** müsse **und in der Natur, an die er sich angeschlossen hat.**[17] Der **Schaffende** ist die Orientierungs- und Idealfigur dichterischer Selbstreferenz.

1.3 Ästhetischer Binnenraum, dichterischer Habitus und poetische Form

RILKES Schreibpoetik zielte auf eine dichterische Praxis als Lebenspraxis in einem ästhetisch bestimmten Binnenraum. Es ging dabei keineswegs um bloße l'art pour l'art. Im Bezirk der Kunst sollten vielmehr Erfahrungen der Gegenwart zum poetischen Stoff transformiert und stilisiert werden. Für RILKE erfolgte die Wende zur Moderne in den drei Zyklen des *STUNDENBUCHS*, die zwischen 1809 und 1903 entstanden. Ihre religiösen Titel – *VOM MÖNCHISCHEN LEBEN*, *VON DER PILGERFAHRT* und *VON DER ARMUT UND VOM TODE* – kündigen keine religiöse Dichtung an; sie skizzieren vielmehr eine ins Ästhetische gespiegelte Religiosität. In RILKES *STUNDENBUCH* ist Gott ein Schlüsselwort. Die Zyklen sind dadurch nicht einfacher, sondern schwieriger zu lesen. Die Bandbreite der Bedeutungen erweitert sich. So entfaltet sich das Wort Gott allmählich zur RILKE'schen Universalmetapher, zu einem großen Bildkomplex, aus dem sich abzweigende Bildstämme und -äste ableiten, die nicht auf einen sie erklärendes Ende zulaufen, sondern innerhalb des Gedichtzyklus eigene Bildzyklen herausbilden. Wer sie verstehen will, muss sich auf die Komplexität des gesamten Zyklus einlassen.

RILKES Dichtung war jahrzehntelang populär, weil sie so viele Möglichkeiten bot, in jene Wellen einzutauchen. Nicht selten schichteten sich die Bildkomplexe zu mystischen Größen auf, in denen, wie in der Gottesanrufung, die Gedichtsprache auf religiöse Bilder, Gebetswendungen, Liturgien und Rituale anspielte. Und weil die Gottesformel keinen festen Bedeutungskern mehr hatte, wurde sie in den Zyklen zu einer immer wieder interpretierten Unbestimmtheitsstelle. **Ich kreise um Gott, um den uralten Turm,** so heißt es gleich zu Beginn, als ob im Bild des Kreisens und Kreisförmigen die Form des Zyklus bereits angedeutet wird: **Ich kreise um Gott, um den uralten Turm,/ und ich kreise jahrtausendlang;/ und ich weiß noch nicht; bin ich ein Falke, ein Sturm oder ein großer Gesang.**[18] Andere Verse sind wie private Gebete gestaltet und heben mit der vertraulichen Ansprache **Du** an: **Du bist ein Rad, an dem ich stehe,/ vor deinen vielen dunklen Achsen/ wird immer wieder eine schwer/ und dreht sich näher zu mir her.**[19] Die Bildketten sind durchaus polar gegeneinander gesetzt. Was eben noch wie eine mächtige Orientierung klang (im Bild des Turmes), das wird in anderen Versen zur Anspielung auf den verborgenen, dunklen Gott: **Mein Gott ist dunkel und wie ein Gewebe/ von hundert Wurzeln, welche schweigsam trinken.**[20]

Noch mehr als für RILKE war für GEORGE die Analogie von Religion und Kunst, die sakrale Auffassung von Dichtung, ein Leben lang unangreifbar wahr. Dichtung war eine Art religiöses Mysterium, das nur wenige verstehen. Die Geheimnisse, die Mysterien, sind nur den wenigen zugänglich, die sie verstehen, während anderen, den Nicht-Eingeweihten, das Treiben der Auserwählten stets in ihrem Sinn verborgen bleiben muss. Der Dichter als Seher und Priester: GEORGE war dieser Anspruch derart ernst und derart absolut, dass er ihn in der Tat wie einen Gottesdienst zelebrierte. Er schuf indes keine katholische Dichtung, sondern er setzte die Dichtung an die Stelle der Religion.

Aus Baudelaires Schriften hatte der junge GEORGE Impulse für einen ästhetischen Dandyismus empfangen und als Entwurf einer aus dem eigenen Künstlertum geborenen aristokratischen Lebenshaltung adaptiert. Das spielerische Moment des Dandys wich einem elitebewussten Aristokratismus, der bei GEORGE bald mit einem messianischen Bewusstsein von der eigenen Auserwähltheit verbunden wurde. GEORGE eignete sich in Paris einen Dandy-Habitus an. Aristokratismus wurde eine Form der Distinktion, der kategorischen Abgrenzung, ein Ausschließungsritual, mit dem GEORGE die Grenze zwischen sich und später dann seinem Kreis auf der einen und den Ausgeschlossenen, der unwissenden Menge, auf der anderen Seite zog. GEORGE war einer der ersten und entschiedensten modernen Lyriker, die ihren Habitus und Lebensstil dezidiert antibürgerlich entwickelten. Es gab allerdings um 1900 keinen einheitlichen Künstlerhabitus moderner Dichter, vielmehr ein Spektrum an Differenzformen, das von der aristokratisch-herrschaftlichen Priesterpose GEORGES bis zur ein wenig abgebrannt und durchzecht wirkenden Boheme-Existenz beispielsweise eines Peter Hille reichte. Im Spektrum der Dichter seinen Platz zu finden hieß seinen eigenen Habitus, sein Äußeres und seine unverwechselbare Form der Selbstdarstellung nach außen zu entfalten.

GEORGES Dandyismus war keine Variante bourgeoiser Lebensweise. Es ging nicht um durchzechte und durchlebte, sondern um durchlesene und durchschriebene Nächte. Das Selbstverständnis des Dandys wandelte sich bei GEORGE früh zum Selbstbildnis des Sehers, der sich weiterhin aus einer strikt aristokratischen Haltung heraus definierte: **Des sehers wort ist wenigen gemeinsam**, heißt es in einem seiner Gedichte: **Schon als die ersten kühnen wünsche kamen/ In einem seltnen reiche ernst und einsam/ Erfand er für die dinge eigne namen.**[21] GEORGE stilisiert seine Existenz zu einer künstlerisch-künstlichen, schließt sich von der profanen Welt ab und bekannte sich zu einem der Kunst und nur der Kunst geweihten Leben. Ein solches Programm war ein Bekenntnis zum konsequenten Selbstbezug der Kunst. Es ging um den Anspruch einer radikalen Einheit von Künstlertum und Kunstpraxis, um ein ästhetisch bestimmtes Leben, das keinem anderen Prinzip als dem der Kunst und der Schönheit verpflichtet sein sollte.

Der Selbstbezug der Kunst und derjenige des Künstlers auf sich selbst bildeten die zwei Seiten einer Medaille.[22]

Und doch ist George, bei aller Inszenierung seiner Autorität, seiner Priester- und Meisterrolle, bei aller im Alltag genügend demonstrierten aristokratischen Lebensform am Ende keineswegs der Dichter liturgischer Lyrik, künstlicher Lebens- und Geisteswelten und artifizieller, manchmal unfreiwillig geschraubt wirkende Verse für den kleinen Kreis seiner wechselnden Anhängerschaft geblieben. Manche seiner Gedichte sind voller Melancholie und Leiderfahrung. Und sie sind es gerade dort, wo sie nicht bereits Teil eines Rituals sind, beispielsweise in den Liedern. Ein Beispiel dafür findet sich im »Siebten Ring«.[23]

An baches ranft
Die einzigen frühen
Die hasel blühen.
Ein vogel pfeift
In kühler au.
Ein leuchten streift
Erwärmt uns sanft
Und zuckt und bleicht.
Das feld ist brach˙
Der baum noch grau ..
Blumen streut vielleicht
Der lenz uns nach.

Zwar findet sich auch in diesem Gedicht noch Georges Vorliebe für prätentiöses Sprechen, seltene Wörter und Wendungen. Aber der erste Vers leitet eine kleine Reihe von mit äußerster poetischer Sensibilität gestalteter weiterer Verse ein: Verse, die ein paar karge, aber genaue Beobachtungen seismographisch registrieren und auf überflüssigen Dekor verzichten. Metrik und Rhythmus sind durchaus unregelmäßig; der vorletzte Vers wechselt unvermittelt vom dominierenden Jambus zum Trochäus. Es ist der einzige Vers, der nicht mit einem Artikel oder einer Präposition beginnt. Er hat nichts mehr vom feierlichen Pomp der großen Programmgedichte, sondern deutet eine Rückkehr zum einfachen, liedhaften Sprechen an, nicht zuletzt auch zu einer Form der Verständlichkeit, die kaum noch Spuren vom Gestus des Sprechens im eingeweihten Kreis verrät.

1.4 Zu einzelnen Texten

1.4.1 Arno Holz: »Im Thiergarten«

Unter den Lyrikern der ›Modernen Dichter-Charaktere‹ galt Arno Holz als einer der talentiertesten jungen Dichter. 1898/99 erschien der erste Band seines wichtigsten Gedichtwerks, das den Namen *Phantasus* trug und das der Autor bis Mitte der 20er-Jahre immer wieder überarbeitete und zu einem der umfangreichsten lyrischen Werke des Jahrhunderts erweiterte. Zu den ersten Gedichten des *Phantasus* gehörte auch, 1898 in der Zeitschrift ***Jugend*** separat veröffentlicht, Holz' Gedicht »Im Thiergarten«.[24]

Im Thiergarten, auf einer Bank, sitz ich und rauche;
und freue mich über die schöne Vormittagssonne.

Vor mir, glitzernd, der Kanal:
den Himmel spiegelnd, beide Ufer leise schaukelnd.

Über der Brücke, langsam Schritt, reitet ein Leutnant.

Unter ihm,
zwischen den dunklen, schwimmenden Kastanienkronen,
pfropfenzieherartig ins Wasser gedreht,
– den Kragen siegellackrot –
sein Spiegelbild.

Ein Kukuk
ruft.

Das Gedicht ist die Momentaufnahme einer Situation, wie sie um 1900 offenbar zum Berliner Alltag gehören könnte. Ein Müßiggänger **auf einer Bank** beobachtet, wie ein preußischer Leutnant über eine Brücke des Landwehrkanals reitet. Wenn er genauer hinsieht, kann er sogar das Spiegelbild erkennen, das der Reiter **in der schönen Vormittagssonne** wirft, gerade in dem Augenblick, in dem ein **Kukuk/ ruft.** Holz' Alltagsgedicht basiert auf einer Kette sinnlicher Wahrnehmungen, die ein Ich im Zustand äußerster Entspannung mit verblüffenden Details festhält. Die Alltagsimpression ist poesiefähig geworden. Der Dichter jedenfalls arbeitet sich an ihr ab, indem er seine Verse, zentriert um die Mittelachse, zu einer kunstvollen Struktur aus unterschiedlich langen Versreihen und Strophen ausgestaltet und der gesamten Komposition ein kompliziertes rhythmisches Gefüge unterlegt. Das Ich, das seinen Beobachtungsort (**Im Thiergarten, auf einer Bank**), seine Tätigkeit (**sitz ich und rauche**) und sogar seine Empfindungen (**freue mich über die schöne Vormittagssonne**) auf knappstem Raum skizziert, ist das eigentliche Wahrnehmungszentrum des Textes. Es registriert seine Umgebung, transformiert Eindrücke in Sprache und ordnet sie zu Versreihen, deren typographische Formen ins Auge springen, so als ob die Impressionen im Gedicht ihre visuelle Ausdrucksform erhalten. Auch die Strophenanordnung folgt keinem Schema, sondern ist offenbar auf eben diesen Moment und dieses Gedicht hin konzipiert.

Und noch ein weiteres Element der Verskonstruktion hat der Autor auf artifizielle Weise in seinem Tiergarten-Gedicht genutzt, die Pausen. Sie unterbrechen gleich im ersten Vers zweimal den Sprachfluss, sodass die Situationsbeschreibung in ihren Einzelheiten hervorgehoben wird, während im zweiten Vers die Empfindung ohne jede Zäsur bleibt und in ihrer Einheit erscheint. Auch die folgenden Strophen haben ihre eigenen Phasierungen und Verslängen. Während in der zweiten Strophe die Partizipialkonstruktionen **glitzernd, spiegelnd** und **leise schaukelnd** den (syntaktisch unvollständigen) Satz bestimmen, ist die aus einem einzigen Vers bestehende dritte Strophe als parataktischer Aussagesatz angelegt, von zwei Pausen unterbrochen, die mit entsprechender fachsprachlicher Wendung die Reittechnik kommentieren: **langsam Schritt.** Die Mittelachsen-Konstruktion der Verse wird in der vierten Strophe besonders sinnfällig. Was wie eine aus detaillierten Einzelbeobachtungen zusammengesetzte Wahrnehmung erscheint, zerfällt im Lese- und Sprechfluss wieder in einzelne Facetten, unterbrochen von Zäsuren im Versinneren und am Versende. Kontrapunktisch dazu folgt mit den beiden Versen der letzten Strophe die schlichteste Form der Verskonstruktion im gesamten Gedicht. Der Kontrast mit seinem einfachen Satzmuster aus Subjekt und Prädikat wirkt fast so wie eine befreiende Auflösung der so artifiziell ziselierten Versstruktur der vorletzten Strophe.

Zur Komposition des Alltagsgedichts gehört schließlich auch die Sprachlichkeit sinnlicher Wahrnehmung. Es dominiert zunächst das Sehen; die sprachliche Transformation erfolgt mit einem Präzisionsgrad, der an beschreibende Prosa erinnert, zumal auf Metaphern und bloße Stimmungsbilder verzichtet wird. Es geht um eine momenthafte Impression der Sinne, nicht um emotionale Tiefenwirkung. Die visuellen Impressionen werden um akustische ergänzt. Schon in der Wendung **beide Ufer** ***leise*** **schaukelnd** deutet sich die Verknüpfung der Wahrnehmungsfelder an, die in der Pointe **Ein Kukuk/ ruft** ihren Abschluss findet. Die sprachliche Prozedur, mit der die Impressionen realisiert werden, bleibt in der Versstruktur sichtbar: Das Ich nutzt Partizipien und Adjektive, präpositionale und adverbiale Satzkonstruktionen und es gewichtet Wörter und Satzteile, indem es Verse von unterschiedlicher Kürze und Länge bildet. So wird der Vers zu einer semantischen Einheit, die einzelne Wahrnehmungsdetails hervorhebt, miteinander zusammenbringt und voneinander trennt. Die Komplexität dieses Verfahrens wird in der vorletzten Strophe evident: Auf die knappe Raumangabe (**Unter ihm**) folgt eine mit Epitheta ausgestaltete Ergänzung (**zwischen den dunklen, schwimmenden Kastanienkronen**), dann eine Partizipialkontruktion (**ins Wasser gedreht**) mit einem für ein Gedicht äußerst ungewöhnlichen Adjektivkompositum (**pfropfenzieherartig**), darauf eine Parenthese mit deutlich markiertem Farbadjektiv (**siegellackrot**) und nun erst das Kernwort **Spiegelbild,** das inhaltliche Stichwort der Strophe.

Die sprachliche Prozedur ist kein Vorgang der bloßen Wiedergabe von Wahrgenommenem, sondern ein autonomer Akt poetischer Wahrnehmung, hervorgebracht durch den Präzisionsgrad der Wortwahl sowie durch ständig variierte Satz-, Versreihen-, Versrhythmus- und Mittelachsenkonstruktionen. Die Form tritt deutlich hervor. Sie verbirgt nicht den Charakter des Gemachten, des Artifiziellen, sondern führt ihn vor, indem sie sich an einer bedeutungslosen alltäglichen Szenerie abarbeitet. Was dargestellt wird, sei, so resümiert Grimm mögliche Vorbehalte, **doch wirklich fast ohne Gewicht und Gehalt [...] und letztlich eine Banalität.**[25] Und doch ist die Akzentuierung der Form gegenüber dem ›Gehalt‹ ein Kennzeichen genuin moderner Lyrik der Jahrhundertwende. Nicht die Tiergarten-Begegnung mit einem Leutnant zu Pferd in preußischer Uniform – blauem Rock mit (siegellack-)rotem Kragen –, sondern die Realisierung der Impression als Verskunst ist der eigentliche Gegenstand des Gedichts. Das beobachtende Ich konstruiert einen sprachlichen Wahrnehmungsvorgang und tritt damit aus der Konvention eines traditionellen Erlebnis- und Stimmungsgedichts hinaus. Nichts wird ins Ungefähre hinein formuliert, zum bloßen emotionalen Reiz und zum Gedankenimpuls.

Das Ich registriert die Spiegelungen im Wasser fast wie ein Thema physikalischer Optik und löst die es umgebende Wirklichkeit in Wahrnehmungspartikel auf: in verblüffender Übereinstimmung mit modischen Wahrnehmungs- und Empfindungstheorien zeitgenössischer Philosophie um 1900. Das Ich wird von seiner eigenen Beobachtungsleidenschaft immer wieder zu präzisem Sprechen angehalten, wie sich am Spiegelbildmotiv des Gedichtes zeigt. Das Glitzern des Wassers deutet auf eine ›**leise schaukelnd**‹ genannte Bewegung hin, **den Himmel spiegelnd.** Diese Bewegungsform, in der Schaukelmetapher fixiert, kehrt in der vierten Strophe wieder; denn das Reiter-**Spiegelbild** erscheint, der sanften Wasserbewegung entsprechend, **pfropfenzieherartig ins Wasser gedreht.** Das Vergleichswort bricht am konsequentesten mit dem lyrischen Vokabular des 19. Jahrhunderts; es erklärt auf ebenso unpoetische wie anschauliche Weise ein optisches Phänomen. Und weil die Beobachtung genau sein soll, wird noch ein weiterer optischer Effekt hervorgehoben, der **siegellackrot** erscheinende Uniform-**Kragen** im sich spiegelnden Wasser.

Der dort **auf einer Bank** den Vorgang beobachtet, gibt zunächst keinen Anhaltspunkt, von dem über irgendeine Beziehung zum vorüberreitenden Leutnant spekuliert werden könnte. Und doch wirkt die letzte Strophe mit ihrer schlichten akustischen Registratur **Ein Kukuk/ ruft** wie eine Pointe, die das vorherige Bild in seiner bemühten Ernsthaftigkeit aufhebt und mit hintersinniger Ironie kommentiert, deren Zielrichtung für den Leser offen bleibt. Esselborn hat die Ironie gesellschaftskritisch gedeutet:

Der Leutnant erinnert an die vom Militär bestimmte feudale Ordnung in Preußen. Wie er zur Spitze der damaligen Gesellschaft gehört, so befindet er sich auch in der dargestellten Szene ganz oben: auf dem Pferd und zusätzlich auf der Brücke. Aber im Spiegelbild zeigt ihn das Gedicht unten im Wasser als Teil der Natur und außerdem karikaturistisch verzerrt. [...] Mit den vergleichenden Adjektiven ›pfropfenzieherartig‹ und ›siegellackrot‹ wird auch die ausschweifende Atmosphäre des Kasinos und illegaler erotischer Abenteuer beschworen, die dieser bei Belletristen und Karikaturisten der Zeit gleichermaßen beliebten Figur anhaften.[26]

Also doch ein anspielungsreiches Gedicht, das in seiner vermeintlichen Oberflächenpräzision am Ende ein kritisches Gesellschaftsszenario entwirft, sogar mit einem **Kuckuck als Zerrbild des preußischen Adlers** und als Verweis **auf das nichtsnutzige Leben der Offiziere?**[27] Holz' Gedicht mag mit der Wahl seiner Reiterfigur und vor allem mit den mit dieser Figur verbundenen Konnotationen zu solchen Deutungsversuchen ermuntert haben. Das Gedicht selbst aber enthält keine offensichtlichen karikaturistischen Zeichen und verbleibt in der Geschlossenheit der Impression. Einen kritischen Blick auf Staat und Gesellschaft allerdings hat zwar nicht das Ich des Gedichts, wohl aber der Autor für sich in Anspruch genommen, der in einem »Selbstporträt« überschriebenen frühen Gedicht sich mit den Worten charakterisiert: **Nur wenigen bin ich sympathisch,/ denn ach, mein Blut rollt demokratisch.**[28] Außerdem – ein weiteres intertextuelles Argument für die Möglichkeit einer dem Gedicht unterlegten Anspielungsebene – kommt der Schlusspointierung in vielen Gedichten des Holz'schen *Phantasus* eine besondere Funktion als Schlüssel zum Textverständnis zu. Zumindest aus dem Kontrast zwischen der schlichten Strophe **Ein Kukuk/ ruft** und den Finessen der **Spiegelbild**-Konstruktion führt der Gedichtschluss auch im immanenten Gedichtaufbau auf die vollendete Harmlosigkeit der Eingangsstrophe zurück.

Holz' Gedicht ist eines der frühesten Beispiele für den offenen Deutungshorizont derjenigen modernen Gedichte, die zunächst in ihrer Konkretion so umstandslos und leicht erfassbar wirken und doch ihre Plausibilität in dem Moment verlieren, in dem ihre sprachlichen Zeichen auf ihre chiffrenhafte Signatur hin gelesen werden. Die Frage, ob überhaupt und mit welcher Deutlichkeit im Spiegelbild des Tiergarten-Gedichts gesellschaftliche Konturen sichtbar werden, führt über die impressionistische Technik des Gedichts hinaus und ist Teil eines offenbar im Text angelegten Interpretationspotenzials, dessen Spielraum offen bleibt. Holz selbst wenigstens hat schon im Namen seiner epochalen Gedichtsammlung *Phantasus* das der lyrischen Moderne inhärente Element produktiver, imaginativer Vieldeutigkeit hervorgehoben.[29]

1.4.2 Stefan George: »Komm in den totgesagten park und schau …«

STEFAN GEORGES *JAHR DER SEELE* von 1897 wird mit einem Herbstgedicht eingeleitet, das als wohl berühmtestes Gedicht[30] des Dichters gilt:

Komm in den totgesagten park und schau:
Der schimmer ferner lächelnder gestade ˙
Der reinen wolken unverhofftes blau
Erhellt die weiher und die bunten pfade.

Dort nimm das tiefe gelb ˙ das weiche grau
Von birken und von buchs ˙ der wind ist lau ˙
Die späten rosen welkten noch nicht ganz ˙
Erlese küsse sie und flicht den kranz ˙

Vergiss auch diese lezten astern nicht ˙
Den purpur um die ranken wilder reben ˙
Und auch was übrig blieb von grünem leben
Verwinde leicht im herbstlichen gesicht.

Das Gedicht ist eine Einladung an den Leser, in den herbstlichen, schon **totgesagten** Park zu folgen und zu schauen. Kaum etwas, so fällt sogleich auf, ist vom herbstlichen Verfall gezeichnet, auch wenn die Zeichen der Jahreszeit allenthalben im Park zu finden sind, die **späten rosen** und – in GEORGE'scher Schreibweise gehalten – **lezten astern** sowie der **purpur um die ranken wilder reben ˙**. Von Ernte ist zwar nicht im Sinne bäuerlicher Tätigkeit die Rede – der **totgesagte park** erscheint von der ersten bis zur letzten Zeile als ein exklusiver Ort der Natur –, aber doch von der Lese, genauer: von der Aufforderung zu einer besonderen Lese, die einem Zeremoniell gleicht. Die Verse **Erlese küsse sie und flicht den kranz ˙** geben dem Vorgang etwas Weihevolles und wirken wie die Aufforderung zu einer symbolischen Handlung, deren Sinn freilich nicht sofort deutlich wird.

Ohnehin erscheint die einladende Geste des ersten Verses, vom gesamten Gedicht her beurteilt, als Auftakt einer Reihe von Aufforderungen. Nur zwei Sätze haben die grammatische Form von Aussagesätzen. So beginnt das Gedicht nach dem ersten Vers mit einem Bild des Parks, das den Raum panoramaartig begrenzt: **Der schimmer ferner lächelnder gestade ˙ / Der reinen wolken unverhofftes blau/ Erhellt die weiher und die bunten pfade.** Das Bild wird in der zweiten Strophe behutsam um ein paar Details ausgestaltet: **der wind ist lau ˙ / Die späten rosen welkten noch nicht ganz ˙**. Es dominieren im Gedicht die Aufforderungen; sie sind nicht nur in imperativer Form gehalten, sondern haben auch etwas Imperatives: Das Gedicht spricht keine unverbindlichen Einladungen aus, sondern zieht den Schauenden immer mehr in die Handlung der ›Lese‹ ein; aus dem Betrachter wird ein aktives, mitspielendes Element im herbstlichen Zeremoniell.

Schon der Ort dieses Zeremoniells verleiht dem vom lyrischen Subjekt Angesprochenen eine besondere Aura. Der Park nämlich zeigt sich als ein künstliches, erlesenes Landschaftsstück, das gerade in den Farben des Augenblicks, in dem die Einladungen ausgesprochen werden, als artifizielle Welt erscheint. Die Impressionen der ersten Strophe erhalten ihre Wirkung aus einem Licht, das der Szenerie eine besondere Atmosphäre verleiht: **Der reinen wolken unverhoftes blau/ Erhellt die weiher und die bunten pfade.** Dass der in diesem Licht so verlockende Park kein Naturstück nach der Art englischer Parks ist, wird in der zweiten Strophe noch deutlicher. So ist der Buchs ein Strauch, der in künstlicher Garten- und Parkarchitektur eine besondere Rolle spielt; und auch die Blumen haben im artifiziellen Arrangement des Parkes ihren zugewiesenen Platz. Gruenter ist zuzustimmen:

> Der Dichter sucht nicht die freie Natur, nicht die Wildnis ohne gebahnte Pfade und markierte Grenzen, sondern den Park. Der Park ist geordnete und geschönte Natur. Die natürlichen Elemente, Blumen, Bäume, Wasser, Hügel, Blumen werden einem Schönheitsplan anvertraut, der sie verwandelt und umformt. Sie werden ausgewählt, erlesen, komponiert. [...] Der Park ist ein Kunst-Werk, ein *paradis artificiel*.[31]

GEORGES Gedicht zeichnet, auch wenn das mit seinen Personifizierungen (**lächelnder gestade •** und **unverhofftes blau**) so verlockend ausgemalte Panorama der ersten Strophe dies zunächst nahe legt, kein Naturtableau nach. Die Zuordnung des Gedichts zum Genre der Naturlyrik ist ohne erläuternde Vorbehalte kaum möglich. Der Park ist der erlesene Ort eines Rituals, den zwei Eigenschaften kennzeichnen. Er ist einerseits totgesagt, also gar kein interessanter Platz für sich an Konvention und Gewohnheit orientierende Betrachter; andererseits ist der Park, so wie ihn das lyrische Subjekt vorstellt, gerade in seiner Exklusivität einzigartig.

Seine besondere Weihe als artifizieller Raum aber erfährt der Park als Mitspieler im Zeremoniell der Lese, die sich aus einzelnen Elementen zusammensetzt. Das Ritual beginnt mit der Einladungsformel und der ersten Betrachtung des Parks, dem Vorgang des Schauens. Vor diesem Hintergrund tritt sogar in den Versen 2 bis 4 die Funktion der Beschreibung zurück. Es ist das lyrische Subjekt, dass das, was zu betrachten ist, auf poetische Weise ausmalt: als Initiation des Betrachters in die Welt des Parks. Die zweite Aufforderung **Dort nimm das tiefe gelb • das weiche grau/ Von birken und von buchs** führt die Initiation weiter. Es scheint, als ob der Betrachter nun selbst aus dem, was er sieht, ein farbiges Bild entwirft, und als ob er, ein gleichsam imaginativer Akt der Lese, aus den Farben von **birken** und **buchs •** seine eigene Impression formt. Der dritte imperative Gestus aber umreißt in seiner dreifachen Stufung eine komplexe Zeremonie. Dem Akt der Auswahl (**Erlese**) folgt der Rosenkuss und darauf das Flechten des

Kranzes. Spätestens mit diesem Ritual ist der Betrachter in die artifizielle Welt des Parks einbezogen; dem Initiationsritus der ersten Strophe folgt in der zweiten eine Art Kult- und Weihehandlung, die sich in der dritten wiederum in dreifacher Weise fortsetzt (**astern, die ranken wilder reben ·, was übrig blieb von grünem leben**). Auch diesmal bestimmt die Farbigkeit der Impression die Verse, wobei die Farbe des Herrschers und Imperators (**purpur**) mit derjenigen der Natur (**von grünem leben**) kombiniert wird: In der artifiziellen Welt verschwindet die Natur, wie in der Metapher des Verwindens im letzten Vers unmissverständlich deutlich wird, zum Element und bloßen Stoff künstlerischer Praxis. Das letzte Wort, **gesicht**, verweist daher auf den Anfang zurück, auf das Wort **schau**, sodass sich der Kreis der Aufforderungen, begonnen mit der Einladungsgeste **Komm in den totgesagten park und schau**, am Ende wieder schließt.

George hat im *Jahr der Seele* sein Gedicht an den Beginn des Zyklus *Nach der Lese* gestellt. Es hat in diesem intertextuellen Bezugssystem schon deshalb eine über die Immanenz des Textes hinausweisende Funktion, weil bei George der zyklischen Kompositionsweise eine die Dichtungspraxis bestimmende Funktion zukommt. Die Gedichte des Zyklus verstärken den Eindruck, dass der Titel *Nach der Lese* keineswegs ein naturlyrisches Genre einleitet. Vielmehr spielen Rituale und Zeremonien, wie sie schon im Eingangsgedicht zu beobachten waren, eine wichtige Rolle. Da ist vom **segen** die Rede (**Ja heil und dank dir die den segen brachte**)[32] und von der Exklusivität eines Kreises, in der sich die Exklusivität des Parks und des Park-Zeremoniells offenbar fortsetzt: **Wir suchen nach den schattenfreien bänken/ Dort wo uns niemals fremde stimmen scheuchten**. Und noch deutlicher wird der einschwörende Ton der Gemeinsamkeiten: **Wir waren glücklich bloss solang wir einst/ Nicht diese hecken überschauen konnten.**[33] Das Bild der Abschirmung und Abgrenzung nach außen wird als Voraussetzung für das Glück derer betrachtet, die sich in den eigenen inneren Bezirk des Kreises zurückgezogen haben. Der Park, so ließe sich folgern, ist das Bild für einen solchen exklusiven, dem Dichter und seinem Kreis gemäßen Ort, so wie die **Welt des Parkes [...] bei George – und im Symbolismus überhaupt – Sphäre der Kunst**[34] ist. Dass Georges *paradis artificiel* die Welt der Kunst und Dichtung umgreift, dafür gibt es im Gedicht noch weitere Spuren, die eine aus dem Verständnis der Park-Kunst-Analogie erwachsene zweite Ebene der Interpretation noch plausibler erscheinen lässt.

Die metaphorische Wendung des Erlesens spielt auf einen Lese- und Verstehensakt an; im Verb ›lesen‹ ist der aus der Ernte stammende Begriff des Sammelns im Sinne von Auflesen noch als verblasste Metapher enthalten. In diesem Kontext erhält das Park-Ritual mit seinem Einladungs- und

Lese-Zeremoniell einen erweiterten Sinnzusammenhang. Die Initiationsformel **Komm in den totgesagten park und schau** lädt die Angesprochenen in die **Sphäre der Kunst** ein, in eben jene seit dem Beginn des wissenschaftlichen Zeitalters totgesagte Welt. Diese existiert einzig in der kategorischen Abschließung nach außen. Sie zu betreten, sich in ihr zu bewegen und sie zu verstehen bedarf es bestimmter Kenntnisse und Rituale. Das lyrische Subjekt aber spricht aus der Position des Wissenden wie der des Einladenden. Als Eingangsgedicht des Zyklus *Nach der Lese* wie des gesamten *Jahres der Seele* fixiert das Gedicht in der Bildlichkeit des Parkes und der Parklandschaft eine Art Eingangsritual in die Lektüre der folgenden Gedichte.

Die vom Dichter gewählte Metaphorik ist keineswegs willkürlicher Art. Schon in der griechischen und römischen Antike galten Blumenstücke als Metaphern für Dichtungen; Sammlungen von Gedichten hießen Florilegien. In Georges Kunstwelt nun ist der Vorgang des Lesens ein den ›Lesenden‹ auszeichnender, exquisiter Akt, der nicht allein eine Auswahl des Besten und eine tiefe Anerkennung der exklusiven Welt bedeutet, sondern einer Liebeshandlung (**küsse sie**) gleichkommt. Das Gedicht steht am programmatischen Anfang des *Jahres der Seele*, weil es eine **Anweisung zum richtigen, verehrenden Lesen**[35] enthält. Die ästhetischen Konturen der Parklandschaft heben die genuin ästhetische Dimension der Kunstsphäre hervor, die für George und seinen Kreis im Kern eine Sphäre der Dichtung war.

Aber auch für diejenigen, die das Gedicht »Komm in den totgesagten park und schau …« als Initiationsgedicht in die Sphäre der George'schen Dichtung lesen, hat damit der im Bild des Parkes und seiner ästhetischen Szenerie aufgehobenen Bezug zum Jahreszeitenthema und zum Genre des Herbstgedichts noch keineswegs an Bedeutung verloren. Das Naturbild gestaltet vielmehr in seinen artifiziell komponierten Details, wenn auch in metaphorisch verschlüsselter Form, die poetologische Verstehensebene des Gedichts. Und der Dichter selbst lässt im *Jahr der Seele* niemals ganz den Blick auf den Park und seine abgeschlossene Einzigartigkeit und Schönheit außer Acht. Im Schlussgedicht spielt er auf die Einladung des Schauens sowie auf die farbige Impression an, mit der der Park einst zu Beginn den Betrachter in seinen Bann lockte: **Willst du noch länger auf den kahlen böden/ Nach frühern vollen farben spähn?**[36] Die Antwort des Dichters hebt den Modus der Bescheidung hervor: **Bescheide dich wenn nur im schattenschleier/ Mild schimmernd du genossene fülle schaust**. Zurück bleibt eine einzige lebendige Erinnerung, die Dichtung selbst: **Und sieh! die tage die wie wunden brannten/ In unsrer vorgeschichte schwinden schnell. …/ Doch alle dinge die wir blumen nannten/ Versammeln sich am toten quell.**

1.4.3 Rainer Maria Rilke: »Ich fürchte mich so ...«

Am 21. November 1897 schrieb RILKE in Berlin-Wilmersdorf sein zehn Verse umfassendes, titelloses Gedicht »Ich fürchte mich so vor der Menschen Wort ...«.[37]

Ich fürchte mich so vor der Menschen Wort.
Sie sprechen alles so deutlich aus
Und dieses heißt Hund und jenes heißt Haus,
und hier ist Beginn und das Ende ist dort.

Mich bangt auch ihr Sinn, ihr Spiel mit dem Spott,
sie wissen alles, was wird und war;
kein Berg ist ihnen wunderbar;
ihr Garten und Gut grenzt grade an Gott.

Ich will immer warnen und wehren: Bleibt fern.
Die Dinge singen hör ich so gern.

Was wohl an diesem Gedicht am ehesten auffällt, ist die strikte Abgrenzung des Ichs von den Menschen. Deren Verhalten wird in den beiden vierzeiligen Strophen durchgängig negativ beurteilt, während das Ich seinen eigenen Standort außerhalb des Menschen-Kreises einnimmt. Die Differenz zwischen dem einzelnen Ich und der Gesamtheit der Menschen könnte wie eine Chuzpe wirken: Da tritt ein Einzelner auf, der sich anmaßt, über alle anderen zu urteilen. Aber mit einem solchen Verdammungsgedicht haben RILKES Verse nichts gemein. Vielmehr bestimmt der Ton der Furcht die ersten beiden Strophen, nicht der Gestus der Kritik. Dem Leitvers **Ich fürchte mich so vor der Menschen Wort** entspricht in der zweiten Strophe der Vers **Mich bangt auch ihr Sinn.** Der Gestus der Furcht, in den ersten beiden Strophen bestimmend, verbindet sich mit der Positionierung des Ichs in der letzten Strophe, mit der Selbstinterpretation des lyrischen Subjekts im Vers **Ich will immer warnen und wehren: Bleibt fern.**

Die der Furcht entstammende Warnung und Abwehr gilt in der ersten Strophe offenkundig der Sprache der Menschen: **Sie sprechen alles so deutlich aus.** Die Reflexion des Ichs gilt also offenbar der umstandslosen, selbstverständlichen Verfügbarkeit über das Wort. So darüber zu verfügen heißt über die Realität zu verfügen in einer Weise, die einer Inbesitznahme gleichkommt, einer Verfügbarkeit über die im Wort fixierte Realität. Die Sprachlichkeit der Dinge und Erscheinungen erscheint in **der Menschen Wort** als ein Akt der Aneignung, in dem sich eine souveräne Herrschaft über die Realität dokumentiert. Die Benennung – **Und dieses heißt Hund und jenes heißt Haus** – zeigt einen Vorgang des Gefügigmachens, der Instrumentalisierung der Dinge und Erscheinungen, so als ob diese ihre Bestimmung erst im sprachlichen Aneignungsprozess erführen: **und hier ist Beginn und das Ende ist dort.**

Die sprachkritische Brisanz des RILKE'schen Themas wird in der Sprache des Gedichts abgetönt. RILKE schreibt keine sprachphilosophische Gedankenlyrik, sondern artikuliert in der Stimme des Gedichts einen Vorbehalt: Wort und Sache, Realität und ihr sprachliches Äquivalent sind nicht identisch, vielmehr liegen zwischen beiden Polen unüberbrückbare Diskrepanzen. Damit aber wird – und diese Ansicht fand in der Tat ihre Entsprechung in der Sprachphilosophie und -kritik der Jahrhundertwende – die Fähigkeit der Sprache, die Dinge und Erscheinungen zu benennen, fundamental angezweifelt. Es geht solcher Kritik nicht allein um die Brüchigkeit eines naiven Sprachrealismus, dem der Benennungs- und Bezeichnungsvorgang kein Problem ist, weil er die Verfügbarkeit der Sprache über die Realität voraussetzt, sondern wesentlich um den hinter dem sprachlichen Aneignungsakt aufscheinenden Prozess der Instrumentalisierung und Funktionalisierung der Dinge in der menschlichen Gesellschaft.

Die Praxis dieser **Entzauberung**[38] der Dinge, nach Max Weber ein Konstituens der technologischen Modernisierung, tritt in der zweiten Strophe noch stärker hervor. Der Vers **Mich bangt auch ihr Sinn** umreißt die Position des Ichs, das sich kategorisch von der Hybris menschlicher Weltaneignung und -unterwerfung (**ihr Garten und Gut grenzt grade an Gott**) distanziert, und zwar einerseits bezogen auf szientistische wie historistische Allmachtsfantasien gleichermaßen (**sie wissen alles, was wird und war**) und andererseits auf den flachen Rationalismus im instrumentellen Umgang mit den Dingen (**kein Berg ist ihnen mehr wunderbar**). Die mit Warnung und Abwehr begründete Wendung der Schlussstrophe, **Bleibt fern**, gilt vor diesem Hintergrund einer die Epoche um 1900 bestimmenden Tendenz, und zwar aus einer Perspektive entwickelt, die im Vers **Die Dinge singen hör ich so gern** anklingt, einer Haltung, der die Dinge nicht stumm und verfügbar sind, sondern ihre eigene Sprache haben, eine, die den Menschen noch in ihren Bann zu ziehen versteht.

Nun war RILKE um 1900 nicht der Einzige, der die Grenzen der Bezeichnungs- und Benennungsfähigkeit menschlicher Sprache thematisierte. In Hofmannsthals *LORD CHANDOS-BRIEF* beispielsweise, 1901 entstanden, wurde die Dichotomie von Wort und Realität und die als Sprach-Krise existenziell erfahrene Ohnmacht der Sprache gegenüber der Lebenspraxis zum Ausgangspunkt einer sprachskeptischen, zugleich aber sprachproduktiven, Dichtung und Dichtungstheorie stimulierenden Reflexion über das Verhältnis von Sprache, Dingwelt, Lebenspraxis und menschlichem Subjekt. RILKES Verse **Ich fürchte mich vor der Menschen Wort** und **Mich bangt auch ihr Sinn** kehrt bei Hofmannsthal als eine Erkenntnis wieder, die der fiktive Briefschreiber an seinem eigenen Verhältnis zu Sprache und Dingen beobachtet hat: **Es ist mir völlig die Fähigkeit abhanden gekommen, über irgend etwas zusammenhängend zu denken oder zu sprechen.**[39] Damit aber ist auch das Verhältnis zu den Dingen ein fremdes und problematisches geworden, die Wirklichkeit selbst verliert aus der Position des Ichs ihre klaren Konturen. Im selben Jahr, als Rilke sein Gedicht verfasste, hatte Hofmannsthal in den ***Blättern für die Kunst*** geschrieben: **Das Wirkliche ist nicht viel mehr als der feurige Rauch.**[40] Die Metapher des Rauches zielt auf das Unbestimmte, Sich-Auflösende, Nicht-Fassbare und Vergängliche des **Wirkliche**(**n**).

Auch in Rilkes Gedicht klingt ein solches Verständnis der Wirklichkeit durch. Die Menschen – die Wissenden, die **im Spiel mit dem Spott** Überlegenen – nehmen die Dinge als klar umrissene, von ihnen in Wahrnehmung, Bezeichnung und Gebrauch fest fixierte Gegenstände. Der Dichter dagegen setzt auf deren geheimnisvolle, dunkle Seite. Nicht zufällig verwandte Rilke in anderen Gedichten für diese Sicht der Dinge den Bildbereich des Dunklen, der wie eine Zurücknahme der aufklärerischen Lichtmetaphorik erscheint: **Nicht zu den Sinnen wächst der Dinge Wert,/ im Dunkel ist er wurzelhaft verbreitet.**[41] In einem anderen Gedicht heißt es: **Denn da ist Jeder Kind,// wo Dinge stehn, unendlich überragend,/ was sich in uns zu mehr zusammen nimmt;/ wir raten nur und sagen alles fragend/ sie aber gehn in sich und sind bestimmt.**[42]

Die technologische Moderne hat mit ihrem Rationalismus und Funktionalismus im Verständnis Rilkes und anderer Dichter der Jahrhundertwende wie Hofmannsthal die Ding-Welt auf ihre Eindeutigkeit (**sprechen alles so deutlich aus**), klare Begrenzbarkeit (**hier ist Beginn und Ende ist dort**) und Benennbarkeit (**dieses heißt Hund und jenes heißt Haus**) reduziert. Der Verweis auf die ›wunderbare‹ Seite der Dinge, die wahrzunehmen den Menschen abhanden gekommen sei, ist keineswegs epigonaler Romantizismus. Die Dichotomie von Klarheit und Unbestimmtheit, von Licht und Dunkel als ein bildhaft gewordener Gegensatz, in dem die eigene Epoche in ihrer Widersprüchlichkeit aufscheint, führt zur Negativierung der Rilke'schen Lichtmetaphorik. Entsprechend heißt es in einem weiteren Gedicht über die Menschen: **Die Menschen sind furchtbar vom Licht entstellt,/ das von ihren Gesichtern träuft,/ und haben sie nachts sich zusammengesellt,/ so schaust du eine wankende Welt/ durcheinandergehäuft.**[43] Der epochenkritische Impetus solcher Verse zeigt den Anspruch einer Dichtung, die sich keineswegs auf ein ›Ansingen‹ der Dinge verlegt, sondern im vieldeutigen, ebenso unbestimmten wie geheimnisvollen poetischen Sprechen dezidierte Zeitkritik leistet. Das Gedicht »Ich fürchte mich so vor der Menschen Wort …« steht daher inhaltlich in verblüffender

Nähe zu jener rhetorisch gemeinten Frage, die in RILKES *AUFZEICHNUNG DES MALTE LAURIDS BRIGGE* so formuliert wurde: **Ist es möglich, daß man trotz Erfindungen und Fortschritten, trotz Kultur, Religion und Weltweisheit an der Oberfläche des Lebens geblieben ist?** Die Antwort lautete lapidar: **Ja, es ist möglich.**[44]

Es ist der Dichter – und von hier aus erhält das Gedicht seine Legitimation –, der in rätselhafter, vieldeutiger Metaphorik nichts anderes als eine Empfindung dagegenhält: **Die Dinge singen hör ich so gern.** Die Ding-Problematik in der Dichtung der Jahrhundertwende ist in einem solchen Vers anspielungsreich aufgerufen, aber das Gedicht selbst liefert keine Interpretation mit, ob nun die Ding-Metaphorik eine magische, eine mystische oder eine sprachphilosophische Deutung erfahren soll.[45] RILKES Gedichte sind ohnehin kaum als einzelne, abgeschlossene Texte zu lesen, sondern stehen in einem das Werk konstituierenden intertextuellen Zusammenhang: Sie verweisen aufeinander, freilich so, dass sie ihre Rätselhaftigkeit vergrößern. In einem Brief schrieb RILKE 1908, er müsse **sich aller Dinge bemächtigen, aller ohne Ausnahme, auch derjenigen, die** ihm **nicht von vornherein nahe** stünden: **Ich muss wissen, dass ich die Welt fassen kann, in welcher Verwandlung immer.**[46] In dieser Selbstinterpretation wird deutlich, dass die Ding-Problematik ins Zentrum der eigenen poetischen Praxis und ihrer Legitimation führt. So wie der Dichter sich der Dinge **bemächtigen** will, so sehr stellt er seine Arbeit und seine Existenz unter das Signum der Dinge. Das Verhältnis von Poesie und Wirklichkeit, von Dichtungssprache und Leben ist in den späteren Dinggedichten RILKES ebenso umgriffen wie der grundlegende Vorbehalt der lyrischen Moderne gegen einen von der technologischen Modernisierung bestimmten Umgang mit den Dingen. Der Schlussgestus des Gedichts, **Bleibt fern**, der den Dissens auf die Prägnanz einer Warnformel zusammenfasst, hat für RILKES gesamtes Werk seine Bedeutung behalten. Ein spätes Gedicht RILKES, das zehnte im zweiten Teil der *SONETTE AN ORPHEUS*, geschrieben in den 20er-Jahren, korrespondiert auf eigentümliche Weise mit dem frühen Gedicht »Ich fürchte mich so vor der Menschen Wort …«. Diesmal freilich steht das Fortschrittssymbol des Industriezeitalters, die Maschine, im Zentrum, und die vehemente Abwehr der technisch-industriellen Modernisierung durch die literarische Moderne könnte nicht schärfer ausfallen.[47]

Alles Erworbne bedroht die Maschine, solange
sie sich erdreistet, im Geist, statt im Gehorchen, zu sein.
Daß nicht der herrlichen Hand schöneres Zögern mehr prange,
zu dem entschlossenern Bau schneidet sie steifer den Stein.

Nirgends bleibt sie zurück, daß wir ihr *ein* Mal entrönnen
und sie in stiller Fabrik ölend sich selber gehört.
Sie ist das Leben, – sie meint es am besten zu können,
die mit dem gleichen Entschluß ordnet und schafft und zerstört.

Aber noch ist in uns das Dasein verzaubert; an hundert
Stellen ist es noch Ursprung. Ein Spielen von reinen
Kräften, die keiner berührt, der keiner kniet und bewundert.

Worte gehen noch zart am Unsäglichen aus ...
Und die Musik, immer neu, aus den bebendsten Steinen,
baut im unbrauchbaren Raum ihr vergöttlichtes Haus.

Die polare Struktur des frühen Gedichts mit ihrer Dominanz der beiden ersten Strophen und der knapp angedeuteten Gegenperspektive **Bleibt fern** und **Die Dinge singen hör ich so gern** kehrt in diesem Sonett wieder. Diesmal freilich ist die Gegenposition des lyrischen Subjekts ungleich deutlicher formuliert. Den beiden Quartetten mit ihrem negativen Entfremdungs- und Verdinglichungsbildern steht zum Auftakt der Terzette der Antagonismus des emphatischen Verses entgegen **Aber noch ist in uns das Dasein verzaubert**. Auch die Problematik des Wortes kehrt im Sonett wieder: **Worte gehen noch zart am Unsäglichen aus ...**, eine Wendung, die sich gegen das instrumentalisierte Verfügbarmachen der Welt in der Sprache richtet. Im Insistieren auf den **unbrauchbaren Raum** als den eigentlichen Ort der Kunst liegt für RILKE die Chance der modernen Dichtung.

1.4.4 Richard Dehmel: »Entbietung«

Schmück dir das Haar mit wildem Mohn,
die Nacht ist da,
all ihre Sterne glühen schon.
All ihre Sterne glühn heut Dir!
Du weißt ja:
all ihre Sterne glühn in mir.

Dein Haar ist schwarz, dein Haar ist wild
und knistert unter meiner Glut;
und wenn die schwillt,
jagt sie mit Macht
die roten Blüten und dein Blut
hoch in die höchste Mitternacht.

In deinen Augen glimmt ein Licht,
so grau in grün,
wie dort die Nacht den Stern umflicht.
Wann kommst du?! – Meine Fackeln loh'n!
Laß glühn, Laß glühn!
Schmück mir dein Haar mit wildem Mohn!

Richard Dehmel, der das Gedicht[48] 1891 in seinem ersten Gedichtbuch *Erlösungen* veröffentlichte, war im Bewusstsein eines breiten zeitgenössischen Publikums eine Kultfigur moderner Lyrik. Dehmel hatte Erfolg, mehr als Arno Holz, weil sich die Lesergemeinde durch ihn verstanden fühlte. Für jüngere Autoren bot er als Person und mit seinen Texten Nachahmungsangebote. Sein Idolwert etwa bei jungen Expressionisten vor und um das Jahr 1910 war erheblich. Was Dehmel mit Holz und mit Rilke gemeinsam hatte, war seine absolute Hochschätzung des Dichters. Die Selbstreferenz des modernen Künstlertums fasste er in einem einzigen Vers zusammen, der den Anspruch des Dichters wie einen Glaubenssatz verkündete: **Dichterkraft ist Gotteskraft.**[49] Das Selbstbewusstsein prägt die Außendarstellung des Autors, aber auch sein Verständnis von Lyrik. Zeitgenossen sahen in ihm den Dichter, der wie kein anderer Friedrich Nietzsches Lebensphilosophie in seine Gedichte transformiert hat. Der Modernitätsanspruch erhält gleichsam seine höhere philosophische Weihe. Dehmels Lyrik steht im Zeichen des Lebensbegriffs und des Vitalismus; sie zielt damit nicht nur auf ein Bekenntnis zur Sinnlichkeit, Erotik und Sinnenfreude, zur radikalen Diesseitigkeit des Lebens, sondern auch auf eine kritische Distanz zu christlichen Moral- und Tugendlehren.

Die Verherrlichung von Sexualität und sinnlichem Genuss aus deutlich maskuliner Perspektive verbindet Gedichtbände mit programmatischen Titeln wie *Aber die Liebe* (1893), *Weib und Welt* (1896), *Zwei Menschen. (Vers-)Roman in Romanzen* (1903) und *Verwandlungen der Venus* (1907). Im Medium der Liebe vollzieht sich die Aufhebung entfremdender Vereinzelung und die in der Gesellschaft immer mehr abgedrängte ganzheitliche Erfahrung. Die Enttabuisierung der Sexualmoral, die jahrzehntelang im Halbdunkel aus lastendem Schweigen, Repression und Verdrängung verschwunden war, hatte von Anfang an den Nimbus des gesellschaftlich unerhört Modernen. Über Lust zu schreiben, und noch dazu in Versen, galt im viktorianisch geprägten Zeitalter als besonders gewagter literarischer Versuch. Dehmels Gedichte zielten auf den Sexualitätsdiskurs; Enttabuisierung bedeutete zunächst nichts anderes, als immer wieder ins Bewusstsein zu rufen, dass schon von Lust und Sinnlichkeit zu sprechen die Grenze des öffentlichen wie des literarischen Sprechens zu überschreiten hieß. Allerdings blieb Dehmel – von heute aus gesehen sind dies sicher die Grenzen seiner Poesie – in vielen Gedichten ein Autor, der sprachlich und thematisch mit Stereotypen arbeitete und so ungewollt im Konventionellen endete, statt beispielsweise die philiströse Moral des Viktorianischen Zeitalters und die auf Verdrängungen und Verklemmungen basierende Sexualität der wilhelminischen Gesellschaft kritisch in den Blick zu nehmen. Der Lebenswille, so orgiastisch er bei Dehmel daherkam, zielte am Ende auf eine vage Konstruktion aus Harmonie und Allverbundenheit, so sehr DEHMEL das Feuer des verschärften Lebens zu entfesseln versuchte, wie im Gedicht »Entbietung«.

Die Sprache des Begehrens als entfesselter männlicher Fackeltanz mit einem Aufgebot an Glut- und Blutsymbolik: DEHMELS ekstatische, expressive Entfaltung des Themas wird von der ständig variierten Wiederkehr von Aufforderungen, Leit- und Reizwörtern, Verben aus dem Symbolkreis des Feuers und der Leidenschaften sowie ein paar Kultrequisiten rhythmisiert. Die vitalistische Schicht des Textes zielt auf die wortreiche Inszenierung eines Tabubezirks deutschsprachiger Lyrik im 19. Jahrhundert. Tabuthemen zu berühren und sie zu durchbrechen, darin sah DEHMEL seine Rolle als vitalistischer Dichter, darin erkannte er seine zeitgemäß-moderne Position. Begriffe wie Wollust, Brunst und Lust gehörten zeitweilig zum Repertoire seiner Gedichte; es ging um die Intensität des Erlebens, um rauschhaftes Pathos, um Ausleben und um ein schöpferisches Selbstgefühl. Die vitalistische Komponente des DEHMEL'schen Werkes, der Kern seiner Selbstprogrammierung als moderner, zeitgemäßer Dichter, zeigt sich noch unverstellter im folgenden Gedicht »Bekenntnis«.[50]

Ich will ergründen alle Lust
so tief ich dürsten kann;
ich will sie aus der ganzen Welt
schöpfen, und stürb' ich dran.

Ich will's mit all der Schöpferwut,
die uns lechzt und brennt;
ich *will* nicht zähmen meiner Glut
heißhungrig Element.

Ward ich durch frommer Lippen Macht,
durch zahmer Küsse Tausch?
Ich ward gezeugt in wilder Nacht
und großem Wollustrausch!

Und will nun leben so der Lust,
wie mich die Lust erschuf.
Schreit nur den Himmel an um mich,
ihr Beter von Beruf!

Ein allgemeines, undifferenziertes Pathos steht hinter diesem ›Bekenntnis‹. Lust, Wollustrausch und Schöpferwut bezeichnen ein ekstatisches Selbstgefühl, bei dem es auf das bloße Pathos des Wollens ankommt. Der Lebensbegriff selbst bleibt durchaus nebulös, so wie die einzelnen programmatisch mit **Lust** besetzten Aktivitäten wie ein anstrengendes Arbeitsprogramm wirken: **Ich will ergründen alle Lust, ich will sie aus der ganzen Welt/ schöpfen**, ich **will nun leben so der Lust**. Wichtiger ist der Akt des Bekennens, der Moment der Selbstdarstellung, die Spontaneität und Dynamik des Ichs, die wortreiche Selbstoffenbarung. Die sprachliche Stereotypie wird in der konventionellen Liedstrophe deutlich. Und doch sollten wir die letzten zwei Verse durchaus ernst nehmen. DEHMEL war einer der prominentesten Dichter der Jahrhundertwende, der mit der Zensur Schwierigkeiten erhielt und wegen Erregung öffentlichen Ärgernisses und Blasphemie angeklagt wurde. Freilich nicht von den **Betern von Beruf**, sondern von Berufskollegen wie dem jungen Balladendichter Börries von Münchhausen, der DEHMEL wegen seines Venuszyklus' anzeigte. Die Ausgabe der Gedichte von 1913 zeigte noch die vom Gericht verfügte Streichung anstößiger Stellen. Im Denunzieren übrigens war der durch den schulischen Balladenkanon noch jahrzehntelang fortgeschleppte Münchhausen geübt; 1936 unterstellte er Gottfried Benn eine jüdische Herkunft und lieferte für die öffentliche Kampagne einiger nationalsozialistischer Zeitschriften gegen Benn entsprechendes Propagandamaterial.[51]

2 Das Jahrzehnt der ›Menschheitsdämmerung‹. 1910–1920

2.1 Expressionistische Lyrik-Avantgarde um 1910

Die Dekade zwischen 1910 und 1920 war aus heutiger Sicht die wohl produktivste Phase in der Lyrik des 20. Jahrhunderts überhaupt. Es hat zu keiner Zeit je wieder derart viele Lyriker (und ich wähle hier bewusst die männliche Form; denn Expressionistinnen gab es ungleich weniger) gegeben wie in diesem Jahrzehnt. Raabe hat rund 350 Namen von Buchautoren aufgeführt.[52] Schon diese Zahl macht deutlich: Es wäre von vornherein völlig verfehlt, den Expressionismus als eine einheitliche Stilrichtung zu begreifen. Der Expressionismus war zunächst eine diffuse Sammelbezeichnung für eine literarische Bewegung, die ein breites Spektrum lyrischer Schreibweisen und dichterischer Selbstverständnisse umfasste. Der Begriff selbst war nicht mehr als ein Etikett, eine Formel, über deren Inhalt bereits gestritten wurde, als der Begriff gerade erfunden worden war. Der Expressionismus war im Übrigen nur *eine* – wenn auch eine zwischen 1910 und 1923 besonders wirksame – literarische Möglichkeit neben anderen. Er war kein Epochenstil, keine fest definierte Gruppe, keine literarische Bewegung mit fest umrissenen Programmen. Die vielen Kontroversen der Expressionisten untereinander sind Ausdruck von Polemiken der schärfsten Art, von Abgrenzungsritualen, die bis zu Handgreiflichkeiten in Caféhäusern führten.

Die Fülle der Gemeinsamkeit jedoch, die eine große Anzahl expressionistischer Lyriker verband, war bestechend. Die meisten der Dichter gehörten der Generation der zwischen 1880 und 1890 Geborenen an. Sie wuchsen in den großen Städten und Metropolen Deutschlands und Österreichs auf und entstammten in der Regel gutbürgerlichen Familien. Sie teilten vielfach die Erfahrungen einer ungeliebten Schulzeit in teils leidvoll, teils hasserfüllt erlebten Gymnasialanstalten und waren in Familienkonflikte verwickelt, vor allem mit als autoritär empfundenen Vätern. Die Konfrontation mit einer hierarchisch erstarrten Studien- und Berufspraxis verlangte Anpassungen und führte zu Konflikten und Spannungen, aber durchaus auch schon vor 1914 zu erfolgreichen Karrieren. Charakteristisch für die expressionistische Dichtergeneration war ein verbreitetes Bewusstsein von Orientierungslosigkeit und Ohnmacht, das freilich vielfach kompensiert wurde durch die öffentliche Inszenierung selbstbewusster Haltungen und jugendlicher Provokationen und einen ausdrucksstarken Enthusiasmus, der in seinen megalomanischen Gesten und Selbstdarstellungsritualen noch im Protest gegen die wilhelminische Alltagskultur deren Hang zur großen, monumentalen Gebärde reproduzierte.

Der literarische Expressionismus sah sich selbst, mit den Worten von Kurt Pinthus formuliert, dem Herausgeber der bedeutendsten Expressionisten-Anthologie, der *Menschheitsdämmerung*, als eine **schäumende, chaotische, berstende Totalität.**[53] Der Begriff Expressionismus, zunächst für die Malerei gebraucht, wurde schon vor 1914 zum Schlagwort literarischer Manifeste und Programme. Er konnte deshalb so populär werden, weil er von Anfang an eine Abgrenzungsformel war. Es klang recht simpel: Der Begriff des Impressionismus war in der Malerei bereits gebräuchlich für die frühere Generation; so war Expressionismus nun eine vage Umschreibung des Neuen, das sich mit entsprechend avantgardistischem Optimismus und Selbstbewusstsein als das zugleich Unerhörte, Einmalige und Bahnbrechende definierte. Iwan Goll brachte den Anspruch 1914 auf den Punkt:[54]

> **Der Expressionismus ist keine neue Religion, die hier gegründet wird. Er ist schon längst das tägliche Brot der Malerei. Er ist eine Seelenfärbung, die (für die Techniker der Literatur) noch nicht chemisch analysiert war und daher keinen Namen hatte.**
> **Expressionismus liegt in der Luft unserer Zeit, wie Romantik und Impressionismus die einzige Ausdrucksmöglichkeit früherer Generationen waren.**
> **Expressionismus entfernt sich streng von ihnen. Er verleugnet jene Kunstgattungen des l'art pour l'art, denn er ist weniger eine Kunstform als eine Erlebnisform. Im Goetheschen Sinn.**
> **Expressionismus nähert sich der Klassik. Er hat mehr Gehirn als Gefühl, er ist mehr Ekstase als Traum. Und so ist er klassizistisch, ohne den Anspruch zu haben, je klassisch zu werden.**

Für Goll ist der Expressionismus ein neues Zeitalter der Literatur, das er selbstbewusst gegen andere Epochen stellt. Der Gestus des Einzigartigen äußert sich im Originalitätskonzept der Definition. Besonders signifikant ist die im zeitgenössischen Kontext vielfach verbreitete Ansicht, Expressionismus sei **weniger eine Kunstform als eine Erlebnisform.** Damit löst Goll zugleich ein Dilemma expressionistischer Manifeste. Da es keine einheitliche Stilrichtung, keine einheitliche **Kunstform** gibt, werden ein einheitliches intentionales Wollen und innergenerationelle Erlebnispotenziale beschworen. Die Abgrenzung zum Impressionismus und die selbstbewusste These, Expressionismus liege förmlich **in der Luft**, lässt sich in verschiedenen Varianten schon vor 1914 nachweisen. Auch für Kurt Hiller stand 1913 fest:

Den Impressionismus schreibt längst niemand mehr auf ein Panier. Man stellt sich unter ihm heut weniger einen Stil vor als eine unaktive, reaktive, nichts-als-ästhetische Gefühlsart, der man als allein bejahbar eine wieder moralhafte entgegengesetzt (Gesinnung; Wille; Intensität; Revolution); und man neigt dazu, den Stil, den diese neue Gefühlsart erzeugt, wegen seiner konzentrierten Hervortreibung des voluntaristisch Wesentlichen Expressionismus zu nennen.[55]

Hiller entfaltete wie Goll seine Definition aus einer Abgrenzungsstrategie zum Impressionismus und Ästhetizismus heraus. Für ihn war, in der Sprache der avantgardistischen Revolutionsmetapher ausgedrückt, **der neue Stil aus der Liquidation des älteren**[56] hervorgegangen.

Dass sich der Expressionismus erstaunlich schnell und erfolgreich durchsetzte, hing wesentlich mit Mechanismen der Gruppenbildung zusammen. Seine Protagonisten in Berlin, München, Wien, Prag, Leipzig, Dresden, Heidelberg und anderen Städten, locker gruppiert um die in Literatenkreisen schnell bekannt gewordenen Zeitschriften wie ***Die Aktion, Der Sturm, Die Revolution, Die weißen Blätter*** und ***Das neue Pathos***, verstanden sich als Bewegung, die weder eine fest umrissene Poetik und Ästhetik noch ein detailliertes Programm hatte, sondern im Kern nur *eine* Voraussetzung einforderte: das Selbstbekenntnis, zur literarischen Generation der ›Jüngsten‹ zu gehören. Das generationelle Selbstverständnis war der kleinste, zugleich aber wirksamste gemeinsame Nenner. Zur Durchsetzung am literarischen Markt, der sich rasch für Dutzende von Gedichtbüchern pro Jahr öffnete, gehörte von Anfang an ein Netz literarischer Kommunikationsformen: außer den geschäftigen, teils sogar wöchentlich bzw. vierzehntägig erscheinenden Zeitschriften kam es rasch zu Neugründungen von Verlagen (wie dem Kurt Wolff Verlag, dem Aktionsverlag und dem Verlag Der Sturm) und zur Konzeption einflussreicher Publikationsreihen wie *Der jüngste Tag*, *Lyrische Bibliothek*, *Die Aktionslyrik*, *Der rote Hahn*, *Sturmbücher* und *Das neuste Gedicht*. Die Organisation öffentlicher Auftritte, gemeinsamer Lesungen, Vortrags- und Kabarettabende verfehlte, wie das Beispiel des ›Neuen Clubs‹ in Berlin (zu seinen Mitgliedern gehörten Georg Heym und Jakob van Hoddis) zeigte, ihre Wirkung auf Literaturkritik und Feuilleton nicht. Gerade diese Auftritte aber waren ein wichtiges Forum der Selbstdarstellung: Jugendlichkeit, verstanden als Anspruch der neuen Dichtergeneration, wurde öffentlich inszeniert und fand die ihr spezifischen Ausdrucksformen, sodass neben der vorgetragenen Dichtung die Art der Selbstpräsentation hervortrat, was nun seinerseits bei den beteiligten Künstlern den Zwang zur Originalität, ja zur Provokation und Theatralisierung der eigenen Autorschaft wie des eigenen Werkes erhöhte. Ein Ergebnis dieses Prozesses war der ungewöhnlich hohe Anteil *literarischer* Formen der Selbstdarstellung innerhalb des Expressionismus, die nur im geringen Maße den Charakter von Lebensbeschreibungen hatten, jedoch umso mehr eine Lust am Experimentieren mit Dichterposen und Allmachtsfantasien erkennen ließen, aber auch eine starke melancholische Neigung zu selbstreflexiven Themen und Gegenständen, bis hin zu Selbstbildern voller Angst und Orientierungslosigkeit. In diesen Kontext gehörte schließlich auch ein verbreitetes Interesse an poetologischen Gedichten und Manifesten sowie an Widmungs- und Porträtgedichten.

Im europäischen Kontext blieben der literarische Expressionismus und die in ihm zumindest bis 1914 konkurrenzlos dominierende Gattung Lyrik weitgehend eine auf Deutschland und Österreich begrenzte Angelegenheit. Er grenzte sich trotz der vom ***Sturm***-Herausgeber Herwarth Walden mit Ausstellungen, Einladungen und öffentlichen Auftritten effektvoll betriebenen Unterstützung von der europäischen Avantgardebewegung der Vorkriegszeit ab, die sich im Zeichen des *Futurismus* entwickelt hatte. In Italien entstanden, strahlte er auf Frankreich, vor allem aber auf die moderne russische Kunst aus. Der Futurismus war aber keineswegs nur eine Proklamationskunst aus großen Worten, so sehr sich der Urheber des Wortes, der Dichter Marinetti, entsprechend wortreich darstellte. Im Mittelpunkt der futuristischen Kunsttheorie und -praxis stand das Prinzip der Bewegung. Dynamik anschaulich zu machen, das war der eigentliche Ansatz des Futurismus. In allen Manifesten ist die Verherrlichung der von Technik und Geschwindigkeitsrausch bestimmten Gegenwart der traditionellen Bildsprache entgegengestellt. Die moderne Lebenswirklichkeit forderte vom futuristischen Künstler die Anpassung seiner Ausdrucksformen an die zeitbedingten simultanen Wahrnehmungsvorgänge. Futuristen wie Umberto Boccioni und Gino Severini versuchten die Frage zu lösen, wie Dynamik in Bild- und Farbkompositionen dargestellt und wie eine multisensorische Gleichzeitigkeit von Raum-, Zeit- und Geräuschempfindung auf visuelle Weise sichtbar gemacht werden könnte. Sie erfanden, weit über den impressionistischen Pointilismus hinausgehend, lichtvibrierende Farbstrukturen, die sich auflösten; sie drangen also zur Abstraktion vor. Dynamik also als Gleichzeitigkeit mehrerer fließend ineinander greifender, abstrakter Bewegungsphasen, die strahlenförmig in einzelnen Kraftfeldern zusammenkamen.

Waldens epochaler Verdienst war es, als ***Sturm***-Galerist die Futuristen nach Berlin zu holen. Allerdings bildete sich in Deutschland keine futuristische Fraktion heraus. Ein Avantgardist der lyrischen Form aber, der bedeutendste Lyriker in Waldens ***Sturm***, war in seiner Konzeption zumindest den Futuristen verwandt. Es war der Dichter August Stramm: Postbeamter im Höheren Dienst und eigentlich die bürgerlichste Existenz im Expressionismus; Westfale, Hauptmann der Reserve, ein Jurist, der über das Welteinheitsporto promoviert hatte – und dann den Verleger Herwarth Walden kennen lernte. Stramm nahm am Krieg teil und fiel 1915 an der Ostfront. Im selben Jahr brachte der Sturm-Verlag seine Gedichtsammlung *Du* heraus, Liebesgedichte, die Stramm vor 1914 geschrieben und zum Teil im *Sturm* bereits veröffentlicht hatte. Seine Gedichte haben unter dem Namen **Wortkunst** einen so genannten abstrakten Expressionismus begründet.[57] Stramm hatte Ansätze zu einer ›Wortkunst‹-Theorie entwickelt, nach der die Auflösung der Syntax die Voraussetzung für eine unmittelbare poetische Sprache, für eine verdichtete Form des lyrischen Sprechens sein sollte. Diese Theorie war zweifellos beeinflusst worden vom italienischen Futurismus, der mit dem Zerbrechen syntaktischer Strukturen experimentiert hatte, mit Wortverkürzungen, Wortzusammenballungen, Ein-Wort-Zeilen, semantisch nicht eindeutigen Verbalsubstantiven. Äußerste Konzentration und Reduktion standen bei Stramm im Mittelpunkt, fast minimalistische Nuancierungen der Laute und Worte. Ein Beispiel dafür ist sein Gedicht »Schwermut«, hier zitiert in der Fassung der *Menschheitsdämmerung*.[58]

Schreiten Streben
Leben sehnt
Schauern Stehen
Blicke suchen
Sterben wächst
Das Kommen
Schreit!
Tief
Stummen
Wir.

Stramms stenogrammartige Verdichtungen und Verknappungen sind alles andere als bloße Sprachspiele. Sie unterscheiden sich vor 1914 von futuristischen Dynamik-Studien durch ihren Rückbezug auf ein Themen- und Motivreservoire, das der lyrischen Moderne angehört und auf die Jahrhundertwende zurückverweist. So finden sich bei Stramm in manchem Vers Traum- und Sehnsuchtsmotive, hoch pathetischer kosmischer Mystizismus, traditionelle Motive des Werdens und Vergehens, vor allem aber ein in immer neuen Varianten durchgespieltes Geschlechterkampf-Thema, expressionistische Liebeslyrik in nuce. Stramms reduktionistische Technik arbeitet Empfindungs- und Gefühlskomplexe heraus und formuliert – hier liegt die avantgardistische Seite seiner Lyrik – in verknapptester Weise und jenseits traditioneller Versform und -sprache psychische Konstellationen; sie reichen vom sexuellen Begehren bis zur schockartigen gegenseitigen psychischen Verletzung der Partner, vom Wunsch nach Nähe (**Blicke suchen**) bis zur Einsicht in die Vergeblichkeit menschlicher Kommunikation (**Tief / Stummen / Wir**). Innerhalb des lyrischen Expressionismus gehörte STRAMM zu denjenigen Autoren, welche die sprachexperimentelle Seite am weitesten erprobten; seine Gedichte waren umstritten, und zwar nicht nur beim Feuilleton bürgerlicher Zeitungen, das verständnislos reagierte und sich provoziert fühlte, sondern auch innerhalb der expressionistischen Zirkel. So hat Kasimir Edschmid, 1917/18 ein glühender Verfechter des Expressionismus, den er öffentlich in Vorträgen propagierte, STRAMMS poetische **Stichflammen** als **Grenze** bezeichnet; die Gedichte, **benommenstes Stöhnen der Sehnsucht,** hätten **mehr mit Schreien als mit Kunst** zu tun; sie seien **schon jenseits der Dichtung** und würden **erst, zurückgeholt in die bewegte Stimme des Rezitierenden, Musik und aus dem Chaos sich schließende Realität.**[59] Die Kritik, im Kern durchaus positiv gehalten, erinnert einmal mehr an die Rolle des Vortrags und der Rezitation, der Inszenierung und Theatralisierung expressionistischer Lyrik, die in ihrem zeitgenössischen Kontext nicht allein Lese-Lyrik war – trotz ihrer hohen Verbreitung in Zeitschriften, Anthologien und Gedichtbüchern –, sondern auch eine Lyrik der Bühne, der Vortragsabende und nicht zuletzt der Cabarets. Es war kein Zufall, dass der literarische Dadaismus in seinen öffentlichen Aktionen und Cabaret-Aktivitäten AUGUST STRAMMS ›Wortkunst‹-Experimente in avantgardistischer Konsequenz weiterführte, bis hin zur Auflösung der Wörter in Laute und Geräusche.

2.2 Frühexpressionistische Großstadtlyrik

Die meisten Lyriker des Expressionismus blieben im Unterschied zu Stramm auf dem Fundament einer Poetik, die bekannte Strophenformen, Genres und metrische Techniken aufgriff, diese aber sprachlich und thematisch so veränderte, dass Form, Sprache und Inhalt in ein Spannungsverhältnis zueinander traten. So haben Dichter wie Heym und van Hoddis die vierzeilige Strophenform und den fünfhebigen Jambus immer wieder aufs Neue adaptiert, ohne in epigonale Muster zu verfallen, weil Bildtechniken, Sprachgesten und Gedichtthemen sich deutlich von der Lyrik der Jahrhundertwende unterschieden. Die Eigenständigkeit des Frühexpressionismus lässt sich gerade an der Großstadtdichtung demonstrieren, deren Gegenstand bis ins neunzehnte, das Großstadtthema entdeckende Jahrhundert zurückverfolgt werden kann. Die Motivation, sich als Künstler mit diesem Thema auseinander zu setzen, hat aus expressionistischer Perspektive Ludwig Meidner anschaulich formuliert: **Wir müssen endlich anfangen, unsere Heimat zu malen, die Großstadt, die wir unendlich lieben [...], die tumultuarischen Straßen, die Eleganz eiserner Hängebrücken, die Gasometer, welche in wei-**

ßen Wolkengebirgen hängen, die brüllende Coloristik der Autobusse und Schnellzuglokomotiven.[60] Die Großstadt, wie sie Meidner sah, war ein positiv bejahter, dem eigenen Modernitätsbewusstsein kongenialer Erlebnisraum. Entsprechendes hatte Kurt Hiller 1911 für den ›Neuen Club‹ und seine Dichter formuliert: **Wir behaupten (beispielsweise), dass der Potsdamerplatz uns schlechthin mit gleich starker Innigkeit zu erfüllen vermag, wie das Dörfli im Tal des Herrn Hesse.** Die **Formung des Erlebnisses des intellektuellen Städters** sei **bewußtes Ziel**[61] der neuen Bewegung. Es ließe sich für dieses enthusiastische Loblied auf die Stadt, das zugleich ein Loblied auf die lyrische Avantgarde ist, eine Reihe poetischer Paradigmen finden. Die Symbiose von Dichter und Stadt beschwor beispielsweise Becher: **Singe mein trunkenstes Loblied auf euch, ihr großen, ihr rauschenden Städte, / Trägt euer schmerzhaft verworren, unruhig Mal doch mein eigen Gesicht!**[62] Ebenso emphatisch und hymnisch fiel Armin T. Wegners »Gesang von den Straßen der Stadt« aus: **Euch will ich singen, breitbuchtige Straßen, wildüberwühlte Plätze, / Blutrinnende Adern der unendlichen Stadt.**[63]

Die poetische Darstellung der Großstadt war keineswegs ausschließlich auf die Problematik der **dissoziierte[n] Wahrnehmung**, der **Atomisierung und Isolierung einzelner Bilder** und der **Simultaneität des Disparaten**[64] beschränkt, auch wenn der neue Erfahrungsraum der Metropolen der Vorkriegszeit im Reihungsstil *eine* besondere Ausdrucksform fand, in einer vor allem bei Alfred Lichtenstein nachweisbaren Verstechnik, in welcher der einzelne Vers wie ein flüchtiger Wahrnehmungsmoment eine Einheit für sich bildet, während das Gedichtganze seine innere Kohärenz verliert, wie im Gedicht »Der Morgen«:

… Und alle Straßen liegen glatt und glänzend da.
Nur selten hastet über sie ein fester Mann.
Ein fesches Mädchen haut sich heftig mit Papa.
Ein Bäcker sieht sich mal den schönen Himmel an.

Die tote Sonne hängt an Häusern, breit und dick.
Vier fette Weiber quietschen spitz vor einer Bar.
Ein Droschkenkutscher fällt und bricht sich das Genick.
Und alles ist langweilig hell, gesund und klar.[65]

In welchem Maße die Metropolen zu immer neuen Beobachtungsperspektiven und -nuancen reizten, zeigen Heyms »Berlin«-Sonette.[66] Auch wenn in ihnen die Faszination der großstädtischen Welt noch hier und da durchscheint, so dominiert doch eine ambivalente Sicht. Berlin ist bei Heym keineswegs ein Ort der Vitalität und des Optimismus; gerade das Empfinden der Öde und Enge, der Erstarrung und der Einschnürung verbindet sich mit dem Großstadterlebnis. Schon das erste Sonett interpretiert die Monumentalität des Raums, das **Riesensteinmeer** als statische **Enge: Der hohe**

Straßenrand, auf dem wir lagen,/ War weiß von Staub, Wir sahen in der Enge/ Unzählig: Menschenströme und Gedränge,/ Und sahn die Weltstadt fern im Abend ragen.[67] Die Polarität von Idyll und Bedrohung nimmt auch das zweite Sonett auf, indem es das Motiv der Kahnfahrt auf dem Kanal in der Schlussstrophe deutlich einschwärzt: **Wir ließen los und trieben im Kanale / An Gärten langsam hin. In dem Idylle / Sahn wir der Riesenschlote Nachtfanale.**[68] Im letzten der »Berlin«-Sonette schlägt das düstere Bild der Stadt – **Schornsteine stehn in großem Zwischenraum / Im Wintertag, und tragen seine Last** – vollends in ein Totenbild um. Die Gegenwart in der **Weltstadt** wird Inbegriff einer erstarrten, avitalen Ordnung voller Mühe und ohne Lebensorientierung, während der **Armenfriedhof** in grotesker Umkehrung zum Ort der Bewegung, ja der Vitalität wird, die Heym bis zum Revolutionsmotiv im Schlussvers steigert:

Ein Armenfriedhof ragt, schwarz, Stein an Stein,
Die Toten schaun den roten Untergang
Aus ihrem Loch. Er schmeckt wie starker Wein.

Sie sitzen strickend an der Wand entlang,
Mützen aus Ruß dem nackten Schläfenbein,
Zur Marseillaise, dem alten Sturmgesang.

Die Wahrnehmung der Enge im Kontext frühexpressionistischer Großstadtdichtung ist ein Zeichen für die Ambivalenz des Themas, das sich keineswegs auf René Schickeles Losung **Ihr werdet mit der Stadt die Erde Euch erobern**[69] reduzieren lässt. In seinem Gedicht »Beengung«, das eine Art Selbstverständigungsgedicht der expressionistischen Generation über ihr Verhältnis zu Familie, Staat und Gesellschaft ist, ist das Bild der in globaler Perspektive immer dichter vernetzten Welt in den Vorwurf der Beengung der eigenen Entfaltungsmöglichkeit einbezogen: **Die Welt wird enge. Die Städte langweilig, / So schmal die Länder. Die Meere zu klein. / Die Körper, in giftigen Räuschen entheiligt, / Sie welken und stürzen zu Schutthaufen ein.**[70] In der Koppelung von Apokalypse und Großstadt, wie in Bechers Gedicht »Berlin«, wird die Negativierung des Großstadtthemas noch signifikanter:[71]

Berlin! Du weißer Großstadt Spinnenungeheuer!
Orchester der Äonen! Feld der eisernen Schlacht!
Dein schillernder Schlangenleib ward rasselnd aufgescheuert,
Von der Geschwüre Schutt und Moder überdacht!

Berlin! Du bäumst empor dich mit der Kuppeln Faust,
Um die der Wetter Schwärme schmutzige Klumpen ballen!
Europas mattes Herz träuft in deinen Krallen!
Berlin! In dessen Brust die Brut der Fieber haust!

Die Modernität der Großstadt kann sogar – hier wird die Distanzhaltung zur technischen Moderne, ja zur Moderne überhaupt deutlich – zum Ausdruck für die Sinn- und Bedeutungslosigkeit menschlicher Existenz werden, wie bei Albert Ehrenstein: **Und ob die großen Autohummeln sausen, / Aeroplane im Äther hausen, / es fehlt dem Menschen die stete, welterschütternde Kraft. / Er ist wie Schleim, gespuckt auf eine Schiene.**[72] Eine direkte Entgegensetzung von beklemmender Großstadtwirklichkeit und befreiender Utopie entfaltet Lotz‘ Gedicht »Hart stoßen sich die Wände in den Straßen …«, das, in diesem Punkte vergleichbar mit Bechers Gedicht »Beengung«, in der *Wir*-Perspektive den Standort der expressionistischen Künstlerzirkel, Bohemiens und Kaffeehausliteraten der Vorkriegszeit reflektiert. In die Anspielung auf die Stadt hat Lotz ein Dekadenz-Motiv einbezogen, bis hin zur Karikatur des eigenen subkulturellen Milieus (**hoch gefüllt mit wiehernden Grimassen**):[73]

Hart stoßen sich die Wände in den Straßen,
Vom Licht gezerrt, das auf das Pflaster keucht,
Und Kaffeehäuser schweben im Geleucht
Der Scheiben, hoch gefüllt mit wiehernden Grimassen.

Wir sind nach Süden krank, nach Fernen, Wind,
Nach Wäldern, fremd von ungekühlten Lüsten,
Und Wüstengürteln, die voll Sommer sind,
Nach weißen Meeren, brodelnd an besonnte Küsten.

Lotz' Wunschbild, bestimmt von **Süden, Fernen** und **Wind**, war Teil einer vitalistischen Lebensutopie, die aus der Opposition zur unbefriedigenden Gegenwart erwuchs. Während des Krieges und vor allem während der kurzen Revolutionsphase verstärkte sich die Utopie-Komponente expressionistischer Dichtung. Die utopischen Konturen verloren ihre exotische Abenteuerperspektive, während soziale und politisch-moralische Dimensionen stärker zum Vorschein kamen. In der Großstadtdichtung vollzog sich eine weitere Metamorphose des Themas: Im Bild der neuen Stadt wurde der Entwurf einer neuen Welt sichtbar. Ein Beispiel dafür ist Alfred Wolfenstein. Sein Sonett »Städter« hatte die Wahrnehmung der Großstadt als Ausdruck moderner entfremdeter Verhältnisse gedeutet: **Nah wie Löcher eines Siebes stehn / Fenster beieinander, drängend fassen / Häuser sich so dicht an, dass die Straßen / Grau geschwollen wie Gewürgte sehn. // Ineinander dicht hineingehakt / Sitzen in den Trams die zwei Fassaden / Leute, wo die Blicke eng ausladen / Und Begierde ineinander ragt.**[74] Vor dem Horizont revolutionärer Veränderungen, für die eine poetische Bildlichkeit noch gefunden werden musste, bot sich, wie in Wolfensteins Gedicht »Neue Stadt«, die Plastizität des Großstadtbildes an, nun als verklärtes poetisches Modell eines sozialen Traums: **Aus neuem Chaos, aus dem**

hohen Meer, / Zu dem wir schmelzen, grenzenlose Form rausch' her: / Mauern gleich innigen Wellen, Häuser gleich Wellen, / Geistherzen, die zu Freudenstädten schwellen![75] In seinem Gedicht »Klänge aus Utopia« hat Becher diesen Traum von der neuen Stadt als Vorschein der künftigen Welt in grell-bunten Farben enthusiastisch beschworen – als bizarre Variation südlicher Landschaft:[76]

O Mutterstadt im freien Morgenraum!
Es flügeln Fenster an den Häuserfronten.
Aus jedem Platz erwächst ein Brunnenbaum
Veranden segeln mondbeflaggte Gondeln.

Sie künden Männer an, elastisch schwingen
Die durch der Straßen ewig blaue Bucht.
[...]

2.3 Die ›O-Mensch-Dichtung‹ des Expressionismus

Neben Wolfenstein und Becher galt schon den Zeitgenossen vor allem Franz Werfel als Protagonist der ›O-Mensch-Dichtung‹ des Expressionismus. 1911 war seine Sammlung *Der Weltfreund* erschienen, die ihn rasch bekannt machte. 1913 folgten der Gedichtband *Wir sind* und 1914 das Lyrikbuch *Einander*. In der *Menschheitsdämmerung* ist Werfel mit den meisten Gedichten vertreten: ein Zeichen dafür, dass der hymnisch-pathetische Ton des Dichters sehr geschätzt wurde. Im zeitgenössischen Ruhm spiegelte sich auch die Vorliebe der gesamten Epoche für den amerikanischen Lyriker Walt Whitman, einen Dichter des 19. Jahrhunderts, der seit der Jahrhundertwende in Deutschland wie ein Kultautor verehrt wurde und den Werfel nachahmte. Werfel versuchte sich in ekstatisch-hymnischen Aufschwüngen, propagierte menschenversöhnendes Pathos und besang schließlich auch sein eigenes dichterisches Weltgefühl. Sein Gedicht »An den Leser« endete mit dem Programm allgemeiner Verbundenheit: **Mein einziger Wunsch ist, Dir, o Mensch, verwandt zu sein!**[77] Werfels Poetik basierte auf Pathos- und Menschheitsformeln; er war wesentlich an der Ausprägung eines Stils und einer Welthaltung beteiligt, der schon von kritischen Zeitgenossen ›O-Mensch-Dichtung‹ genannt wurde.

Das Menschenbild dieser Dichtung hat Werfel prototypisch in seinem Gedicht »Der gute Mensch« formuliert, das eines der wichtigsten Programmgedichte der ›O-Mensch-Dichtung‹ war und in der *Menschheitsdämmerung* den vorletzten Abschnitt *Aufruhr und Empörung* beendet und unmittelbar zum letzten Teil der Anthologie überleitet, die mit *Liebe den Menschen* überschrieben ist. Geschrieben mitten im Weltkrieg, preist der Dichter die Apotheose des Menschen, indem er, wie die ersten drei Strophen zeigen, ihn zum Erlöser und zur Christusfigur verklärt:[78]

**Sein ist die Kraft, das Regiment der Sterne,
Er hält die Welt, wie eine Nuß in Fäusten,
Unsterblich schlingt sich Lachen um sein Antlitz,
Krieg ist sein Wesen und Triumph sein Schritt.**

**Und wo er ist und seine Hände breitet,
Und wo sein Ruf tyrannisch niederdonnert,
Zerbricht das Ungerechte aller Schöpfung,
Und alle Dinge werden Gott und eins.**

**Unüberwindlich sind des Guten Tränen,
Baustoff der Welt und Wasser der Gebilde.
Wo seine Tränen niedersinken,
Verzehrt sich jede Form und kommt zu sich.**

Der Titel »Der gute Mensch« ist das Programm einer ganzen Richtung des Expressionismus. Die ›O-Mensch-Dichtung‹, schon von skeptischen Kritikern, vor allem aber von den Dadaisten als gefühlsselige Dichtung verspottet, die voller Phrasen und Leerformeln sei, stand im engen Zusammenhang mit den Erfahrungen und Erlebnissen des Weltkrieges. Sie war eine Zeitdichtung, die in ihrer pathetisch-expressiven Sprache an die Illusion der Macht des literarischen Wortes glaubte und davon überzeugt war, Lyrik könne Umkehr und Wandlung, aber auch Empörung und Revolution bewirken.

Keineswegs alle Lyriker, denen das Etikett der ›O-Mensch-Dichtung‹ später angehängt wurde, waren derart unpolitisch wie Werfel. Johannes R. Becher beispielsweise und Ludwig Rubiner, Rudolf Leonhard, Alfred Wolfenstein, Karl Otten und zeitweilig auch Walter Hasenclever verwarfen in ihren oft seitenlangen Hymnen und lyrischen Manifesten in Gedichtform die bestehende wilhelminische Gesellschaftsordnung und gestalteten enthusiastisch utopische Bildwelten vom Neuen Menschen und von der Neuen Welt. Die apokalyptische Motivik verband sich mit utopischen Visionen: **Tritt mit der Posaune des Jüngsten Gerichts / Hervor, o Mensch, aus tobendem Nichts!**[79] Der Dichter sah sich als Verkünder einer neuen geläuterten Wahrheit. Die Rede vom Neuen Menschen wurde zur weit verbreiteten Pathosformel der ›O-Mensch-Dichtung‹. Der Literatur wurde eine Wirkung unterstellt, die sie faktisch längst nicht mehr hatte. **Der Dichter träumt nicht mehr in blauen Buchten**, heißt es in Hasenclevers Manifest-Gedicht »Der politische Dichter«, in dessen Schlussstrophe die Konturen des neuen Dichterideals sichtbar werden: **Er wird ihr Führer sein. Er wird verkünden. / Die Flamme seines Wortes wird Musik. / Er wird den großen Bund der Staaten gründen. / Das Recht des Menschentums. Die Republik.**[80] Der Dichter sollte in den vordersten Reihen der Revolution stehen, ja sogar die Massen in den Kampf führen und selbst ein Führer der Revolution sein, ohne dass freilich klar war, welche politisch-sozialen Ziele diese habe und wie der Weg dahin zu organisieren sei. Die Rolle des Dichters erfuhr eine moralische, teils auch eine genuin politische Bestimmung. Es ging um die intellektuelle und literarische Verantwortung des Schriftstellers vor der und für die Gesellschaft, um seine künftige Rolle im Staat.

Dass Kunst und Leben, Poesie und Wirklichkeit miteinander eine neue Einheit bilden könnten: die Einheit derer, die von der Vision des Aufbruchs so besessen sind, dass sie ihn in die Tat umsetzen, davon waren einige Expressionisten schon vor dem Kriege überzeugt. So verkündete Ernst Wilhelm Lotz in seinem Gedicht »Aufbruch der Jugend«, das auf ein mit großer öffentlicher Resonanz im Oktober 1913 auf dem Hohen Meißen bei Kassel durchgeführtes Treffen der deutschen Wandervogel- und Jugendbewegung anspielt, die Macht der Jugend als einer eigenständigen Macht.[81] Der Text schließt mit einer utopischen Vision, die in ihrer Bildlichkeit und ihrem Pathos viele Utopismen der ›O-Mensch-Dichtung‹ vorwegnimmt:[82]

Wir fegen die Macht und stürzen die Throne der Alten,
Vermoderte Kronen bieten wir lachend zu Kauf,
Wir haben die Türen zu wimmernden Kasematten zerspalten
Und stoßen die Tore verruchter Gefängnisse auf.

Nun kommen die Scharen Verbannter, sie strammen die Rücken,
Wir pflanzen Waffen in ihre Hand, die sich fürchterlich krampft,
Von roten Tribünen lodert erzürntes Entzücken,
Und türmt Barrikaden, von glühenden Rufen umdampft.

Beglänzt vom Morgen, wir sind die verheißnen Erhellten,
Von jungen Messiaskronen das Haupthaar umzackt,
Aus unseren Stirnen springen leuchtende, neue Welten,
Erfüllung und Künftiges, Tage, sturmüberflaggt!

Lotz' Gedicht lebt vom Aufbruchsmythos, den er in dem Maße zu Bildkaskaden ausformt, wie er die politisch-gesellschaftliche Konkretion des Entwurfs schuldig bleibt. Den Jugend-Topos ersetzen in den folgenden Jahren Schlagwörter wie Bruder, Mensch, Neuer Mensch und Neue Welt. Ein spezifisch politisches Programm, dem die Kampfaufrufe und Utopien zuzuordnen wären, findet sich kaum. Vor solchem Hintergrund ist nachvollziehbar, dass Revolution und Republik letztlich in der ›O-Mensch-Dichtung‹ poetische Chiffren blieben. Das metaphorische Potenzial zählte, nicht die politische Programmatik. Diese Verwandlung des Gedichts in ein Manifest, eine Predigt ist für eine ganze Reihe von Beispielen der ›O-Mensch-Dichtung‹ typisch; die Verse gehen in rhythmische Prosa über: **Wir müssen die Herzfackeln anzünden. Unsere Leiber müssen eine Brücke, unsere Seelen einen Damm bauen. Hörst du Schlürfen, Tappen, Angstrufen und Beten der Verirrten, die sich sehnen? Aus uns müssen wir Licht machen.**[83] Die Politik des

Herzens sollte eine Antwort sein auf die verantwortungslose Verteidigung des Ersten Weltkriegs durch deutsche (und europäische) Intellektuelle. Die Erneuerung des moralischen Bewusstseins wurde zur Tagesforderung. Der Herz-Topos bildete den sprachlichen Kern der ›O-Mensch-Dichtung‹ und war der Inbegriff für moralische Integrität. Die ›O-Mensch-Dichtung‹ blieb eine Zeitlyrik, die ihre enthusiastische Phase in den letzten Kriegsjahren erlebte und 1920 kaum noch überzeugte. Goll, einer ihrer Protagonisten, zog 1921 eine erste Bilanz. Seinen Essay nannte er *Der Expressionismus stirbt*:[84]

> […] Expressionismus war eine schöne, gute, große Sache. Solidarität der Geistigen. Aufmarsch der Wahrhaftigen.
> Aber das Resultat ist leider, und ohne Schuld der Expressionisten, die deutsche Republik 1920. Ladenschild. Pause. Bitte rechts hinausgehn. Der Expressionist sperrt den Mund auf … und klappt ihn einfach wieder zu. […]
> Jawohl, mein guter Bruder Expressionist: das Leben zu *ernst* nehmen, ist heute die Gefahr. Kampf ist Groteske geworden. Geist in dieser Schieberepoche Ulk. […] Der ›gute‹ Mensch mit einer verzweifelten Verbeugung begibt sich in die Kulisse. […]

2.4 Zu einzelnen Texten

2.4.1 Jakob van Hoddis: »Weltende«

Van Hoddis war neben Heym einer der Hauptprotagonisten im Berliner Neuen Club und in dessen Neopathetischen Cabaret. Sein Gedicht »Weltende« wird von vielen als das bekannteste Gedicht des Expressionismus bezeichnet:[85]

> Dem Bürger fliegt vom spitzen Kopf der Hut,
> In allen Lüften hallt es wie Geschrei.
> Dachdecker stürzen ab und gehn entzwei
> Und an den Küsten – liest man – steigt die Flut.
>
> Der Sturm ist da, die wilden Meere hupfen
> An Land, um dicke Dämme zu zerdrücken.
> Die meisten Menschen haben einen Schnupfen.
> Die Eisenbahnen fallen von den Brücken.

Hans Davidsohn, der sich als Dichter Jakob van Hoddis nannte, wurde am 16. Mai 1887 in Berlin geboren; er entstammte einer jüdischen Arztfamilie aus dem proletarischen Ostteil der Stadt. Sein Vater, ein sozialer Aufsteiger, der aus einer westpreußischen Handwerkerfamilie stammte, leitete als Assistent von Rudolf Virchow eine Poliklinik, wurde Facharzt und Allgemeinmediziner. Er war zeitgenössischen Schilderungen zufolge eine ausgesprochen schwache Figur, litt unter Depressionen und war kokainabhängig, wie eine Reihe anderer Ärzte seiner Zeit. Im Unterschied zu Georg Heym, dieser wuchtigen Figur des ›Neuen Clubs‹, war Jakob van Hoddis eine eher unscheinbare, kleinwüchsige Gestalt, unter der er offenbar schon seit der Kindheit litt. Hoddis war keine Empörerfigur. Er studierte Philologie und Philosophie in München, Jena und Berlin und hatte den Wunsch, Schriftsteller zu werden.[86] Was ihn am ›Neuen Club‹ faszinierte, war dessen philosophische Nähe zu Nietzsche und vor allem die pathetische Hochschätzung des Vitalismus, also die Verehrung des rauschhaften, von moralicher Enge und bürgerlicher Spießigkeit befreiten Lebens. Für den philosophischen Kontekt von Begriffen wie Wille, Fühlen und Pathos hatte Hoddis entschieden mehr Sinn als Heym, für den solche Formeln allenfalls Impulse für die dichterische Produktion vitalistischer Bildfelder waren und der an philosophischen Debatten wenig Interesse fand. Der Maler und Zeichner Ludwig Meidner, der seit 1907 nach fast zweijährigem Paris-Aufenthalt wieder in Berlin lebte, berichtete über den jungen van Hoddis:

> **[E]r sah aus wie ein Südländer, häufig mit verschleierten Augen, lebte heftig und intensiv und war ungemein temperamentvoll. All das, was ihm nicht paßte, wies er barsch und entschieden zurück. Jakob van Hoddis war ein reiner Nervenmensch, zartbesaitet und leicht erregbar. Wenn er dichtete, äußerte sich dies auch körperlich, er zitterte mit Schaum vor dem Mund.**[87]

Als **besessenen, faszinierenden, apodiktischen Dichter**[88] charakterisierte ihn Ernst Blass, einer seiner Freunde im ›Neuen Club‹.

Das Gedicht »Weltende« wurde zur Initialzündung für eine ganze Dichtergeneration, wohl das erste Gedicht, das auch andere Autoren schnell auswendig lernten und es wie eine Losung, ein Erkennungszeichen in allen möglichen Zusammenhängen zitierten. Mit der traditionellen Strophenform, fünfhebigen Jamben im alternierenden Duktus Stefan Georges, erweist sich van Hoddis keineswegs als **lyrischer Futurist und rasender Beweger,**[89] auch wenn der Versinhalt in deutlicher Spannung zum Versbau steht. Der Titel des Gedichts, Leitformel des gesamten expressionistischen Jahrzehnts, hat von jeher Assoziationen geweckt, die sich bei genauerer Lektüre keineswegs ungeprüft bestätigen. Auffällig ist das Nebeneinander der großen und kleinen Katastrophen. Das Gedicht registriert das Missgeschick des Bürgers mit seinem Hut und den epidemischen Schnupfen ebenso monoton rhythmisierend wie den Absturz der Dachdecker, den Sturm, die Flut und die Eisenbahnunglücke, jene Ereignisse, von denen Zeitungen wie das ***Berliner Tageblatt*** im Dezember 1909 ausführlich berichteten.[90] Die Perspektive des lyrischen Beobachters ist die eines Außenstehenden, den die Katastrophen nicht direkt zu tangieren scheinen; er liest von ihnen und fasst sie wie in Nachrichtenzeilen zusammen. Die Dynamik des kleinen Gedichts sticht hervor. Die ersten zwei Verse kombinieren die visuelle und die akustische Wahrnehmung von Bewegungsvorgängen und geben mit der Bürgerkarikatur und dem Motiv des **Geschrei**[s] zugleich zwei Stichwörter, die expressionistische Mit-Leser bereits in den Bann ziehen. Virtuos setzt VAN HODDIS seine Bewegungstempi ein. So unterbricht die Parenthese **liest man** den dynamischen Schwung, der sich zu Beginn der zweiten Strophe noch einmal in dem wie eine Losung wirkenden kurzen Satz **Der Sturm ist da** verstärkt um dann fast abrupt im zweitletzten Vers abzubrechen: **Die meisten Menschen haben einen Schnupfen.** Bis auf diesen Vers kennzeichnen Verben der Bewegung den Aktionsraum der Berichte.

VAN HODDIS wählte für den Aufbau seiner Strophen das Konstruktionsprinzip der Simultaneität. Die miteinander verknüpften Ereignisse stehen in keiner kohärenten Einheit zueinander, sondern suggerieren, im epischen Präsens gehalten, eine Gleichzeitigkeit, ein Nebeneinander, das erst in der quantifizierenden Summe eine Assoziation wie **Weltende** hervorruft. Jeder Vers, so ist für diesen Reihungsstil charakteristisch, hat ein neues Subjekt. Die simultane Wahrnehmungstechnik erlaubt dem Beobachter einen Panoramablick, zugleich kann er mit immer neuen Überraschungen und Schreckensmeldungen aufwarten, wie ein auf Sensationen spekulierender Zeitungsmann. Der Dichter Alfred Lichtenstein hat die verblüffende Neuerung des Reihungsstils ausführlich beschrieben. Es gehe darum, **die Unterschiede der Zeit und des Raumes [...] zu beseitigen.** Als Erfinder des Simultanstils nennt Lichtenstein ausdrücklich VAN HODDIS und hebt dessen **schöne[s] Gedicht** »Weltende« hervor: **Ich glaube, dass van Hoddis das Verdienst hat, diesen ›Stil‹ erfunden zu haben.**[91] VAN HODDIS verbindet den Reihenstil in diesem Gedicht mit einer satirischen Perspektive, die sich freilich nicht in jedem Vers findet. Die Bürgerkarikatur des ersten Verses (der ›spitze Kopf‹) setzt sich in der Wendung **gehn entzwei** fort, indem der Absturz der Dachdecker mit einem Verb kombiniert wird, das semantisch nur mit Dingen und Sachen verknüpft werden kann. Solcher Verdinglichung auf der einen Seite steht auf der anderen die Personifikation unbelebter Natur als ein weiteres Stilmittel gegenüber, wenn es heißt: **Die wilden Meere hupfen / an Land** [...]. Solche ironisch-satirischen Brechungen sind Elemente der literarischen Groteske, in der das an sich ernste, grausige Geschehen ins Lächerliche gezogen, mit einem gewissen Schuss Komik dargestellt und so präsentiert wird, dass an sich Unvereinbares in paradoxer Weise eine widersprüchliche, disparate Einheit bildet. Der Effekt der grotesk verzerrten Perspektive bewirkt keineswegs ein heiteres Darüberstehen des Beobachters und der Leserschaft, sondern ein gesteigertes Bewusstsein für die im Text aneinander gereihten kleinen und großen Katastrophen.

In anderen Gedichten hat VAN HODDIS das apokalyptische Motiv ungleich dramatischer und ernsthafter entfaltet; sie bilden werkgeschichtlich den Hintergrund, auf dem der ironisch-satirische Duktus des »Weltende«-

Gedichts sich um so deutlicher abhebt. So endet VAN HODDIS' »Karthago«-Gedicht in beschwörenden Bildern von Tod und Untergang ohne jeden grotesken Unterton:[92]

Über der blau donnernden Flut unermüdlicher Meere
Droht dir der Tod.
Hoch am Himmel steht der Komet bluteiternd und rot,
Ein Schwert, das die Leiber verzehrt,
Ein Drache der Wut.
Blut bedeutet das träumende Licht in den Straßen,
Vernichtung und Blut.
Umsonst heult der eherne Stier mit feurigem Schlunde,
Eure Töchter und Söhne verbrennt ihr im gräßlichen Feuer vergebens.
Horch, es klingt der gläserne Tod durch die wüste Stunde.
Und es erstarrt im Mittagswunder der Traum und die Kraft eures Lebens.

Die apokalyptische Perspektive, zeittypisch verdichtet im Kometen-Motiv – 1910 erschien der Halleysche Komet für einige Monate am Himmel, Expressionisten gestalteten ihn zum künstlerischen Endzeitsymbol –, bleibt in diesem Gedicht ohne jeden Überlegenheitsgestus. Charakteristisch für VAN HODDIS ist die Spannweite, mit der er das Katastrophenthema akzentuiert. Ironie wechselt mit Verzweiflung, satirischer Spott mit tragischem Ernst. Der Titel »Weltende« ist vor diesem Hintergrund zwiespältig; er entfaltet ironisch und formelhaft seine grotesken Effekte, zugleich aber ruft er im Kontext der Entstehungs- und Veröffentlichungszeit apokalyptische Assoziationen wach. Das Bewusstsein einer allgemeinen Krise war im Übrigen nicht nur den Dichtern des ›Neuen Clubs‹ gemeinsam, sondern gehörte zum allgemeinen politisch-gesellschaftlichen und kulturellen Empfinden. Krieg lag in der Luft. Daher kam der Dichtung keineswegs, wie das in der älteren Forschungsliteratur öfters angenommen wurde, eine Kassandrarolle zu. Die Medienwirksamkeit der verbreiteten Katastrophen-Sensationen wird bei VAN HODDIS nicht zufällig in der Wendung **liest man** direkt ausgesprochen. Dass technischer Fortschritt Unglücke und Opfer mit sich brachte, war im Zeitalter der Eisenbahnen und Geschwindigkeitsrekorde ebenso wenig ungewöhnlich wie Influenza- und Grippeepidemien in den aus allen Nähten platzenden Großstädten und Metropolen.

Auch politisch waren internationale Spannungen ein Tagesthema. Seit Wilhelm II. das Rückversicherungsabkommen mit Russland nicht erneuert hatte, seit er England und Frankreich in Kolonialfragen Konkurrenz machen wollte, seit den großen Krisen und den Kleinkriegen auf dem Balkan, seit den nationalen Spannungen im Vielvölkerstaat Österreich-Ungarn war eine militärische Auseinandersetzung europäischer Staaten um die Vorherrschaft in der Welt Gegenstand öffentlicher Debatten. Es bedurfte dazu keiner expressionistischen Visionen. Es wäre daher verfehlt, von heute aus Gedichten wie »Weltende« eine Warnfunktion zu unterstellen. Es gibt keinen Vers, der so gelesen werden könnte, als ob mit dem Gedicht einem ahnungslosen Publikum apokalyptische Schrecken eingejagt werden sollten. Eher schon faszinierte diejenigen, die das mehrfach nachgedruckte Gedicht am 11. Januar 1911 in der Berliner Zeitschrift ***Der Demokrat*** entdeckten, dass hier jemand mit seinen simultanen Bildkomplexen diffuse Katastrophenstimmungen lustvoll und mit satirisch-groteskem Unterton zu einer kleinen Vers-Apokalypse verarbeitet und damit den Ton und das Selbstbewusstsein der Dichtergeneration getroffen hatte.

1957 fasste Johannes R. Becher, damals Kultusminister der DDR, seine Erinnerung an die Wirkung des Gedichts in einem Bericht zusammen, der die unter dem Vorzeichen des sozialistischen Realismus Stalin'scher Prägung höchst umstrittene expressionistische Vergangenheit, an sich ein Ausdruck dekadenter bürgerlicher Moderne, pathetisch aufleben lässt. Gerade deshalb ist Bechers die Rezeption verklärende, auf ein gemeinsames Generationserlebnis zuspitzende Erinnerung an VAN HODDIS' »Weltende« so bemerkenswert. Noch nach vierzig Jahren hatte der vor dem Ersten Weltkrieg in München lebende Becher, Mitglied eines expressionistischen Zirkels um die in München 1913/14 herausgegebene Zeitschrift ***Revolution***, die Begeisterung für HODDIS' Gedicht treffend umschrieben, die schon für die Vorkriegszeit überliefert ist. Sein Enthusiasmus spiegelt schließlich auch die enorme Bedeutung wider, die der Lyrik als maßgeblicher literarischer Gattung im Frühexpressionismus zukam:[93]

> Meine poetische Kraft reicht nicht aus, um die Wirkung jenes Gedichtes wiederherzustellen, von dem ich jetzt sprechen will. Auch die kühnste Phantasie meiner Leser würde ich überanstrengen bei dem Versuch, ihnen die Zauberhaftigkeit zu schildern, wie sie dieses Gedicht »Weltende« von Jakob van Hoddis für uns in sich barg. Diese zwei Strophen, o diese acht Zeilen schienen uns in andere Menschen verwandelt zu haben, uns emporgehoben zu haben aus einer Welt stumpfer Bürgerlichkeit, die wir verachteten und vor der wir nicht wußten, wie wir sie verlassen sollten. Diese acht Zeilen entführten uns. Immer neue Schönheiten entdeckten wir in diesen acht Zeilen, wir sangen sie, wir summten sie, wir murmelten sie, wir pfiffen sie vor uns hin, wir gingen mit diesen acht Zeilen auf den Lippen in die Kirchen, und wir saßen, sie vor uns hin flüsternd, mit ihnen beim Radrennen. Wir riefen sie uns gegenseitig über die Straße hinweg zu wie Losungen, wir saßen mit diesen acht Zeilen beieinander, frierend und hungernd, und sprachen sie gegenseitig vor uns hin, und Hunger und Kälte waren nicht mehr.

Der legendäre Ruhm des Gedichts »Weltende« darf nicht darüber hinwegtäuschen, dass aus zeitgenössisch-bürgerlicher Sicht VAN HODDIS alles andere als ein anerkannter Dichter war. Als das **Schlimmste**, was das neopathetische Cabaret an Dichtern dem Publikum zumutete, hat ihn der Korrespondent der ***Münchener Allgemeinen Zeitung*** anlässlich eines Berichts über einen Cabaretabend vom Juli 1910 beschrieben. VAN HODDIS' Provokationen, so lässt die latent antisemitische Kritik spüren, hatten offenbar voll ins Schwarze getroffen:[94]

> **Das Schlimmste aber erleben wir jetzt. Ein junger Mann, der sich J. van Hoddis nennt, nimmt auf dem Podium Platz und lächelt schon von vornherein schadenfroh über die gemißhandelten Zuhörer. Dann liest er so schnell seine Machwerke ab, daß man überrascht nicht mehr Zeit hat, an die Tür zu kommen. Nach jeder Strophe lächelt er befriedigt. Ich habe selten etwas so bodenlos Häßliches gehört. Sie haben Augen, Herr van Hoddis, die mir nicht gefallen …**

2.4.2 Alfred Lichtenstein: »Punkt«

Das Simultangedicht des Expressionismus ist mit LICHTENSTEINS Namen schon deshalb so eng verbunden, weil der Dichter einer der wenigen war, die am Beispiel seines eigenen Gedichts »Die Dämmerung«,[95] das ihn 1911 nach der Veröffentlichung in Waldens ***Sturm*** mit einem Schlage bekannt gemacht hatte, über die Poetik dieses neuen Genres beredt Auskunft gaben. Es sei **Absicht […], die Reflexe der Dinge unmittelbar – ohne *überflüssige* Reflexionen aufzunehmen.** Simultaneität umschrieb LICHTENSTEIN als ein Prinzip, im Gedicht **das Unausgeglichene, nicht Zusammengehörige der Dinge, das Zufällige, das Durcheinander** zu **bemerken.**[96] Der Gegenstand, an dem LICHTENSTEIN jenes **Durcheinander** mit Vorliebe studierte, war der großstädtische Raum: Die Begründung einer neuen Wahrnehmungspoetik stand im engen Konnex zur neuen Erfahrungswelt der modernen Metropolen. Das Simultanprinzip mit seiner dissonanten, disharmonischen Synchronität unterschiedlicher, nicht miteinander koordinierter Wahrnehmungskomplexe schien wie ein der neuen Wirklichkeit angemessenes künstlerisches Verfahren.

Aber es wäre falsch, LICHTENSTEINS Lyrik auf das Experimentieren mit neuen poetischen Techniken der äußeren Wirklichkeitsdarstellung festzulegen. LICHTENSTEINS Gedichte interessieren sich nämlich nicht allein für die Chaotik der neuen modernen Großstadt, sondern auch für das mit diesen Bildern und Eindrücken konfrontierte Ich, für die innere Welt des in den Metropolen lebenden Menschen. Sein Gedicht »Punkt« ist ein Beispiel dafür:

> **Die wüsten Straßen fließen lichterloh**
> **Durch den erloschnen Kopf. Und tun mir weh.**
> **Ich fühle deutlich, daß ich bald vergeh –**
> **Dornrosen meines Fleisches, stecht nicht so.**

Die Nacht verschimmelt. Giftlaternenschein
Hat, kriechend, sie mit grünem Dreck beschmiert.
Das Herz ist wie ein Sack. Das Blut erfriert.
Die Welt fällt um. Die Augen stürzen ein.

Die äußere Struktur des Gedichts signalisiert alles andere als eine poetische Innovationstechnik. Fünfhebige Jamben, von George bis Heym und Becher weit verbreitet, zitieren das metrische Muster der Gedankenlyrik, während die vierzeilige Strophenform mit ihren umschließenden Reimen ein ebenso geläufiges wie traditionelles Schema reproduziert. Und auch die Bildung der Reimwörter folgt, wohl mit Ausnahme des Paradigmas **beschmiert** und **erfriert**, weithin konventionellen Vorbildern (lichterloh – so; weh – vergeh; Giftlaternenschein – ein). Die äußere Struktur jedoch wirkt wie eine provisorische Hülle um einen Text, der sich auf verschiedenen Ebenen der Verskonstruktionen strikt allen Konventionen zu entziehen versteht. Schon die erste Strophe folgt keineswegs konsequent dem Vorbild der Reihenstiltechnik. Das Enjambement von der ersten zur zweiten Zeile durchbricht bereits die Modellform der statischen Reihung. LICHTENSTEIN relativiert die Einheit der einzelnen Verszeilen, wenn er mit Zäsuren nach dem zweiten bzw. dritten Versfuß arbeitet: [...]/ **Durch den erloschen Kopf. Und tut mir weh./ Ich fühle deutlich, daß ich bald vergeh –/ Dornrosen meines Fleisches, stecht nicht so.** Diese Zäsurtechnik setzt er in allen Versen der zweiten Strophe weiter fort, und zwar in forcierter Form, bis in der letzten Zeile die Einheit des einzelnen Verses ganz zerbricht, indem zwei unterschiedliche, syntaktisch elementar gefügte Aussagesätze unvermittelt nebeneinander gestellt werden: **Die Welt fällt um. Die Augen stürzen ein.**

Die Positionierung des lyrischen Ichs in diesem Gedicht gibt Aufschluss über die Problematik der modernen poetischen Wahrnehmungsform. Die Passivität des Ichs dominiert von Beginn, von der Metapher des ›erloschnen Kopfes‹ an, während das, was als Dingwelt in den Blick kommt, die **wüsten Straßen**, eine aktivische Rolle übernehmen: **Die wüsten Straßen fließen lichterloh.** Die Schwäche des Erkenntnissubjekts ist das eigentliche Thema des Gedichts. Es umschreibt die eindrängenden Wahrnehmungskomplexe als derart massiv, dass es Schmerz empfindet (**Und tun mir weh**) und kolossale Existenzängste auslöst (**..., dass ich bald vergeh**). Das Leiden wird in der fast pathetischen Bildfügung des vierten Verses (**Dornrosen meines Fleisches, stecht nicht so**) bis zur Anspielung auf die mit einer Dornenkrone gekrönten Christusfigur stilisiert. Die Großstadterfahrung als Leiderfahrung und Impuls zur Reflexion der eigenen Subjektivität: In der ersten Strophe greift nur der erste Vers auf sinnliche Wahrnehmung der äußeren Realität zurück, und zwar so, dass nicht die Topografie der Stadt erscheint, sondern ein bereits verzerrtes, durch das Motiv des Brandes (**lich-**

terloh) dramatisiertes »inneres Straßen-Bild« im Kopf. Dann folgen in zwei Sätzen pointierte Mitteilungen über Empfindung und Ich-Reflexion, es schließt sich ein Imperativsatz an, der wie ein inneres Sprechen wirkt, ein Monologfetzen, der Leid in quasi-religiöser Bildsprache assoziiert.

Erst nach diesem vergeblichen Ausruf, der sich nicht nach außen, sondern nach innen richtet (**Dornrosen *meines* Fleisches**), folgen zwei weitere Beobachtungen zur äußeren Realität. Auch in diesem Falle geht es nicht um eine vom Subjekt getrennte Außenwirklichkeit. Der Satz **Die Nacht verschimmelt** ist wie der Vers **Die wüsten Straßen fließen lichterloh / Durch den erloschnen Kopf** ein in eine metaphorische Wendung gefasstes inneres Bild; das Gleiche gilt für den Vers **Giftlaternenschein / Hat, kriechend, sie mit grünem Dreck beschmiert.** Solche Bilder, die äußere Wahrnehmung in mehrdeutige, anspielungs- und assoziationsreiche Metaphernsprache transformieren, hat LICHTENSTEIN in seiner bereits zitierten Selbstrezension **›ideeliche‹ Bilder**[97] genannt. Sie lösen die Raum-Zeit-Bezüge auf und können wie in diesem Gedicht innere und äußere Wahrnehmungskomplexe miteinander verknüpfen. Die letzten beiden Verse des Gedichts lösen sich ganz von der Großstadt-Konnotation des Gedichteingangs. Während eben noch fast emphatisch die eigene Subjektivität im Moment des Leidens und der Existenzangst artikuliert wurde – **Ich fühle deutlich, daß ich bald vergeh** –, kann sich das sich fühlende Ich der Deformation nicht mehr entziehen: **Das Herz ist wie ein Sack. Das Blut erfriert.** Sowohl der Vergleich **wie ein Sack** als auch die Metapher des Erfrierens zielen auf eine Katastrophe hin, die im letzten Gedichtvers endgültige Gewissheit wird. LICHTENSTEINS Katastrophenbild ist fundamentaler Art, eine äußere wie innere Katastrophe, eine Katastrophe der Welt (**Die Welt fällt um**) und eine des Ichs (**Die Augen stürzen ein**), charakteristischer Weise – und im Kontext des Gedichtthemas folgerichtig – symbolisiert über den Verlust eines Wahrnehmungsorgans, der Augen. Sogar der Titel des Gedichts lässt sich in diesen Kontext stellen, und zwar in mehrfacher Hinsicht. Auf der einen Seite wird der dreidimensionale Raum auf einen Wahrnehmungs-**Punkt** hin verzerrt; auf der anderen Seite erscheint das einzelne Individuum in jenen **wüsten Straßen** wie ein unbedeutender **Punkt.**

Die experimentellen Zielrichtungen des Gedichts und die genuin ästhetische Dimension der LICHTENSTEIN'schen Darstellungstechnik sollen nicht unbeachtet bleiben. So spielt im zeitgenössischen Kontext das Element der ästhetischen Provokation eine wichtige Rolle. Nicht zufällig hatte die Veröffentlichung eines Gedichtes wie »Die Dämmerung« in Waldens *Sturm* einen Sturm der Entrüstung bewirkt. Walden schrieb im April 1911 ironisch: **Die ganze Presse ist außer sich vor Vergnügen [...]. Die meisten begnügen sich, es mit dem esprithaften Zusatz ›Wirklich dämmerhaft,** nicht?‹ wörtlich abzudrucken. Was dem Autor reichliche Honorare bringen wird.[98] LICHTENSTEINS Gedicht ist vor diesem Horizont nicht allein ein poetisches Beispiel für die **Erfahrung des sinnlosen Daseins, der verlorenen Existenz** und für den **zunehmenden Orientierungsverlust und die Entfremdung in einer Epoche gewaltiger Krisen- und Zerfallserscheinungen**,[99] sondern auch Beispiel für die Produktivität der künstlerischen Möglichkeiten, die jene **Krisen- und Zerfallserscheinungen** dem modernen Autor boten. Das Gedicht experimentiert, bildlich gesprochen, mit einer Verstechnik jenseits der Zentralperspektive und steht damit im Kontext der Großstadtbilder expressionistischer Maler und ihrer Malstile.

Zum Experimentcharakter seiner Lyrik gehört auch LICHTENSTEINS Versuch, mit traditionellen Prinzipien wie dem der künstlerischen Mimesis, der Ab- und Nachbildung objektiver Realität, zu brechen. Aber er deformiert auch die Illusion, das Gedicht könne noch authentisch die Gefühle und Empfindungen eines Subjekts widerspiegeln. Daher ist das Gedicht weder das Befindlichkeitsprotokoll eines jungen Dichters, der von der Sinnlosigkeit der eigenen Existenz überzeugt ist, noch eine acht Verse lange philosophische Spekulation über den Subjektverfall in der modernen, großstädtischen Welt. So gedanken- und gefühlsschwer das Gedicht erscheinen mag, wenn man es auf seinen vermeintlichen Inhalt reduziert und als LICHTENSTEIN'sche Weltsicht paraphrasiert: es ist ein Spiel mit neuen Konstruktionsformen, mit unbekannten Bildkomplexen und verblüffenden Metaphernfeldern, mit Versreihungen, in denen das Sprechen des lyrischen Ichs unterschiedlichste Assoziations- und Wahrnehmungselemente miteinander vernetzt, ohne sie zu ordnen und zu interpretieren.

LICHTENSTEINS Simultangedicht ist daher, historisch gesehen, zeitgenössischen Avantgarde-Experimenten, beispielsweise der europäischen Futuristen, mit neuen Bewegungs- und Dynamikprinzipien verwandt. **Alles bewegt sich, alles fließt, alles vollzieht sich mit größter Geschwindigkeit. Eine Figur steht niemals unbeweglich vor uns, sondern sie erscheint und verschwindet unaufhörlich. Durch das Beharren des Bildes auf der Netzhaut vervielfältigen sich die in Bewegung befindlichen Dinge, ändern ihre Form und folgen aufeinander wie Schwingungen im Raum.**[100] Dieser ›Dynamismus‹-Formel aus dem Technischen Manifest des Futurismus kommt LICHTENSTEINS Versuch nahe, die traditionellen Raum-Zeit-Konstellationen aufzulösen. Es wäre verfehlt, den experimentellen Impuls der poetischen Simultantechnik, aus der sich ein paar Jahre später literarische Montage- und Collageformen entwickelten, in die Tradition deutscher Weltanschauungs- und Gedankenlyrik zu stellen, also Motive der Katastrophe, der Welt- und Ich-Deformation als Position und nicht als poetisches und sprachliches *Material* eines modernen Gedichtgenres zu begreifen.

2.4.3 Georg Trakl: »Verfall«

Georg Trakl – er stammte aus bürgerlichem Hause und war Sohn eines reichen Eisenhändlers in Salzburg – ist einer der Dichter des Expressionismus, die unangefochten seit Jahrzehnten zum Kernkanon deutschsprachiger Lyrik des 20. Jahrhunderts gehören. 1887 geboren, wurde er bei Kriegsbeginn Militärapotheker in Galizien, das damals ein Teil der Österreich-Ungarischen Doppelmonarchie war, und starb am 4. November 1914 im Garnisonsspital Krakau an einer Überdosis Gift. Der Pharmazie-Student in Wien und spätere ›k.u.k. Medikamentenbeamte‹ Trakl, der eine Zeit lang auch in Innsbruck lebte, arbeitete an Zeitschriften mit, die sich, wie der ***Brenner***, auch jungen Lyrikern aus dem Umfeld des Expressionismus öffneten. 1913 erschien in Kurt Wolffs Reihe *Der jüngste Tag* sein erster Gedichtband mit dem schlichten Titel *Gedichte*, der 1917 nachgedruckt wurde. 1915 erschien Trakls zweiter und letzter von ihm selbst zusammengestellter Gedichtband unter dem Titel *Sebastian im Traum*. Trakl hatte seine Gedichte im März 1914 an den Verleger gesandt und sein Gedichtbuch sowie seine Texte wie eine musikalische Partitur geschrieben, bis hin zu Assonanzen und Alliterationen, die über die einzelnen Gedichte hinausgreifen und diese durch eine kompositionelle Struktur miteinander verbinden. Die ›Töne‹ korrespondieren mit dem Zentralmotiv des Schweigens; die Stille ist nicht nur ein Thema, sondern wird auch ein immer wieder variiertes Basiselement vieler Gedichte.

Schon 1917 kam bei Wolff die erste Gesamtausgabe Trakl'scher Dichtungen heraus: ein Zeichen für die große Resonanz und den frühen Ruhm des Dichters, dessen Rezeption nach der Wende zum lyrischen Traditionalismus 1930 und 1938 nach der Eingliederung Österreichs ins Deutsche Reich anhielt (noch 1939 bzw. 1941, mitten im Kriege, erschienen die 4. und 5. Auflage der Gesamtausgabe). Nach seinem frühen Tod 1914 wurde der Dichter wie Heym für die expressionistische Dichtergeneration eine Kultfigur, eine schon im Leben vom Tode gezeichneten Dichterexistenz, ein Frühvollendeter, wie Novalis und Büchner.

Trakls Lyrik charakterisiert ein dichtes Netz von intertextuellen Werkverweisen, von Motiven, Bildern, Farbattributen und -metaphern, sprachlichen Wendungen, mythologischen und christlichen Anspielungen, syntaktischen Analogien und metrischen Vers- und Strophenmustern, die immer wieder aufgegriffen werden, einmal als Wiederholungs-, ein andermal als Kontraststruktur. Am Gedicht »Verfall«[101] einem 1913 in den *Gedichten* veröffentlichten Text, soll der intertextuelle Dialog der Gedichte innerhalb des Trakl'schen Werkes näher untersucht werden.

Am Abend, wenn die Glocken Frieden läuten,
Folg ich der Vögel wundervollen Flügen,
Die lang geschart, gleich frommen Pilgerzügen,
Entschwinden in den herbstlich klaren Weiten.

Hinwandelnd durch den dämmervollen Garten
Träum ich nach ihren helleren Geschicken
Und fühl der Stunden Weiser kaum mehr rücken.
So folg ich über Wolken ihren Fahrten.

Da macht ein Hauch mich von Verfall erzittern.
Die Amsel klagt in den entlaubten Zweigen,
Es schwankt der rote Wein an rostigen Gittern,

Indes wie blasser Kinder Todesreigen
Um dunkle Brunnenränder, die verwittern,
Im Wind sich fröstelnd blaue Astern neigen.

Das Gedicht, das sein Thema so plakativ umreißt und es doch in den Quartetten des Sonetts verschweigt, ist das Eingangsgedicht des Gedichtbandes und gehört zum Abschnitt *Schöne Stadt*. Als Herbstgedicht, das zunächst unmerklich, dann nach dem ersten Vers des ersten Terzetts mit deutlichem Akkord von **Verfall** spricht (**Da macht ein Hauch mich von Verfall erzittern**), lässt es sich dem Genre des Jahreszeitengedichts zuordnen und erinnert an Georges Park-Gedicht. Anklänge an die Dichtung der Jahrhundertwende sind recht deutlich, etwa im Traum- und Brunnenmotiv, in Anspielungen auf Reigen, Garten und die herbstlichen Astern. Anders als bei anderen Expressionisten steht die Konvention der Form noch kaum in einem Spannungsverhältnis zum Gedichtgegenstand; das Sonett mit seinen fünfhebigen Jamben zeigt noch keine Ansätze zur Verfremdung der Strophen und Reimform. Zur Sorgfalt der Sonettproduktion gehören auch die bis ins Detail ausgearbeiteten Enjambements, Zäsuren, Alliterationen, Assonanzen, Wiederholungen (**folg ich**) sowie die vom 11. Vers komplexer werdende Gestaltung der Strophe (mit zwei Zäsuren und einem Enjambement) und Komplizierung der syntaktischen Struktur, die das Hyperbaton (die Trennung grammatisch eng zusammengehöriger Satzteile) im vorherigen Vers einleitet: **Da macht ein Hauch *mich* von Verfall erzittern.**

Das in der ersten Strophe präludierte Abend- und Friedensidyll verkehrt sich in der Schlussstrophe zu einem verschachtelten Vergleich, der eine schlichte Beobachtung, die sich im Winde neigenden Astern, in eine komplexe Bildlichkeit transformiert (**wie blasser Kinder Todesreigen / Um dunkle Brunnenränder, die verwittern**). Es scheint, als sei die friedliche Atmosphäre des Anfangs, in die sich das lyrische Ich mit seinen Empfindungen noch harmonisch einfügt, in den Quartetten nur deshalb aufgerufen, damit sie in den Terzetten umso konsequenter wieder zurückgenommen werden kann. Die Quartette bauen eine Einheit visueller, akustischer und emotionaler Wahrnehmung auf, die in den Versen 7 und 8 fast bis zur Empfindung stillgestellter Zeit (**fühl der Stunden Weiser kaum mehr rücken**) und räumlicher Entgrenzung (**folg über Wolken ihre Fahrten**) reicht. Erst dann setzt eine schrittweise Negativierung ein, die von der ersten, kaum spürbaren und doch irritierenden Wahrnehmung – **Hauch [...] von Verfall** – rasch zum Motiv der Klage und des Klagelieds führt und nun auch das Jahreszeitenthema ungleich kräftiger entfaltet (**in den entlaubten Zweigen; der rote Wein an rostigen Gittern; fröstelnd blaue Astern**). Bleibt das erste Terzett noch weitgehend in Korrespondenz zu den Quartetten auf der Ebene visueller und akustischer Wahrnehmung, erweitert die letzte Strophe den Gedichtgegenstand und verbindet ihn mit dem Motiv des Todesreigens und der Todesassoziation, das die im zweiten Quartett entworfene positive Traumperspektive (**Träum ich nach ihren helleren Geschicken**) zunichte macht.

Der im Gedicht »Verfall« anschauliche pejorative Prozess, der eine Idylle in Verfall, die Sicht auf **herbstlich klar[e] Weiten** in düstere Melancholie und eine Traumsphäre in Todesahnung umformt, strukturiert die prozessuale Entwicklung des gesamten TRAKL'schen Werkes. Im direkten Bezug zum Gedicht »Verfall« lässt sich dies an einer Reihe späterer Texte demonstrieren. Schon die Wendung des ersten Verses, der Satzbeginn mit **Am Abend**, kehrt bei TRAKL wieder, nun freilich nicht mehr in der Koppelung mit dem Motiv der Abendidylle. **Am Abend: Schritte gehn durch schwarzes Land**, heißt es im Gedicht »Verwandlung«. Im Gedicht »Trübsinn«, das die Melancholie der letzten Strophe von »Verfall« motivisch konsequent entfaltet, wird der Abend mit dem traditionsreichen melancholischen Gestirn des Saturns verbunden: **Am Abend wieder über meinem Haupt / Saturn lenkt stumm ein elendes Geschick.** TRAKLS »Abendlied« hebt mit dem dunklen Stimmungsbild an: **Am Abend, wenn wir auf dunklen Pfaden gehen, / Erscheinen unsere bleichen Gestalten vor uns.** Und im Gedicht »Die Verfluchten« schließlich verknüpft der Dichter den Abend mit der expressiven allegorischen Gestalt der Pest: **Am Abend säumt die Pest ihr blau Gewand / Und leise schließt die Tür ein finstrer Gast.**[102]

Eine analoge Beobachtung lässt sich auch für das Motiv des Windes (**Im Wind**) darstellen. In einem Vers wie **Durchs Fenster klirrt der rote Abendwind**[103] wird die Expressivität des Motivs verstärkt, während es im Schlussbild des Gedichts »Elis« mit der Erkenntnis der Gottesferne verbunden wird: **Immer tönt / An schwarzen Mauern Gottes einsamer Wind.**[104] Die pejorative Zuspitzung erfasst schließlich auch das Verfallsthema selbst. Ein Beispiel gibt das Gedicht »Am Moor«, das ellipsenartig das Thema zu einem Bild der Bedrohung und der Finsternis verformt: **Aufruhr. In verfallener Hütte / Aufflackert mit schwarzen Flügeln die Fäulnis; / Verkrüppelte Birken seufzen im Wind.**[105] Vor solchem Horizont erweist sich TRAKLS Dichtung als ein im Werk selbst aufzuspürendes intertextuelles Netz; es ist so geknüpft, dass es keineswegs Verstehen erleichtert, sondern die Bildung von Bedeutungen offen hält und gleichzeitig wie in einer musikalischen Partitur den werkinternen Bezug der einzelnen Elemente verdichtet.

Zur TRAKL'schen Werkkonstitution gehört allerdings auch der intertextuelle Rekurs auf Traditionen. Ein Paradigma dafür liefert das Gedicht »Verfall«. So verweist das Hyperbaton des 10. Verses auf eine bei Hölderlin vielfach belegte Technik der Vers- und Satzfügung. Intertextualität bei TRAKL hat daher sowohl eine innerwerkliche wie eine historische Dimension. Vor allem Hölderlin, Novalis, aber auch Rimbaud und Dostojewski waren für TRAKL wichtige Portalfiguren seiner Lyrik: Identifikationsfiguren, aus deren Verständnis er seine eigene literarische Autorschaft begründete. Es sei daran erinnert, dass Hölderlin vor 1914 keineswegs ein bekannter Klassiker war. Erst der George-Kreis hatte Hölderlin regelrecht wiederentdeckt; die erste kritische Ausgabe stammt von Norbert von Hellingrath, einem Jünger Georges, der vom Meister regelrecht den Auftrag erhalten hatte, eine neue Ausgabe zu erstellen. Hölderlin setzte sich dann zunächst bei Avantgardisten und Dichtern mit ausgeprägtem Elitebewusstsein durch, bevor er dann im Siegeszug ohnegleichen in Schule, Hochschule und Öffentlichkeit zum Kanonautor avancierte.

Eines der Gedichte Hölderlins, die bei TRAKL tiefe Spuren im Werk hinterließ, war das Gedicht »Hälfte des Lebens«, das im Strophenaufbau eine strikt kontrastive Polarität entfaltet.[106] In der Gegenüberstellung der Quartette und Terzette des Sonetts »Verfall« kehrt die Technik wieder und auch bei TRAKL führt sie zum Bild der Verfinsterung, der Todesassoziation und der Kälte.

2.4.4 Georg Heym: »Der Gott der Stadt«

Im Winter 1910/11 schrieb GEORG HEYM eine Reihe von Gedichten, deren Themen um Großstädte und großstädtische Lebenswelten kreisten. In diesen Werkkontext gehören Gedichte wie »Das Fieberspital«, »Der Bettler«, »Rom«, »Die Dämonen der Städte«, ein »Berlin«-Sonett, das Eisenbahngedicht »Die Züge«, »Schwarze Visionen«, »Verfluchung der Städte«, »Sehnsucht nach Paris« und »Der Gott der Stadt«, das zu den bekanntesten Gedichten HEYMS gehört:[107]

Auf einem Häuserblocke sitzt er breit.
Die Winde lagern schwarz um seine Stirn.
Er schaut voll Wut, wo fern in Einsamkeit
Die letzten Häuser in das Land verirrn.

Vom Abend glänzt der rote Bauch dem Baal,
Die großen Städte knien um ihn her.
Der Kirchenglocken ungeheure Zahl
Wogt auf zu ihm aus schwarzer Türme Meer.

Wie Korybanten-Tanz dröhnt die Musik
Der Millionen durch die Straßen laut.
Der Schlote Rauch, die Wolken der Fabrik
Ziehn auf zu ihm, wie Duft von Weihrauch blaut.

Das Wetter schwelt in seinen Augenbrauen.
Der dunkle Abend wird in Nacht betäubt.
Die Stürme flattern, die wie Geier schauen
Von seinem Haupthaar, das im Zorne sträubt.

Er streckt im Dunkel seine Fleischerfaust.
Er schüttelt sie. Ein Meer von Feuer jagt
Durch eine Straße. Und der Glutqualm braust
Und frißt sie auf, bis spät der Morgen tagt.

Das Gedicht, das mit dem monumentalen Bild eines wütenden, über einem **Häuserblocke** hockenden Gottes anhebt, entwirft in fünf Strophen zu je vier Versen eine Untergangsvision der Stadt. Die Verse sind so gefügt, dass die fünfhebigen Jamben trotz ihres statischen metrischen Schemas auf die Dynamik der vernichtenden Schlussaktion zusteuern, dem Höhe- und Scheitelpunkt des Gedichts. Dessen Grundstruktur ist damit bereits umrissen. Das Gedicht beginnt mit einer zwar angespannten, jedoch noch passivischen Situation der **Wut**. Die Verben **sitzen, lagern** und **schauen** fixieren den Ausgangspunkt. Wie in vielen Gedichten HEYMS verwandelt sich die wie erstarrt wirkende Szenerie allmählich in Bewegung, und zwar in einem stufenweisen Prozess, der sich in der Eskalation der Bilder und vor allem anhand der Verben näher erläutern lässt.

In der Komposition des Gedichts fällt die panoramaartige Form auf. Das poetische Subjekt spricht gleichsam von einem erhöhten perspektivischen Ort aus. Es ist nicht in den Prozess einbezogen, es scheint vom Untergang nicht betroffen zu sein. Vielmehr ist es geradezu fasziniert vom **Gott der Stadt**. Dessen Konturen und dessen Aktionen stehen im Zentrum der Wahrnehmung. Von den Städten kommt selbst nur in den Blick, was auf den Götzen hin von Bedeutung ist. So werden das Bild des Abends (**Vom Abend glänzt der rote Bauch dem Baal**), die Architektur der Türme (**der Türme Meer**), das Geläut der Glocken (**der Kirchenglocken unge-**

heure Zahl), der Straßenlärm (**durch die Straßen laut**) und schließlich auch die **Wolken der Fabrik** aus der Perspektive des zur Monumentalgestalt werdenden Zerstörers entwickelt. Zugleich wird seine anthropomorph gezeichnete Konfiguration immer konkreter und bedrohlicher: **Winde** umlagern den Götzen; er nimmt Geräusche und Gerüche wahr, **Wetter schwelt in seinen Augenbrauen**, im **Zorne** sträubt sich das **Haupthaar**, seine Faust, eine **Fleischerfaust**, eröffnet die Aktion, die nicht mehr bedarf als ein Strecken und Schütteln, um einen vernichtenden Brand zu entfachen. Das Geschehen in den Städten aber wird nur angedeutet, die Brand-Szenerie wird zu einem dramatisch-knappen Resümee verdichtet: **Ein Meer von Feuer jagt/ Durch eine Straße. Und der Glutqualm braust/ Und frißt sie auf.** Vom Schicksal der **Millionen** ist nichts zu erfahren.

Das Gedicht »Der Gott der Stadt« ist das Porträtgedicht einer mythischen Figur, die einerseits Verderben und Untergang bringt, andererseits aber in ihrer Erscheinung das poetische Subjekt so bewegt, dass es sich an der plastischen Imagination des Gottes förmlich abarbeitet. Das Gedicht zielt dabei keineswegs auf die Nachahmung einer bestimmten mythologischen Gestalt. Zwar ist vom babylonischen Götzen Baal die Rede, vom priesterlichen Dienst um Baal, dem **Korybanten-Tanz**, von Opferritualen mit besänftigendem **Weihrauch**, das zu ihm aufsteigt, und von **Musik/ Der Millionen**. Der Stadt-Götze jedoch ist synkretistischer Natur, also aus Mythos-Anspielungen konzipiert. Was den **Gott der Stadt** so anziehend macht – aus der Perspektive des poetischen Subjekts –, ist offenbar seine Fähigkeit, eine trügerische, angespannte Ruhe und angestaute Wut in befreiende Dynamik umzuwandeln. HEYMS **Gott der Stadt** ist eine äußerst lebensstarke Figur, seine Vitalität ist das eigentlich Faszinierende. Daher hat das Gedicht keine Warn- und Mahnfunktion, nicht einmal die Spur einer moralistischen Optik. Dass sich **Wut** und der **Zorn** entladen, das macht den **Gott der Stadt** so anziehend. Das Strecken und Schütteln der Faust ist das Ziel, nicht die zu verhindernde, aus Technikfeindschaft ausgemalte Katastrophe, so wie in der Apokalypse des Feuers und des Untergangs die unterschiedlichen Bildfacetten des Gedichts zusammengeführt werden, als ob die dumpfe, bedrohliche Atmosphäre bleierner Stagnation endlich überwunden wird.

Der Umschlag von Erstarrung in Bewegung gehört zu HEYMS charakteristischen Kompositionsverfahren. Es ist ein Ausdruck vitalistischer Bildlichkeit, in welche die bedrückende Erfahrung der Gegenwart einbezogen ist. Die Polarität von Vitalität und Avitalität, Statik und Dynamik, Erstarrung und Befreiung ist dabei keineswegs auf den Bildbereich der Großstadt beschränkt. Die Negativität der Städte bei HEYM basiert daher nicht auf der Gegensätzlichkeit von Zivilisation und Natur. Auch in Gedichten wie

»Trostloser Herbst. Verlorne weite Öde …«[108] oder »Das schwarze Wasser stockt auf dem Kanal …«[109] dominieren Bilder des Verfalls und der Stagnation. So schrieb HEYM zur selben Zeit wie das Gedicht »Der Gott der Stadt« das Naturgedicht »Die Fläche«, das in seiner Konstruktion ebenfalls die Panorama-Perspektive der Überschau aufweist, allerdings ohne den Umschlag von Erstarrung in Dynamik. Das Gedicht zeichnet im Bildarrangement der Natur jene Erfahrung einer avitalen, lebensfeindlichen Gegenwart nach, die den Hintergrund bildet für die Faszination am Untergangsgötzen und seiner vitalen Aktion:[110]

Wo sich der kahlen Ebene kahler Rand
Verliert in blasser Himmel Einerlei,
Brennen drei Wolken wie in einer Hand,
Die vor sich trägt der Totenfackeln drei.

Ein Wagen schleppt sich durch die Wüstenei
Langsam, wie ein langsamer Fiebertraum.
Und durch die leere Weite zieht der Schrei
Einsamer Sperber in den trüben Raum.

Solchen Bildern sind Imaginationen infernalischer Untergänge und grandioser Katastrophen entgegengesetzt, deren Bildelemente dem Bereich der Natur wie dem der Zivilisation und menschlichen Geschichte entstammen können. Zugleich wird deutlich, wie konstitutiv in der Lyrik HEYMS die Bildlichkeit ist. Großstadtgedichte wie »Der Gott der Stadt« sind weit davon entfernt alltägliche Großstadterfahrungen zu schildern.[111] Für HEYM ist die Großstadtwelt mit ihren vielfältigen Eindrücken und widersprüchlichen sozialen Realitäten ein unerschöpfliches Reservoire für Bilder, in denen er wie in einem Brennspiegel die Signatur einer von Isolation, Vereinsamung, Langeweile, Monotonie und Ohnmacht bestimmten Gegenwart sinnlich fassbar machen kann.

Die Großstadt, deren Attribute Bewegung, Lärm und Expansion sind, wird bei HEYM vielfach zu einem Sinnbild der Erstarrung: **Und ewig stumpfer Ton von stumpfem Sein/ Eintönig kommt heraus in Stille matt.**[112] Stillstand und Avitalität, für HEYM Merkmale des alltäglichen Lebens im wilhelminischen Deutschland, werden auf die Stadt projiziert: als deren negative Signatur, während die poetische Projektion des Untergangs im positiven Sinne Befreiung und das Ende der Lethargie und Stagnation verkündet.

In einem Sonett-Fragment mit dem Titel »Die Stadt« sind die Bilder vom täglichen **Einerlei** der Stadt auf der einen und der Untergangsvision auf der anderen Seite unmittelbar miteinander verknüpft:[113]

Gebären, Tod, gewirktes Einerlei,
Lallen der Wehen, langer Sterbeschrei,
Im blinden Wechsel geht es dumpf vorbei.

Und Schein und Feuer, Fackeln rot und Brand,
Die drohn im Weiten mit gezückter Hand
Und scheinen hoch von dunkler Wolkenwand.

Das Katastrophen- und Apokalypsenmotiv des Gedichts, das dem Schlussbild im »Gott der Stadt« ähnelt, hat trotz der bedrohenden Szenerie keine negative Bedeutung, sondern verheißt ein – gewaltsames – Ende, ein Ende mit Schrecken. Auch in diesem Gedicht spielen weder Warnung noch seismographische Krisenstimmung eine Rolle. Wer wie Heym, der seine Tagebücher mit vitalistischen Aufbruchs- und Ausbruchsfantasien füllte und an der Ereignislosigkeit des Alltags litt, Bildern der Erstarrung Projektionen befreiender Untergänge und Katastrophen entgegenstellte, versteht sich nicht als Mahner und Warner, der die Gegenwart zu retten versucht, sondern als einer, der von deren Überwindung träumt. Zugespitzt formuliert: Heyms untergehende Städte entstanden nicht aus Kassandra-Rollen, sondern aus der Lust am Untergang als Wunsch nach Befreiung aus dem täglichen **gewirkte[n] Einerlei.**

Umgekehrt vermag die Stadt mit ihren optischen Effekten durchaus auch eine positive Bildlichkeit entfalten. Die moderne Metropolenstruktur mit ihrer neuartigen Architektur, ihren anreizenden Straßenzügen und Plätzen, ihren bunt-bizarren Erscheinungsformen und nicht zuletzt ihren modernen Verkehrsmitteln, zu denen die ersten elektrischen Straßenbahnen und neu erbaute Bahnhöfe gehören, bietet dem Dichter durchaus auch Motive voller Vitalität. So kontrastiert das Gedicht »Die Menschen«[114] die Öde des Landes mit dem Faszinosum der Stadt: **Und in die Starre der leeren Öde gepflanzt/ Ein Leiterwagen steht im Felde groß/ Und hält das letzte Rot in seinem Schoß.// [...]// Doch über den Himmel lodert der Städte Schein/ Und Häuser sind wie Fackeln angebracht,/ Und Züge fahren feurig durch die Nacht.** Im Winter 1910/11, ein paar Wochen nach dem »Gott der Stadt« geschrieben, signalisiert das Gedicht »Sehnsucht nach Paris«,[115] wie intensiv Heym den Wunsch nach einem das starre Ordnungsmuster der wilhelminischen Gegenwart überwindenden Leben einer urbanen Szenerie einschrieb: **Großes Paris, das altert und verwaist,// Noch blühn im Sommer deine Boulevards/ Mit Linden voll, und zittert noch im Licht/ Das Elysée, wenn auf dem Champ de Mars/ Sich zwischen Wagen drängt die Menge dicht// Und Abend sinkt** [...]. Das Gedicht, in das die Erinnerung an die Französische Revolution als lebendiges Gedächtnis an eine vitale Befreiung anklingt, endet zwar ähnlich wie »Der Gott der Stadt« mit einem entgrenzenden Panoramablick auf die Stadt. Diesmal aber findet sich in der verklärenden Perspektive kein wütender, vernichtender Götze, sondern ein die alten Kämpfer und Helden im **Haus der Invaliden** beschützender Totengott, der als Abendgott glänzend und friedlich die Stadt überstrahlt: **Doch über dir, Paris, und deiner Pracht,/ Die im Verblühen noch die Brüste spreizt,/ Weit über dir, und der erwachten Nacht, Die mit Laternenschein die Straßen beizt,// Weit über deinem Haus der Invaliden,/ Des schwarzen Totenmal vorüberzieht,/ Glänzt wie das Bernsteintor der Hesperiden/ Des Abendgottes goldnes Augenlid.**

2.4.5 Wilhelm Klemm: »Schlacht an der Marne«

Wilhelm Klemm (1881–1968) gehörte zu den Dichtern des Expressionismus, welche die Anthologie *Die Menschheitsdämmerung* 1919 einem großen Publikum bekannt machte und die später an ihre frühen Erfolge nicht mehr anschließen konnten. Kurt Pinthus, ihr Herausgeber, hat im Rückblick Klemms Bedeutung als Lyriker des Ersten Weltkriegs hervorgehoben:

> Klemms Kriegsgedichte sind Antikriegsgedichte. Während viele der jüngeren Dichter noch im Hurrapatriotismus schwelgten, schildert er das Grauen des Krieges in unheimlich dichterischer Übersteigerung und Konzentration der erlebten Realität, die damals stärker wirkte als das anklagend wilde Pathos der Gedichte gegen den Krieg von Werfel, Becher, Ehrenstein, Otten, Leonhard, Hasenclever.[116]

Die Besonderheit der Klemm'schen Verse liegt in der Tat darin, dass sie auf die große Gebärde der Selbstdarstellung verzichten und gerade dort bis in die sprachlichen Nuancen hinein präzise sind, wo andere auf plakative Losungen setzten. Klemms Gedicht »Die Schlacht an der Marne« bleibt an die individuelle Beobachtung und Reflexion des miterlebenden, mitkämpfenden und zugleich mitempfindenden Ichs gebunden, an Schlacht- und Schützengrabenperspektiven:[117]

> Langsam beginnen die Steine sich zu bewegen und zu reden.
> Die Gräser erstarren zu grünem Metall. Die Wälder,
> Niedrige, dichte Verstecke, fressen ferne Kolonnen.
> Der Himmel, das kalkweiße Geheimnis, droht zu bersten.
>
> Zwei kolossale Stunden rollen sich auf zu Minuten.
> Der leere Horizont bläht sich empor.
> Mein Herz ist so groß wie Deutschland und Frankreich zusammen,
> Durchbohrt von allen Geschossen der Welt.
>
> Die Batterie erhebt ihre Löwenstimme
> Sechsmal hinaus in das Land. Die Granaten heulen.
> Stille. In der Ferne brodelt das Feuer der Infanterie,
> Tagelang, wochenlang.

KLEMMS Verse waren »Verse vom Schlachtfeld«. So hieß die Rubrik der Zeitschrift ***Die Aktion***, die am 24. Oktober 1914, einige Monate nach Kriegsbeginn, zum ersten Male erschien – mit drei Gedichten KLEMMS, darunter auch »Schlacht an der Marne«. Der Herausgeber Franz Pfemfert, einer der überzeugtesten, engagiertesten Kriegsgegner, sah in ihnen **die *ersten* wertvollen Verse**[118] des Weltkriegs und grenzte sie strikt gegen die millionenfach verbreiteten kriegsverherrlichenden Gedichte aus der Feder unzähliger Schriftsteller und Dilettanten ab.[119] KLEMMS »Verse vom Schlachtfeld« sind mit konkreten Ereignissen verknüpft; sie beziehen sich bis in visuelle und akustische Details auf Wahrnehmungen vom Kriegsschauplatz. So setzt die erste Strophe mit der Perspektive von unten ein (Steine, Gräser), schwenkt in die horizontale Linie über (Kolonnen) und schließlich in die Vertikale: **Der Himmel, das kalkweiße Geheimnis, droht zu bersten.** Die drückende, todbringende Atmosphäre wird aus der Genauigkeit der Bilder heraus entfaltet, während KLEMM auf Kommentare fast ganz verzichtet. Das Ich verschwindet zunächst fast ganz in der vom Kriege beherrschten Umgebung, aus der eine noch unbestimmte Bedrohung erwächst. Die Natur erscheint wie eine verselbstständigte, unheimliche Kraft; so **beginnen die Steine sich zu bewegen und zu reden**, während die **Gräser [...] zu grünem Metall** erstarren und die Wälder in der verzerrten Wahrnehmungsperspektive des Augenblicks so ungeheuerlich wirken, als verschlängen sie **ferne Kolonnen.** Auch die zweite Strophe registriert eine veränderte Wahrnehmung, und zwar diesmal des Zeit- und Raumempfindens. Das Erlebnis des Krieges hat die Raum-Zeit-Wahrnehmung aus den Fugen gebracht: **Zwei kolossale Stunden rollen sich auf zu Minuten./ Der leere Horizont bläht sich empor.**

Erst jetzt kommt das Ich in den Blick. Insofern markiert der siebte Vers eine deutliche Zäsur. Das Ich stellt sich in einer bewusst antiheroischen, antinationalen Haltung dar, indem es die Freund-Feind-Dichotomie der kriegsverherrlichenden Propaganda durchkreuzt: **Mein Herz ist so groß wie Deutschland und Frankreich zusammen,/ Durchbohrt von allen Geschossen der Welt.** Der expressionistische Herz-Topos ist eine Synekdoche des humanen Subjekts, Inbegriff des leidenden Menschen. Bei KLEMM hat die Wendung **so groß wie Deutschland und Frankreich zusammen** außerdem eine latent politisch-agitative Bedeutung, weil sie, metaphorisch verschlüsselt, eine provozierende (auf dem Schlachtfeld mit dem Tode bestrafte) Fraternisierung mit dem Feind ausspricht.

Es kennzeichnet KLEMMS Antikriegsgedichte, die 1915 unter dem ironischen Titel *GLORIA!* erschienen sind, dass sie in ihrer Blickrichtung auf konkrete Erfahrungs- und Erlebnismomente die Realität des Soldaten im Felde ohne politische Optik umschreiben, oft als eine eintönige, trostlose, von Tod und Sterben bestimmte Wirklichkeit, in der die nationalen Konturen der aufeinander einschlagenden Gegner bedeutungslos werden. So ist in der letzten Strophe des Gedichts nicht auszumachen, auf welcher Seite die **Batterie** steht und wer die **Granaten heulen** lässt. Es dominiert nicht das eine oder andere Heer, sondern die hoffnungslose, resignative, zermürbende Gleichförmigkeit der tödlichen Bedrohung: **In der Ferne brodelt das Feuer der Infanterie,/ Tagelang, wochenlang.** KLEMM, Soldat in der Dritten Armee, die den – vergeblichen – Durchbruch von Belgien nach Frankreich versuchte und an der Marne schließlich am 9. September 1914 mit dem Rückzug begann, verzichtet auf Frontberichte, Tagesmeldungen von Sieg oder Niederlage, auf ideologische Floskeln und jede Form patriotischer Stimmungsmache. Statt dessen sind seine Gedichte ständige Variationen soldatischer Erfahrungen in einer grauenvollen, durch nichts gerechtfertigten Kriegssituation, deren Grundmuster KLEMMS »Verse vom Schlachtfeld« immer wieder neu fixieren.

Die Gedichte haben meistens keinen echten Anfang und keinen erkennbaren Schluss; sie können auch aneinander gereiht werden. So beginnt die erste Strophe ohne einleitenden Zusatz mit einer konkreten Beobachtung (**Langsam beginnen die Steine**), während der letzte Vers das Moment gleichförmig fortdauernder Bewegung lapidar zusammenfasst: **Tagelang, wochenlang.** Die Gedichtanfänge sind nichts als Situationsbeschreibungen eines ebenso öden wie entsetzlichen Alltags. **Die Truppen marschierten, marschierten, mager und wild / Vor Anstrengung**, heißt es in »Vormarsch«.[120] **Fern in dunkles Blau staffelte sich / Das Land**, beginnt das Gedicht »Schlacht am Nachmittag«.[121] Und »Abend im Feld« hebt mit einer unpathetischen, nüchternen Schilderung an: **Jeden Abend in das nasse Zelt/ Kommt ein Offizier und erzählt, wer gefallen ist./ Jeden hungrigen Abend, wenn wir frierend uns lang legen,/ Sind Tote unter uns, die morgen sterben.**[122] Seltener stellt KLEMM Reflexionen an den Anfang eines Gedichts, und wenn, so sind sie ebenso stereotyp wie die alltäglichen Wahrnehmungsmuster: **Der Krieg ist immer derselbe. Ist Rausch der Zerstörung.**[123]

Die illusionslose Nüchternheit der KLEMM'schen Verse spiegelt sich auch in der Einfachheit der Form, die auf das äußere Dekor fast ganz verzichtet. Reimlose Lyrik dominiert, deutlich im Gegensatz zu den griffigen Couplets hurra-patriotischer Verseschmiede und zu den pompösen Strophenformen nationalistischer Balladensänger.[124] Wo KLEMMS Gedichte die unrühmlichen Einzelheiten des soldatischen Alltags zu einem trostlosen Bild des Krieges zusammenfügen, da kennt die Schlachtperspektive der versifizierten Ideologie nichts als glänzenden Heroismus: **Wie im Schlachtgewühle die Brust sich dehnt,/ das Herz sich im Siegesrausch weitet!/ O heißer Tag, so heiß ersehnt!/ Kronprinz Wilhelm reitet.**[125] Und vom **deutschen Sieg** heißt es: **Wir lieben dich so brünstig heiß!/ Du bist uns Atem,**

Licht und Speis',/ du bist uns Ehr und Heiligtum,/ Macht, Herrlichkeit und ew'ger Ruhm,/ du deutscher Sieg![126] Bis zur Beschwörung von Nibelungentreue reicht das Pathos des Jugendstildichters Richard Schaukal im Huldigungsgedicht »Österreich-Ungarn an Deutschland«. **Deutschland, wir kämpfen die Riesenschlacht / um Ehre, Land und Leben. / Heil dir, mein Hagen, dein Volk erwacht / und wird sich dem Tode nur ergeben!**[127] KLEMMS Gedichte haben nichts vom Schlachtenlärm der Poeten an der Heimatfront. In einer während des Krieges erschienenen Rezension hat Theodor Heuss KLEMMS Gedichte kategorisch gegen die Kriegsapologeten abgegrenzt:[128]

> **Der Krieg kommt ganz nahe, nicht nur mit seinem Lärm und seinen Gefahren, seinen Schmerzen und seinem Schweigen, mit Landschaft, Nacht, Brand, Zerstörung – sondern diese Dinge werden nicht in ein politisches System gebracht, aber auch nicht nur beschrieben, sondern sie füllen in ihrer Gewalt die geöffnete Seele eines Dichters. [...] Die sprachliche Bildung ist voll der unmittelbarsten, knappsten Anschauung, das Gewaltige und Visionäre mancher Gedichte lebt und bebt von der Wucht, der Farbe, der Größe der Eindringlichkeit, ohne daß es dazu der Peinlichkeit literarischer Hilfsmittel bedarf. Im Geistigen wie im Seelischen aber ist es die Auseinandersetzung eines Mannes, dem die Leichtfertigkeit so fern ist wie die bramarbasierende Haltung der Siegdichter: es ist Mitleid und Erschrecken in ihm, auch Erfühlen der unendlichen Gewalt des Krieges, aber auch ein Erstarren in seinen Rätseln.**

Für Pfemferts ***Aktion*** waren die »Verse vom Schlachtfeld« ein Ersatz für die seit August 1914 fehlenden politischen Kommentare, die der Herausgeber eingestellt hatte, weil die Zensur nur darauf wartete, die ***Aktion*** aus politischen Gründen zu verbieten. KLEMM war der Erste, dem Pfemfert seine Zeitschriftenrubrik öffnete; eine stattliche Zahl von Autoren, die sich deutlich am KLEMM'schen Vorbild orientierten, folgten nach. Zu ihnen gehörten der im Juli 1916 gefallende Kurd Adler, dessen Gedichtband *WIEDERKEHR* Pfemfert 1918 herausgab, und Alfred Vagts mit seinem 1920 erschienenen Gedichtband *RITT IN DIE NOT*, der mit Titeln wie »Marsch im verlassenen Land«, »Vor der Weichsel«, »Erinnern im Lazarett«, »In der Stellung«, »Mein toter Kamerad«, »Vor dem Sturm« und »Biwak« wie ein lyrisches Tagebuch des Kriegsalltags aufgebaut ist und KLEMMS Insistieren auf die knappe Nuance und die illusionslose Empfindung zum Modell für die eigene poetische Praxis nahm.[129] Als Pfemfert die **Verse vom Schlachtfeld** 1916 unter dem bilanzierenden Titel *1914 – 1916. EINE ANTHOLOGIE* im Aktionsverlag veröffentlichte, zeigte sich eindrucksvoll, dass KLEMMS Gedichte aus dem Schützengraben einen neuen Gedichttyp geschaffen hatten. Seine Wirkung hat er offenbar auch und gerade an der Front nicht verfehlt, wie Erwin Piscators Erinnerung an die ***Aktion*** und die »Verse vom Schlachtfeld« belegt:[130]

Als ich im vordersten Schützengraben diese Zeilen (die »Verse vom Schlachtfeld« H.K.) las, als ich den Titel DIE AKTION vor mir sah, als ein Gedicht neben dem anderen mein Leid, meine Angst, mein Leben und meinen voraussichtlichen Tod beschrie, verdichtete, als ich mich selbst unter denen befand, die wirklich Kameraden waren ohne einen höheren Befehl als den der Menschlichkeit, da wurde mir bewusst, daß kein gottgewolltes Schicksal waltete, daß keine unabänderlichen Fakten uns in diesen Dreck führten, sondern nur Verbrechen an der Menschlichkeit und den Menschen dazu geführt hatten.

3 Dada-Avantgarde zwischen Weltkrieg und Revolution. 1916–1920

3.1 Konturen des Dadaismus

In eine Geschichte der Lyrik eine avantgardistische Bewegung einzubeziehen, die sich selbst, wie Richard Huelsenbeck in der Einleitung seines *Dada-Almanachs* von 1920 schrieb, als **eine Art Anti-Kultur-Propaganda** bezeichnete und den **vielgedruckten Geistschmusern**[131] den Kampf erklärt hatte, bedarf gewiss einer kurzen Erläuterung. Nichts hat die Dadaisten weniger beschäftigt, als sich in eine Geschichte der Lyrik hineinzuschreiben. Umgekehrt ist zu fragen, ob der avantgardistische Anspruch und das aktionistische Element des Dadaismus nicht von vornherein verfehlt und verharmlost werden, wenn einige seiner Produktionen umstandslos unter dem Gattungsbegriff der Lyrik firmieren. Schon die Polemik gegen den Expressionismus enthielt eine dadaistische Abgrenzung zur Lyrik. In einem der zahlreichen Manifeste des Dadaismus heißt es über expressionistische Dichter, sie gingen **skandierend und psalmabsingend durch die Straßen**, eine **matte Opposition, die nach Gebeten und Weihrauch schielt. [...] Der Expressionismus wollte sich vergessen, Dada will sich behaupten. Der Expressionismus war harmonisch, mystisch [...] – Dada ist das Geschrei der Bremsen und das Gebrüll der Makler an der Chicagoer Produktenbörse.**[132] Aus solcher Perspektive wirkte der Expressionismus ebenso überholt wie verlogen. Dada radikalisierte das Prinzip des Neuen als Prinzip der Moderne, indem alles, was sich als Kunst- oder Literaturprodukt sedimentierte – als Wirkung erheischende, von Kritik und Publikum gemusterte Ware auf dem Kunst- und Literaturmarkt –, den Anspruch des Neuen verlor. Eine der Strategien, sich Novität zu sichern, war die strikt offen gehaltene Bedeutung von Leitwörtern wie Dada und Dadaismus. Es gab zwar eine unendliche Kette von Definitionen und einen Streit um Richtungen und Auslegungen, aber der Streit selbst und die provozierende Freude an gegensätzlichen, sich selbst ad absurdum führenden Worterklärungen war das eigentliche Ziel des unentwegten Manifestierens und Proklamierens.

Einer der entscheidenden Unterschiede zu den bisherigen Bewegungen der Moderne war der dadaistische Versuch, sein Verständnis von Kunst und Realität aus den Widersprüchen der modernisierten Welt abzuleiten und sich als deren Teil, deren auf die Spitze getriebene Banalität und deren ironische Ausdrucksform zu begreifen. Ästhetizistischer Opposition wurde ebenso der Kampf angesagt wie dem expressionistischen ›O-Mensch-Pathos‹ und dem intellektuellen Aktivismus und Utopismus während und nach dem Weltkrieg, die zur selben Zeit wie die Dada-Bewegung Hochkonjunktur hatten:

> Das Wort Dada symbolisiert das primitivste Verhältnis zur umgebenden Wirklichkeit, mit dem Dadaismus tritt eine neue Realität in ihre Rechte. Das Leben erscheint als ein simultanes Gewirr von Geräuschen, Farben und geistigen Rhythmen, das in der dadaistischen Kunst unbeirrt mit allen sensationellen Schreien und Fiebern seiner verwegenen Realität übernommen wird. [...] Der Dadaismus steht zum erstenmal dem Leben nicht mehr ästhetisch gegenüber, indem er alle Schlagwörter von Ethik, Kultur und Innerlichkeit, die nur Mäntel für schwache Muskeln sind, in seine Bestandteile zerfetzt.[133]

Ein solcher Anspruch zielte, radikal zu Ende gedacht, auf die Selbstaufhebung der Kunst als ihre letzte destruktive Aktion. Zugleich jedoch begeisterte sich der dadaistische Begriff von Realität an den Zeichen technologischer und gesellschaftlicher Modernisierung. In diesem Punkte führte Dada die Begeisterung des Futurismus für Technik, Geschwindigkeit, und Simultaneität weiter, allerdings im Unterschied zu Marinetti und anderen italienischen Modernen in strikter Gegnerschaft zu allen Formen der Kriegsverherrlichung.

Eine der Möglichkeiten, alltägliche Realität spontan in den Kontext der Kunst zu stellen, bot, im Kubismus von Braque und Picasso bereits vorbereitet, die Form der künstlerischen Collage, in die beispielsweise Kurt Schwitters zufällige Fundstücke wie Papier-, Zeitungs-, Reklame- und Fotografie-Reste integrierte. In seinen Assemblagen fügte er Reste alltäglicher Dinge und sogar vollständige Gebrauchsgegenstände ein. Analog präsentierte sich in der literarischen Collage heterogenes Spurenmaterial aus unterschiedlichsten sprachlichen Feldern. Eine Anleitung, wie eine solche Collage zu gestalten sei, hat Tristan Tzara in einem seiner Dada-Manifeste unter der Überschrift *Um ein dadaistisches Gedicht zu machen*[134] veröffentlicht:

> Nehmt eine Zeitung.
> Nehmt Scheren.
> Wählt in dieser Zeitung einen Artikel von der Länge aus, die Ihr Eurem Gedicht zu geben beabsichtigt.
> Schneidet den Artikel aus.
> Schneidet dann sorgfältig jedes Wort dieses Artikels aus und gebt sie in eine Tüte.
> Schüttelt leicht.
> Nehmt dann einen Schnipsel nach dem anderen heraus.
> Schreibt gewissenhaft ab
> in der Reihenfolge, in der sie aus der Tüte gekommen sind.
> Das Gedicht wird Euch ähneln.
> Und damit seid Ihr ein unendlich origineller Schriftsteller mit einer charmanten,
> wenn auch von den Leuten unverstandenen Sensibilität

Der Text, der selbst in seinem Aufbau an die traditionelle Form des Gedichts erinnert, ironisiert den poetischen Produktionsprozess, indem er ein künstlerisches Verfahren der Moderne, die Collagetechnik, prägnant entwickelt. Der Satz **Das Gedicht wird Euch ähneln** und die spöttisch-ironische Wendung **ein unendlich origineller Schriftsteller** verweisen auf das Ziel der Anleitung zu einer dadaistischen Aktion, die Ironisierung traditioneller Vorstellungen vom Gedicht als genialischer Schöpfung und hoch bedeutender Rede.

Tzara war wie alle ersten Dadaisten während des Weltkriegs in die neutrale Schweiz gekommen und lernte in Zürich Hugo Ball und Emmy Hennings kennen. Im ›Cabaret Voltaire‹, das sie in einem kleinen Saal der Eckkneipe ›Holländische Meierei‹ im Niederdorf-Viertel einrichteten, veranstalteten sie am 5. Februar 1916 den ersten Dada-Abend. Ball und Hennings stammten, ebenso wie Huelsenbeck, der noch im Monat der Cabaret-Eröffnung nach Zürich kam, aus dem Umfeld des Expressionismus. Das ›Cabaret Voltaire‹ entwickelte sich rasch zu einer internationalen Künstler-Szene, in der sich die Experimentierfreude mit verblüffender Geschwindigkeit von Abend zu Abend steigerte. Am Programm wirkten Dichter, Künstler, Musiker, Chanson-Sängerinnen, Tänzerinnen und Tänzer mit. Dabei spielte die Inszenierung der Auftritte eine große Rolle. Nicht theoretische Reflexionen, sondern die Praxis und die Möglichkeiten von Aktionen auf der Bühne standen im Mittelpunkt. Gerade diese strikte Praxiskomponente stimulierte die oft spontane Produktivität und Experimentierfreude der Dada-Protagonisten. Auch wenn zunächst noch die Rezitation von Text- und Liednummern auf dem Programm stand, so veränderte sich schnell die Rolle der Textvorlage. Sie war lediglich eine (veränderbare) Komponente in einem situativ bestimmten, nicht wiederholbaren Inszenierungsprozess. Zugleich entfaltete sich aus der Koppelung von Aufführungstechnik, Provokationsabsicht und der fieberhaften Suche nach fundamental neuen Ausdrucksformen ein Avantgardismus, der im Zeichen einer Augenblickskunst den traditionellen Werkbegriff aufhob sowie Aktion und Destruktion (**niederreißen und schaffen**) miteinander verband:

> **Die Dadaatmosphäre entwickelte sich vor der Erfindung des Wortes, wir alle wollten niederreißen und schaffen, wir lebten im Zustand der schöpferischen Irrationalität [...]. Wir waren fähig, alles und nichts zu tun, auf allen Gebieten, nicht nur den Gebieten der Literatur und Malerei, die beide nur deshalb so große Bedeutung gewannen, weil wir für das Ästhetische übersensibel waren. Und weil wir uns dokumentieren wollten.**[135]

Ball hat Huelsenbecks Auftritte im ›Cabaret Voltaire‹ in seinem Tagebuch ausführlich fixiert und dabei die Rolle des provozierenden Künstlerhabitus, der Selbstinszenierung, Improvisationskunst und Spontaneität minutiös nachgezeichnet. Im März 1916 schrieb er:[136]

Am 9ten las Huelsenbeck. Er gibt, wenn er auftritt, sein Stöckchen aus spanischem Rohr nicht aus der Hand und flitzt damit ab und zu durch die Luft. Das wirkt auf die Zuhörer aufregend. Man hält ihn für arrogant und er sieht auch so aus. Die Nüstern beben, die Augenbrauen sind hoch geschwungen. Der Mund, um den ein ironisches Zucken spielt, ist müde, doch gefaßt. Also liest er, von der großen Trommel, Brüllen, Pfeifen und Gelächter begleitet. [...] Seine Verse sind ein Versuch, die Totalität dieser unnennbaren Zeit mit all ihren Rissen und Sprüngen, mit all ihren bösartigen und irrsinnigen Gemütlichkeiten, mit all ihrem Lärm und dumpfen Getöse in eine erhellte Melodie aufzufangen. Aus den phantastischen Untergängen lächelt das Gorgonenhaupt eines maßlosen Schreckens.

Ball nennt Huelsenbecks Texte **Verse**, ein Indiz dafür, dass der nach außen hin so eindrucksvoll wirkende Gestus des Niederreißens einen wie auch immer definierten künstlerischen Aktionsimpuls verdeckt, aber nicht zerstört. Balls Tagebuchnotiz führt bis zu einer Poetik der dadaistischen Aktion, wenn es heißt, dass die **Verse** Huelsenbecks **ein Versuch** seien, **die Totalität dieser unnennbaren Zeit mit all ihren Rissen und Sprüngen** zu Gehör zu bringen. Eine solche **erhellte Melodie** hatte die Grenzen traditioneller, von Wort und Vortrag bestimmter Rezitation gesprengt. In dieser von den Dada-Protagonisten enthusiastisch erlebten Atmosphäre des Experiments entstanden in kurzer Zeit Laut- und Klanggedichte, die sich längst ihren Platz im Kanon der historischen Avantgarde sicherten, wie Balls »Wolken«-Gedicht:[137]

elomen elomen lefitalominal
wolminuscalo
baumbala bunga
acycam glastula feirofim flinsi

Schon die erste Strophe des »Wolken«-Gedichts zeigt, dass Ball über die Syntax-Auflösung des Futurismus und die Experimente des ***Sturm***-Kreises hinausgeht. Die Strophe ist keine traditionelle Gedichtstrophe mehr, sondern Teil einer Sprechpartitur, die aus der improvisierenden Aufführung entstanden ist und nur noch Spurenmaterial des Jahres 1916 darstellt. Bei den meisten Textzeugnissen des Dadaismus sollte dieser Aspekt berücksichtigt werden. Schon die ersten Dokumentationen, die wie Huelsenbecks *Dada-Almanach* um 1920 entstanden sind, repräsentieren Dada-Spuren aus bereits geschichtlich gewordener Perspektive. Balls Partitur eröffnet einen Assoziationsraum, der sich zunächst in der Lektüre, dann aber in Vortrags- und Inszenierungsversuchen in verschiedene Richtungen hin erweitern lässt. Auch imaginative Felder werden erschlossen: Wird mit den Möglichkeiten von Klang und Laut ein assoziatives Wolkenbild am Horizont ausgemalt, so flüchtig wie ziehende Wolkengebilde am Himmel? Löst der Text einen magischen Zauber aus, als wollte ein Schamane oder Regenmacher die Wolken beschwören? Bietet die Strophe Rhythmen zur Bewegung und zum Tanz? Führt der Text mit seinem phonetischen Material auf exotische Fährten, indem er in bestimmten Lautkombinationen Assoziationen zu fremdländisch-orientalischen Sprachen bewirkt, die freilich kaum konkretisiert werden können? Ließe sich die Partitur mit ihren Fantasielauten als Vorlage für Sprechgesang realisieren? Und welche Rolle spielt die Ironisierung literarischer Traditionen? Zumindest das Wolken-Motiv gehört ins Repertoire traditioneller Naturlyrik, gegen deren Konventionen sich dadaistischer Ulk richtete. Auch bei Hans Arp, einem weiteren Protagonisten der Zürcher Dada-Fraktion, gibt es in seiner zyklisch konzipierten Textpartitur »Die Schwalbenhode« ironische Anspielungen auf poetische Wolken-Muster:

die edelfrau pumpt feierlich wolken in säcke aus leder und stein
lautlos winden riesenkräne trillernde lerchen in den himmel
die sandtürme sind mit wattepuppen verstopft
in den schleusen stauen sich ammonshörner diskusse und mühlsteine
die schiffer heißen hans und grete und fahren ahnungslos weiter
der drache trägt die inschrift kunigundula und wird an der leine geführt
den städten sind die füße abgesägt
den kirchtürmen nur volle bewegungsfreiheit in den kellern gegeben
darum sind wir auch nicht verpflichtet die krallen hörner und wetterfahnen
zu putzen.[138]

Die bloße Zuordnung solcher Texte unter das Etikett ›Unsinnspoesie‹ verkennt die künstlerische Zielrichtung dieser Versuche. Auch die Provokation um der Provokation willen reicht kaum als Erklärungsmodell aus. Zwar waren für das Zürcher Publikum die ersten Vortragsabende im ›Cabaret Voltaire‹ mit lautstarker Empörung und Entrüstung verbunden. Aber schon nach einigen Wochen hatte ein sich an künstlerischer und literarischer Avantgarde begeisterndes Publikum Zugang zu dadaistischen Inszenierungen und Aktionen gefunden: gewiss eine Minderheit, aber eine, die mit großem Interesse in den folgenden Jahrzehnten nicht zuletzt in Zürich die Geschichte der Ismen der Moderne vom Dadaismus über den Konstruktivismus und Surrealismus bis zur Konkreten Kunst der Jahrhundertmitte als Ausstellungsbesucher, Leser, Sammler und Kritiker begleitete.

Dadaistische Experimente eröffneten Spielräume, die in kurzer Zeit der modernen Kunst und Literatur neue Horizonte erschlossen. Das destruktive Moment erwies sich als Schlüssel zu einer Erweiterung künstlerischer Möglichkeiten, die deutlich über das Potenzial des Expressionismus hinausgingen. Für Ball hatte die Komposition mit Lauten und Klängen im Übrigen eine kritische Implikation, die in den kommenden Jahrzehnten mit Sprachexperimenten der Moderne immer wieder verbunden wurde. Der avantgardistische Versuch zielte auf die Brüchigkeit und den ideologischen Schein öffentlichen Sprechens, das mit seinen griffigen Etiketten und eingängigen Phrasen die Sprache selbst zu einem gedankenlos genutzten Werkzeug instrumentalisiert hatte: **Man verzichte**, so BALL, **mit dieser Art Klanggedichte in Bausch und Bogen auf die durch den Journalismus verdorbene und unmöglich gewordene Sprache. Man ziehe sich in die innerste Alchemie des Wortes zurück, man gebe auch das Wort noch preis, und bewahre so der Dichtung ihren letzten heiligsten Bezirk.**[139] BALLS Legitimation greift in provozierender Absicht auf klassische Formeln wie den **heiligsten Bezirk** der Dichtung zurück. Hinter aller Provokation erscheint aber eine poetologische und ästhetische Begründung der eigenen Experimente:

> **Wir suchten der isolierten Vokabel die Fülle einer Beschwörung, die Glut eines Gestirns zu verleihen. Und seltsam: die magisch erfüllte Vokabel beschwor und gebar einen *neuen* Satz, der von keinerlei konventionellem Sinn bedingt und gebunden war. [...] Unsere Versuche streiften Gebiete der Philosophie und des Lebens, von denen sich unsere ach so vernünftige, altkluge Umgebung kaum etwas träumen ließ.**[140]

Nicht allein BALL hatte den magisch-mystischen Charakter von Laut- und Klang- und die Möglichkeiten von Liturgie-, Ritual-, Beschwörungs- und Gebets-Assoziationen für die Dramaturgie dadaistischer Inszenierungen entdeckt. Selbst für einen Dadaisten wie HUELSENBECK, der stärker auf das provozierende Element höchst geräuschvoller Bühnen- und Rezitationseffekte setzte, boten Geisterbann und Magie das Sprachmaterial für imaginative Impulse. So hatte er seinen Texten den Titel *PHANTASTISCHE GEBETE* gegeben. Sie zeigten Beispiele für dadaistische Geräuschkunst, für die sich das Etikett *Bruitismus* einbürgerte. HUELSENBECK hatte seine Texte im ›Cabaret Voltaire‹ mit der Kesselpauke vorgetragen: **Schweinsblase Kesselpauke Zinnober cru cru cru/ Theosophia pneumatica/ die große Geistkunst = poème bruitiste aufgeführt/ zum erstenmal durch Richard Huelsenbeck DaDa/ oder oder birribum birribum saust der Ochs im Kreis herum/ oder Bohraufträge für leichte Wurfminen-Rohlinge 7,6 cm.**[141]

Das *poème bruitiste* war Vortragskunst, allerdings auch, wie Dada-Zeitschriften illustrierten, auf die visuelle, mit typografischen Mustern gestaltete Präsentation hin ausgerichtet, also eine Variante visueller Poesie. Als Klangkunst war sie eine Kombination aus imitierten oder simulierten Geräuschen, oft mit kakophonischen Effekten ausgestattet, rhythmisiert und mit Wort- und Satzfetzen unterlegt. Zugleich gab es die Möglichkeit simultaner Sprecher – wie überhaupt das dadaistische Textmaterial sich für die Inszenierung durch mehrere Sprecher, Tänzer und Spieler öffnete. Die ersten Experimente stammten freilich nicht von Dadaisten, sondern von Futuristen wie Luigi Russolo, der 1913 in seinem Manifest *DIE GERÄUSCHKUNST* bereits hervorhob, dass es nicht um bloße Geräuschimitationen aus dem Alltag gehen solle. Die Geräuschkunst werde **ihre größte Emotionsfähigkeit aus dem akustischen Genuss selbst schöpfen, den die Inspiration des Künstlers aus den Geräuschkombinationen zu ziehen versteht.**[142] Speziell für die Möglichkeit simultaner Darbietungstechniken wurde eine Form der Textpartitur geschaffen, die Elemente der Laut-, Klang- und Geräuschkunst kombinierte und eine Form des *Simultangedichts* war. Wie bereits von Lichtenstein und van Hoddis erprobt, setzte die dadaistische Simultaneitätsidee bei der Gleichzeitigkeit heterogener Wahrnehmungskomplexe an, steigerte und radikalisierte das Prinzip zu einer von den Zuschauern als chaotisch empfundenen Lärm-Collage. Damit wurde zugleich auch der futuristische Ansatz der vom Künstler erdachten Geräusch-Mixtur mit neuer Konsequenz zu Ende geführt. Ein Beispiel ist das in der Zeitschrift ***Cabaret Voltaire*** Simultangedicht »L'admiral cherche une maison à louer«, das HUELSENBECK, Tzara und der rumänische Dadaist Marcel Janco verfassten.[143]

3.2 Dada Berlin und MERZ-Dichtung

Die Internationalität der dadaistischen Bewegung sorgte bald dafür, dass weitere bzw. neue Zentren des Dadaismus in Europa entstanden. Von Zürich aus gingen einige Dadaisten nach Berlin und sorgten dafür, dass die Metropole des im Untergang begriffenen Wilhelminismus zu einer der politisch agilsten Dada-Zentralen zwischen 1917 und 1920 in Europa wurde. Der Destruktionsimpuls richtete sich literarisch-künstlerisch gegen den noch dominierenden Expressionismus sowie politisch und kulturell gegen die Reste des monarchistischen Staatsapparates und seine sozialdemokratischen Erben. Alle Gegner boten gute Gelegenheit zu Spott, Hohn und Polemik. Die dadaistische Aktion mit ihren Protagonisten HUELSENBECK, Hausmann, Johannes Baader, George Grosz und Walter Mehring startete im Bewusstsein der Wirkungslosigkeit des dichterischen Wortes: **Mit Versen läßt sich keine Welt erobern.**[144] Dieses Credo schloss eine vehemente Ablehnung der Berliner Expressionisten ein. Eine Waffe der Auseinandersetzung wurde der Habitus. Das provozierend aristokratische, elegante Auftreten zielte auf den sozialrevolutionär-proletarischen Expressionisten-Look. Gerade weil im aufgeheizten politischen Klima jede Form der Provokation eine enorme Wirkung hatte, boten sich viele Möglichkeiten, in der Öffentlichkeit der Metropole zu agieren. Wiederum wurden Vorträge, Dada-Abende, Rezitationen, Ausstellungen, Auftritte in Galerien und Sälen veranstaltet, aber auch auf der Straße und nicht zuletzt im Berliner Dom.

HUELSENBECKS Losung **Die Dinge müssen sich stoßen**[145] galt allen Gegnern – und das waren alle Nicht-Dadaisten. Dadaistische Aktionen nahmen keine Partei im ideologischen Wettstreit und in den politisch erbittert geführten Debatten, vor allem nach der Novemberrevolution, sondern spielten, übertrieben und pointiert zugleich, den Kampf nach, um ihn in seiner Struktur zu treffen. Dada, so Huelsenbeck, **sieht instinktmäßig seinen Beruf darin, den Deutschen ihre Kulturideologie zusammenzuschlagen.** Es sei **aus der Frage: Was ist die deutsche Kultur? (Antwort: Dreck) die Konsequenz gezogen worden [...], nun mit allen Mitteln der Satire, des Bluffs, der Ironie, am Ende auch mit Gewalt gegen diese Kultur vorzugehen.**[146] Hinter dieser Attacke stand das Ziel, vor dem Hintergrund des Weltkrieges die Ideologie und Phraseologie kollektiver Sinn-Systeme und deren Versprechungen und Illusionen aufzudecken. Der dadaistische Destruktionsimpuls erhielt eine radikale ideologiekritische Intention; seine Mittel aber waren **Ironie** und **Bluff**. Hausmann schrieb:

> **Dada, das ist der Bluff. Nun, die Menschen sind Sensationstiere, die das gruseln nicht erst zu lernen brauchen; der dadaistische Mensch überspringt im Bluff seine eigene Sensationsgier und Schwere. Der Bluff ist kein ethisches Prinzip, sondern praktische Selbstentgiftung; da Dada und Bluff gleichzusetzen sind, so ist der Bluff Wahrheit – denn Dada ist die exakte Wahrheit. Demnach ist Dada eher ein Lebenszustand, mehr eine Form der inneren Beweglichkeit als eine Kunstrichtung.**[147]

Diese **Kunst einer militanten Ironie**[148] hatte kein Interesse an beschaulicher Poesie und auch nicht an appellativem ›O-Mensch-Pathos‹. Die Texte standen im engen Zusammenhang mit Ironie, Bluff, Polemik und Humor, sie waren Teil eines dadaistischen Karnevals, einer Lachkultur, die unter dem Motto **Dadaisten gegen Weimar** veranstaltet wurde. George Grosz, wie die meisten Dadaisten eine literarisch-künstlerische Doppelbegabung, schrieb Verse, in denen er die Gegenwart mit den Mitteln der Karikatur und Satire in ihre widersprüchlichen Elemente zerlegte, um sich, wie im Gedicht »Berlin, Frühjahr 1917«,[149] an den Banalitäten des Alltags und der Ideologien zu erfreuen:

> **Krane und Lorenbahn,**
> **Unterfressener Asphalt – wie seltsam!**
> **Abenteurer ziehn vorüber, steifen Hut,**
> **Schwarz und Glatthaar, nach hinten,**
> **Des Syphilitikers buntes Profil schimmert**
> **Durchs Dunkel – auch ohne Nase läßt sich leben – !!!**
> **Die Schnapskneipe wartet schon – die Feengrotte,**
> **Schon der Coctail, der Gin, der Grog, der steife.**
> **Heidi, Musik – eine richtige Negermusik!**
> **Kann jemand Ragtimes?**
> **Tanz – bitte!**
> **: Rio taucht auf – Hafengassen**
> **Und Matchiche, hallo! nackt, geil – – –**
> **Oh, Südamerika!! Deine warmen Küstenbuchten!**

Die vitalistische Komponente des Gedichts ist unübersehbar. Anders als etwa bei Georg Heym, für den die Gegenwart eine weithin erstarrte und der Vitalismus eine utopische Kraft des Aufbruchs war, entnimmt Grosz gerade umgekehrt die entfesselte Vitalität genuin aus den bizarren Konditionen der Wirklichkeit. Das Moment der Bewegung dominiert; **Negermusik** und **Ragtimes** geben den Ton an; aus dem Großstadtflaneur wird der **Abenteurer**, der sich mühelos in exotische Fernen versetzen kann. Mit solchen Poemen haben vor allem Grosz und Walter Mehring den pathetischen Verkündigungsstil des zeitgenössischen Expressionismus ad absurdum geführt und eine neue Form der Großstadtlyrik produziert, die für Bühne und Cabaret gedacht war. Wie bei Grosz hat auch Mehring in seinem *Dada-Prolog 1919* moderne Musik und Tanz als ebenso zeitgemäße wie befreiende Motive in seine Texte integriert und damit einen Cabaret-Ton entwickelt, der für die 20er-Jahre bestimmend werden sollte. Auch hier zeigt sich die Wirkung dadaistischer Kulturkritik. Unter dem Motto **Berlin, dein Tänzer ist der Tod** kommentiert Mehring zynisch und sarkastisch die gescheiterte Revolution:[150]

Hurra-r-r-r-r-a
Tatü-Tata!
Die deutsche Revolution!
Schon naht
Zylinderhut, Zylinderhut
Die Sozialisierung
Oder das Auto im Stechschritt!
Schon revoltieren
Die ersten Lebensmittel der Entente
Im Magen der Kapitalisten!
Berlin, dein Tänzer ist der Tod –
Foxtrott und Jazz –
Die Republik amüsiert sich königlich –
Vergiß mein nicht zum ersten Mai
Als alle Knospen sprangen!
[…]
Germania –
Wir winden dir den Jungfernkranz
Mit schwarz-weiß-roter Seide
Zur Bluthochzeit des Kapitals
Im *roten Trauerkleide.*

Es entsprach der dadaistischen Lachkultur, dass sie sich zum **Parodisten der Weltgeschichte und zum Hanswurst Gottes**[151] machte. Sie spielte damit ihre Überlegenheit triumphierend und selbstbewusst aus, durchaus im Glauben, dass sie keine Kunst- und Literaturbewegung auf Dauer etabliert, sondern die zynische Begleitmusik der gerade aktuellen Katastrophen und

Untergänge war. Das Dada-Cabaret wurde zum Ort, an dem der Kommentar zu Spießerkultur und Bürgerputsch, Noske-Soldateska und Arbeiterverrat in die Leichtigkeit eines satirischen Couplets gefasst wurde.

Selbstironie und Humor gehörten zum Dadaismus und vielen seiner Varianten. Das galt auch für diejenige Dada-Spielart, die im Epizentrum des Berliner Dada, in Hannover, mit dem Namen KURT SCHWITTERS verbunden ist. Für seine Produktionen und Aktionen hatte er gleichsam als Markenzeichen eigener Originalität den Begriff MERZ gewählt:

> **Ich nannte meine neue Gestaltung mit prinzipiell jedem Material MERZ. Das ist die 2te Silbe von Kommerz. Es entstand beim Merzbilde, einem Bilde, auf dem unter abstrakten Formen das Wort MERZ, aufgeklebt und ausgeschnitten aus einer Anzeige der KOMMERZ UND PRIVATBANK, zu lesen war. [...] Später erweiterte ich die Bezeichnung MERZ erst auf meine Dichtung, denn seit 1917 dichte ich, und endlich auf all meine entsprechende Tätigkeit. Jetzt nenne ich mich selbst MERZ.**[152]

SCHWITTERS' Hinweis auf **Dichtung** ist – hier liegt der Unterschied zu Dadaisten wie HUELSENBECK – ein Zeichen dafür, dass sich MERZ als eine neue künstlerische Ausdrucksform verstand. Im Rückblick von 1924 umriss SCHWITTERS sein Programm als eigenständigen Weg einer Kunst, in deren Mittelpunkt ein offener Kunstbegriff stand. Es gab prinzipiell keine Grenzen, die den eigenen Experimenten mit potenziell allen möglichen Materialien und Realitätsspuren gesetzt waren. Das **Wesen** von MERZ, so SCHWITTERS, sei

> **absolute Unbefangenheit, vollständige Unvollkommenheit. Darauf beruht die Art, im Sinne von Merz zu schaffen. In keinem Augenblick des Schaffens gibt es für den Künstler Hemmungen, Vorurteile. In jedem Stadium vor der Vollendung ist das Werk für den Künstler nur Material für die nächste Stufe der Gestaltung. Nie ist ein bestimmtes Ziel erstrebt außer der Konsequenz des Gestaltens an sich.**[153]

Die Aktivität der Avantgarde im Umfeld von SCHWITTERS und in Hannover selbst lässt sich an den Publikationen und an der Vielzahl der Aktionen zwischen 1918 und 1921 ersehen. So veröffentlichte der Verleger Paul Stegemann 1919 SCHWITTERS' weltbekannte Dichtung *ANNA BLUME* (1919) sowie dessen Lithographien »Die Kathedrale« (1920), Hans Arps »Die Wolkenpumpe« (1920), Huelsenbecks Dada-Rückblick »En avant Dada« (1920) sowie eine Reihe von Texten, die Walter Serner, bereits Dada-Protagonist seit dem Zürcher Beginn, geschrieben hatte: »Letzte Lockung« (1920), »Zum blauen Affen« (1920) und »Der elfte Finger« (1923).

Mit Tourneen, Revuen, Vortragsreisen und Ausstellungen führte SCHWITTERS bis 1923 einen regelrechten Feldzug für Dada und MERZ durch, die ihn auch international bekannt machten. SCHWITTERS' Ruhm als Autor begründete die in mehreren Auflagen und Fassungen erschienene *Anna-Blume*-Dichtung. Unter dem Titel *Die Blume Anna. Die neue Blume Anna* wurde sie 1923 als *Einbecker Politurausgabe* herausgebracht und präsentierte eine Sammlung der zwischen 1918 und 1922 geschriebenen Gedichte. Dass es sich um Gedichte handelte, darauf bestand Schwitters durchaus. Sein bekanntestes Gedicht »An Anna Blume«[154] ist eine Mischung aus parodierter Liebeslyrik, Sprachspiel-Nonsens, Satire und Collage, die unterschiedlichste Elemente unvermittelt gegeneinander setzt. Schwitters' Prinzip lässt sich an dem Gedicht anschaulich erläutern. Auch banalstes Sprachmaterial kann zum Ausgangspunkt eines produktiven Experimentes werden. So wird der syntaktische Fehler **ich liebe Dir** in der ersten Zeile immer wieder variiert: **Oh Du, Geliebte, meiner 27 Sinne, ich liebe Dir!/ Du, Deiner, Dich Dir, Du mir, - - - - wir?** Noch an einem weiteren Satz, **Anna Blume hat ein Vogel**, wie er von Kinderhand an eine Wand gekritzelt sein könnte, entzündet sich die MERZ-Produktion:

Blau ist die Farbe Deines gelben Haares,
Rot ist die Farbe Deines grünen Vogels,
Du schlichtes Mädchen im Alltagskleid,
Du liebes grünes Tier, ich liebe Dir!
Du Deiner Dich Dir, ich Dir, Du mir, - - - - wir!
Das gehört beiläufig in die - - - Glutenkiste.

Aus dem Namen wird nicht nur eine Vorlage für Sprach- und Sprechvarianten, sondern eine bizarre Geschichte über eine Anna Blume, die das Gedicht dem Tingeltangel und Varieté zuordnet. Zuletzt wirkt die wie ein plötzlicher Geistesblitz erscheinende Erkenntnis, dass der Vorname Anna von hinten wie von vorn gelesen werden könne, als Motivation für ein ironisches Schlussfinale des Gedichts:

Weißt Du es Anna, weißt Du es schon,
Man kann Dich auch von hinten lesen.
Und Du, Du Herrlichste von allen,
Du bist von hinten, wie von vorne:
A - - - - - - N - - - - - - N - - - - - - A.
Rindertalg träufelt STREICHELN über meinen Rücken.
Anna Blume,
Du tropfes Tier,
Ich - - - - - - - liebe - - - - - - - Dir!

Die Präzision des ironisch-parodistischen Verfahrens sollte nicht unterschätzt werden. Das Gedicht rekurriert beispielsweise in nuce auf die literarische Gattung der Liebeslyrik. Parodiert werden Anrede- und Lobpreisungsformeln (**Oh, Du, Geliebte meiner 27 Sinne**), umgangssprachliche Wendungen, stilisierte Liebeserklärungen, konventionelle Periphrasen (**Du**

schlichtes Mädchen im Alltagskleid), bis auf Petracas Liebesgedichte zurückverweisende Oxymoron-Figuren (**kalte Glut**) und frivole Zweideutigkeiten (**Du bist von hinten, wie von vorne**). SCHWITTERS' Dichtung war ironische Praxis in Permanenz, die auch die eigenen Texte erfasste, wieder auflöste und in neuen Kombinationen zusammenfügte. Der Ironie- und Parodie-Impuls hat im gesamten 20. Jahrhundert nachgewirkt, sodass »Anna Blume« schließlich zum Urtyp von Parodie, Kabarettlyrik und Nonsens-Poesie wurde.

3.3 Zu einzelnen Texten

3.3.1 Emmy Hennings: »Nach dem Cabaret«

Die Spontaneität des Dadaismus darf nicht darüber hinwegtäuschen, dass seine Protagonisten zum Teil jahrelange Bühnenerfahrung hatten und ihr Metier, das Cabaret, die öffentliche Rezitation und den musikalischen Vortrag, bereits professionell beherrschten. Das galt insbesondere auch für EMMY HENNINGS, die *allround*-Künstlerin auf der Kleinkunstbühne vor und während des Ersten Weltkriegs, die eigene Verse und Lieder, Balladen von Wedekind und Pariser Couplets vortragen konnte, eigene Puppen für die Bühne anfertigte und während der Dada-Zeit avantgardistische Tänze aufführte. Bevor sie 1908 im Berliner ›Café des Westens‹ und im Münchner ›Bunten Vogel‹ auftrat, hatte sie bereits Tourneen mit einem Wandertheater unternommen und war mit einem eigenen Programm als Sängerin durch Schleswig-Holstein getingelt. In München erhielt sie im Kabarett ›Simplicissimus‹ ein Engagement; zu ihrem Bekanntenkreis gehörten die im ›Café Stephanie‹ verkehrenden Künstler, darunter Münchner Expressionisten wie Johannes R. Becher und Heinrich F. S. Bachmair, der Herausgeber der Zeitschrift ***Revolution***, in der auch HUGO BALL, Dramaturg der Münchner Kammerspiele, Gedichte veröffentlichte. Im Juni 1915 ging sie zusammen mit BALL nach Zürich: ein Akt der politischen Emigration, der ein Leben unter materiell schwierigsten Bedingungen bedeutete. In seinem Roman *FLAMETTI ODER VOM DANDYISMUS DER ARMEN* hat BALL den Alltag und das Leben in der Varieté-Truppe ›Flamingos‹ geschildert, der er sich mit EMMY HENNINGS angeschlossen hatte. Als im Februar 1916 das dadaistische ›Cabaret Voltaire‹ eröffnete, war HENNINGS von Anfang an als Vortragskünstlerin dabei.

Das Gedicht »Nach dem Cabaret«[155] erschien Mai 1913 im Gedichtband *DIE LETZTE FREUDE*, der als fünfter Band der gerade von Kurt Wolff neu herausgegebenen Reihe *DER JÜNGSTE TAG* erschien, und zwar direkt nach Franz Kafkas *HEIZER*-Fragment und Ferdinand Hardekopfs kleinem Dialog *DER ABEND*. Werfel und Wolff korrespondierten im Frühjahr 1913 über das Manuskript. Dass das Buch nur einen Druckbogen mit zehn Gedichten umfasste, begründete Wolff damit, dass Emmy Hennings keine weiteren ihrer Gedichte **für gut** hielt und an einem Prosabuch arbeite, für das er sich ebenfalls sehr interessierte. Das Gedicht, drei Jahre vor den Zürcher Dada-Aktivitäten veröffentlicht, gibt einen anschaulichen Eindruck von der Lebenswelt der Boheme-Künstlerinnen, die, wenn auch nur für wenige Augenblicke, den Alltag jenseits des schönen Scheins der Bühne schildert. Der Text ist ein Rollengedicht, gesprochen von jemandem aus der Cabaret-Welt und damit aus jener Sphäre, die Emmy Hennings kannte. Die Müdigkeit, die das Gedicht noch im Sprechen über die Morgenstunde nach Cabaret-Schluss nachahmt, ist der Ausdruck physischer und oft auch psychischer Erschöpfung. Wie hart und kräftezehrend Hennings auch und gerade nach einer Zeit des Zürcher Dada-Erfolges ihre Situation als Varieté-Künstlerin, Tänzerin, Sängerin und Mitspielerin erlebte, zeigt ein Brief an Hugo Ball, geschrieben aus Zürich im November 1917:[156]

> Ich bin sehr erschöpft. Es wird sich wohl wieder geben. Ja, ich glaube wohl. Ich singe nicht mehr gern und zum Marcelli-Ensemble gehe ich nicht. Bei Maurer verdiene ich für Samstag und Sonntag achtzehn Franken. Das ist viel Geld, aber es ist eine ungeheuerliche Anstrengung. Ich spüre, daß ich einen Knacks davon bekomme, wenn auch nicht in der Stimme, nicht in der Kehle. Jeden Morgen hole ich mir am Paradeplatz den Arbeitsnachweis, aber man nimmt mich nicht leicht, weil ich Ausländerin bin. Vielleicht kann ich in der Textilwaren-Fabrik ankommen.

Das Gedicht »Nach dem Cabaret« ist weder eine versifizierte Autobiografie noch eine soziale Studie über das Künstlerelend. Das Rollen-Ich schafft eine Distanz zur eigenen Lebenssphäre und ist damit eine wichtige Voraussetzung für die poetische Präzision eines kleinen einstrophigen Gedichts, das mit wenigen Strichen sein Thema konturiert:

> Ich gehe morgens früh nach Haus.
> Die Uhr schlägt fünf, es wird schon hell,
> Doch brennt das Licht noch im Hotel.
> Das Cabaret ist endlich aus.
> In einer Ecke Kinder kauern,
> Zum Markte fahren schon die Bauern,
> Zur Kirche geht man still und alt.
> Vom Turme läuten ernst die Glocken,
> Und eine Dirne mit wilden Locken
> Irrt noch umher, übernächtig und kalt.

Nur zehn Verse lang ist Hennings Gedicht. Es setzt mit einem schmucklosen, prosaisch wirkenden Satz ein: **Ich gehe morgens früh nach Haus.** Die Ich-Perspektive bindet die Beobachtungen an eine konkrete Erfahrungs- und Erlebniswelt, die zu einer eindringlichen, situativen Momentaufnahme verdichtet wird. Die ernüchternde Monotonie der Morgenfrühe bleibt in allen Versen gleich und wird von Metrum und Rhythmus gleichermaßen verstärkt. Der vierhebige Jambus wirkt schon deshalb so gleichförmig stereotyp, weil vor allem in den ersten Versen ein- und zweisilbige Wörter dominieren und das alternierende Metrum – nur die letzten beiden Verse bilden eine Ausnahme – mit dem Rhythmus der Wortbetonungen zusammenfällt. Zur Monotonie gehört auch die Struktur der Reimwörter, bis hin zur Banalität von Reimverbindungen wie **Haus** und **aus**; **alt** und **kalt** sowie **Glocken** und **Locken**. Diese statische Einförmigkeit charakterisiert die poetische Schreibweise des Gedichts. Bei den ersten acht Versen sind die Versgrenzen zugleich Satzgrenzen; der Lese- bzw. Vortragsfluss stockt nach jeder Zeile. Die Sätze erscheinen wie zu einer monotonen Auflistung einzelner Beobachtungen aufgereiht. Die Wahrnehmung ist zwar im Detail anschaulich, aber sie wirkt in dieser Variante des Reihenstils so, als spüre man förmlich die Müdigkeit des beobachtenden Ichs, das nur noch zu einer derart schlichten Parataxe aus wenigen Satzteilen fähig ist. Gerade darin allerdings zeigt sich die Bedeutung der virtuos eingesetzten Ich-Perspektive. Der lakonische Satzstil reduziert die Aufzählungen auf elementare Aussageformen (**Die Uhr schlägt fünf, es wird schon hell** [...] **Das Cabaret ist endlich aus**), und das rhetorische Mittel des Parallelismus in Versreihen wie **Zum Markte fahren** [...] **Zur Kirche geht** und **Vom Turme läuten** verstärkt noch die Einfachheit und Einförmigkeit der einzelnen Zeilen.

Das Raffinement der schlichten Form bestimmt auch die Gegenstandsebene des Gedichts. Es scheint zunächst nichts anderes als alltägliche Klischees der morgendlichen Szenerie festzuhalten: den Schlag der Uhr, die Dämmerung, das Licht im Hotel, die zum Markt fahrenden Bauern, die kauernden Kinder, die Kirchgänger auf dem Wege zur Frühmesse, das Glockenläuten. Das Ich des Gedichts, vom Cabaret **endlich** unterwegs **nach Haus**, gehört der alltäglichen Szenerie zwar an, aber es steht zugleich außerhalb der bürgerlichen Normalität und hat nichts zu tun mit den am frühen Morgen schon geschäftigen Bauern oder den Kirchgängern. Die Außenperspektive dominiert, zumal die Selbstmitteilungen des lyrischen Ichs spärlich sind und in nur zwei Versen überhaupt vorkommen, und zwar im Eingangsvers und indirekt (und schon weniger eindeutig) im Vers **Das Cabaret ist endlich aus**. Das Gedicht akzentuiert den Gegensatz zwischen Boheme und Bürgertum nicht auf programmatische Weise, etwa als Verspottung, Polemik und soziale Abgrenzung, sondern in unprätentiöser Form: als kurze Momentaufnahme aus dem Alltag. Die konkrete Wahrnehmung steht im Vordergrund, es gibt weder einen Kommentar noch eine Wertung zum Geschehen. Und doch ist die Antithese zwischen Boheme und Bürgertum programmatisch in die Textperspektive einbezogen. Dafür stehen die letzten beiden Verse: **Und eine Dirne mit wilden Locken / Irrt noch umher, übernächtig und kalt.** Diese Figur der Nacht wird gegen die Szenerie der Frühaufsteher und Kirchgänger gestellt. Sie ist die einzige Person, die näher in den Blick kommt, die schon vom syntaktischen Gefüge her nicht in den Parallelismus der simplen Einzelverse und -sätze hineinpasst. Das lyrische Ich skizziert flüchtig die Gestalt (**Dirne mit wilden Locken**) und das Verhalten (**Irrt noch umher**) und setzt mit der Bemerkung **übernächtig und kalt** zum ersten Male im Gedicht überhaupt zu einer kurzen, fragmenthaften Innensicht einer Person an. Die Dirne ist eine Kontrastfigur zur bürgerlichen Sphäre. Ihr Erscheinen erst durchbricht die Monotonie der Aufzählungs- und Auflistungsstruktur und setzt einen markanten Kontrapunkt zur gesamten Szenerie. Der Gedichtschluss verweist damit zugleich auf den Anfang zurück, auf die Beobachterfigur, die das Geschehen von außen wahrnimmt. Es charakterisiert die Stringenz der Verskonstruktion, dass die beiden letzten Verse auch in Metrum und Rhythmus eine Besonderheit bilden. So wird die stupide Regelmäßigkeit der Jamben in den Versen **Und eine Dirne mit wilden Locken / Irrt noch umher, übernächtig und kalt** jeweils in der Versmitte unterbrochen; das Enjambement sorgt ebenso für eine überraschende Komponente der Dynamik wie die syntaktische Struktur des über zwei Verse sich erstreckenden Satzes. Es ist die Boheme-Perspektive, die am Ende dem Gedicht ihre spezifische Wahrnehmungsform gibt: mit eben jener Illusionslosigkeit und nüchternen Klarheit, mit der die faszinierende Künstler- und Boheme-Welt der Varietés und der experimentierenden Kleinkunstbühnen zur frühen Morgenstunde um fünf erscheint: ›Nach dem Cabaret‹.

3.3.2 Hugo Ball: »Karawane«

Es gehört zur Paradoxie des Dadaismus, dass er – erklärtermaßen eine Antikunstbewegung, die dem künstlerischen Pathos des Expressionismus einst den Kampf angesagt hatte – inzwischen längst kanonisierte Kunstwerke hervorgebracht hat. Das Historischwerden der Avantgarde äußert sich, wie Bürger plausibel erläuterte, gerade darin, dass das, was einst als **Protest** gegen die **fragwürdige Institution** und das allgemeine **Prinzip der Kunst in der bürgerlichen Gesellschaft** gedacht war, heute ***als Kunst* rezipierbar geworden ist.**[157] Dieser kritische Befund lässt sich freilich auch anders formulieren: Der kreative Impuls der dadaistischen Selbstkritik der Kunst war derart konsequent und folgenreich, dass er vor allem in der bildenden Kunst, aber auch in der experimentellen Literatur bis zum Ende des 20. Jahrhunderts nachwirkt. Liest man (und betrachtet man) vor dem Horizont dadaistischer Erfolgsgeschichte Hugo Balls »Karawane«, so hat dieser Text sowohl als Lautgedicht als auch als visuelles Gedicht, als

KARAWANE

jolifanto bambla ô falli bambla
grossiga m'pfa habla horem
égiga goramen
higo bloiko russula huju
hòllaka hollala
anlogo bung
blago bung
blago bung
bosso fataka
ü üü ü
schampa wulla wussa ólobo
hej tatta gôrem
eschige zunbada
wulubu ssubudu uluw ssubudu
tumba ba- umf
kusagauma
ba - umf

›Unsinnspoesie‹ und sogar als Meditationstext ein Heer von Nachahmern gefunden und, zugespitzt formuliert, ein eigenes poetisches Genre geprägt.

Richard Huelsenbeck hat diesen Text in der vorliegenden Form in seinem *Dada Almanach* des Jahres 1920 veröffentlicht, also zu einem Zeitpunkt, als der Zürcher Dada, zu dessen wichtigsten Protagonisten Ball zählte, bereits beendet und der Autor mit dem Dadaismus schon seit drei Jahren gebrochen hatte. Die »Karawane« aber hat noch alle Spuren dadaistischer Aktion in sich, denn sie ist auf dem Höhepunkt der Zürcher Dada-Bewegung entstanden und bildete einen Kern der Experimente, mit denen sich Ball im ›Cabaret Voltaire‹ beschäftigte. Im Februar 1916 hatte das Programm in einem kleinen Saal der Künstlerkneipe ›Voltaire‹ in der Spiegelgasse begonnen, mit Rezitation, Tanz, musikalischen und kabarettistischen Einlagen. In Balls Tagebuch heißt es dazu: **Das Prinzip des Kabaretts soll sein, daß bei den täglichen Zusammenkünften musikalische und rezitatorische Vorträge der als Gäste verkehrenden Künstler stattfinden.**[158]

Schnell entwickelte sich eine äußerst produktive Euphorie dadaistischer Gruppen- und Einzelaktivitäten; Zürich wurde für kurze Zeit nicht nur zur internationalen, in der neutralen Schweiz gelegenen Begegnungsstätte kriegsablehnender, meist pazifistisch gesinnter Intellektueller und Künstler, sondern auch zum Hexenkessel avantgardistischer Provokationen und Kreationen. In dieser Atmosphäre, in der alles erlaubt war, wenn es nur mit allen Traditionen und herkömmlichen Denkweisen brach, entstand im Frühsommer 1916 Balls »Karawane«. Im Tagebuch beschrieb Ball unter dem Datum des 23. Juni 1916 sein Experiment:

> **Ich habe eine neue Gattung von Versen erfunden, ›Verse ohne Worte‹ oder Lautgedichte […]. Ich hatte mir dazu ein Kostüm konstruiert. Meine Beine standen in einem Säulenrand aus blauglänzendem Karton, der mir schlank bis zur Hüfte reichte, so daß ich bis dahin wie ein Obelisk aussah. Darüber trug ich einen riesigen, aus Pappe geschnittenen Mantelkragen, der innen mit Scharlach und außen mit Gold beklebt, am Halse derart zusammengehalten war, daß ich ihn durch ein Heben und Senken der Ellbogen flügelartig bewegen konnte. Dazu einen zylinderartigen, hohen, weiß und blau gestreiften Schamanenhut.**[159]

Die Entstehungsgeschichte macht den engen Konnex von Text, Vortrag und Inszenierung deutlich. Das kubistische Kostüm ist kein Dekor, sondern ein avantgardistisches Symbol. Ball bezieht sich als Person in vollem Umfange in seine Aktion ein; Kleidung, Darstellungskunst, Vortrag und Stimme bilden eine im Situativen verankerte, an den Vortragsraum und die Bühne gebundene Einheit. Damit aber wird der Text, anders als ein herkömmliches Gedicht und ein Lesetext, zur bloßen Partitur. Die Vieldeutigkeit der »Karawane« hat ihren konkreten Grund bereits in diesem Partiturcharakter. Schon die Wahl und Variation der Stimme und der Modulation, der Betonungen, der Tempi, der Wortmelodien, der Lautstärken, der sprachlichen Realisations- und Verknüpfungsmöglichkeiten der einzelnen Versreihen lässt ein breites Spektrum an Interpretationen zu. Die Partitur macht nur wenige Angaben, Akzentsetzungen wie in **ólobo** oder **gôrem** sind Ausnahmen.

In der typografischen Gestaltung der »Karawane«, wie sie im *Dada Almanach* vorgestellt wird, liegen weitere Ansätze zur Deutung und Realisation der »Karawanen«-Partitur, wie überhaupt auch der Titel ein zusätzliches Assoziationsfeld eröffnet, das entweder in der Spannung zum Text oder als Deutungshilfe verstanden werden kann. Ball selbst erwähnt den Text zunächst als **Elefantenkarawane**, nimmt dann aber diese Konkretionsform zurück: ein Hinweis auf die Öffnung des Assoziations- und Interpretationspotenzials der gesamten Partitur.

Am Ende ist nicht einmal das Genre klar zu benennen. Ball sprach im Tagebuch von **Lautgedichten**. Die typografische Fassung im *Dada Almanach* kann freilich mit guten Gründen auch ein visuelles Gedicht genannt werden, in dem das graphematische Material zu analogen und entgegengesetzten Reihen strukturiert und typografisch gebündelt wird. Balls »Karawane« wäre dann eine visuelle Abstraktion, die in ihrer optischen Darbietungsform die Betrachter nur an ein Gedicht erinnert: eine Art der Täuschung, in der die Gattung ad absurdum geführt wird. Diese Variante akzentuiert den Antikunstcharakter dadaistischer Aktionen, die immer wieder Kunst und Literatur aufs Korn genommen und lächerlich gemacht haben.

Ball hat seinen legendären Zürcher Auftritt im Juni 1916 selbst zu deuten versucht. Während des Vortrags habe er seine eigene Darbietung beobachtet und plötzlich als einen quasi-sakralen Akt verstanden:

> **Die schweren Vokalreihen und der schleppende Rhythmus der Elefanten hatten mir eben noch eine letzte Steigerung erlaubt. Wie sollte ich's aber zu Ende führen? Da bemerkte ich, daß meine Stimme, der kein anderer Weg blieb, die uralte Kadenz der priesterlichen Lamentation annahm, jenen Stil des Meßgesangs, wie er durch die katholische Kirche des Morgen- und Abendlandes wehklagt.**[160]

Ball bezeichnete sich daher als **magischen Bischof**[161] – dazu passte der **Schamanenhut** nur allzu gut – und gab damit zugleich das Stichwort für die meditative Deutung seines Textes und seiner gesamten Inszenierung. Die Abkehr vom herkömmlichen Wort, Satz und Text war für den Lyriker Ball, der bereits eine Reihe konventioneller Gedichte veröffentlicht hatte, eine kritische Abwehr und Negation verbrauchter Sprache, also eine sprach- und gesellschaftskritische Aktion:

> **Man verzichte mit dieser Art Klanggedichte in Bausch und Bogen auf die durch den Journalismus verdorbene und unmöglich gewordene Sprache. Man ziehe sich in die innerste Alchemie des Wortes zurück, man gebe auch das Wort noch preis, und bewahre so der Dichtung ihren letzten heiligsten Bezirk.**[162]

Spätestens in solchen Selbstverständigungen schlugen die aus Antikunstaktionen erwachsenen Eintragungen im Tagebuch in poetologische Reflexionen voller Radikalität und Pathos um. Bürgers Beobachtung des Umschlags von Antikunst und Kunst ist auf diesem Hintergrund keineswegs nur eine Frage der Historizität des Dadaismus, sondern bereits eine in ihm paradox und antithetisch angelegte und aus ihm erwachsende Tendenz. Der avantgardistische Antikünstler als elementarer, zum – magischen – Ursprung aller Kunst zurückkehrender Künstler: BALLS Tagebuch mit dem bezeichnenden Titel *FLUCHT AUS DER ZEIT* gab die Richtung an, in die sich zumindest ein Teil der Dadaisten bewegte.[163]

Die Partitur der »Karawane« hält zweifellos einige Spuren solcher als **Beschwörung** und Magie fest. Exotisch klingende Laute lassen sich im Text ebenso finden wie Worte und Wortfolgen, die in ihrem assoziativen Potenzial wie magische Rituale und Zauberformeln wirken, bis hin zu geheimnisvollen Wiederholungsfloskeln (**ba- umf**) und Wendungen, die aus Gebets- und Beschwörungstexten stammen könnten, jedenfalls nach dem Verständnis des Autors, der sich während des Vortrags an kultische und liturgische Handlungen und Sprechgesänge erinnerte. Im Rhythmus mancher Zeilen lassen sich fast lautmalerisch Stampfgeräusche – zum Beispiel von Elefanten – finden, in ›Wörtern‹ wie **jolifanto** und **russula** verfremdete, zu Assoziationen verlockende Wortspuren (Elefant, Rüssel), in manchem Fantasielaut Assoziationen fremder Sprachen und in mancher Lautfolge schließlich kaum unterscheidbare Mischungen von Wortresten unterschiedlicher Herkunft und Wirkung.

Es gibt keinen im Text insgeheim verborgenen Schlüssel zur Deutung, sondern eine Fülle von Möglichkeiten, die sich deskriptiv, vor allem aber auch in der Gestaltungspraxis selbst auffinden lassen. Henzler hat in seiner Analyse der »Karawane« darauf aufmerksam gemacht, dass einzelne Laute und Lautfolgen in unterschiedlichen Sprachen unterschiedliche Assoziationen auslösen; damit wären fast unerschöpfliche Deutungspotenziale möglich.[164] Die Internationalität Zürichs während des Weltkriegs und nicht zuletzt auch die Internationalität des Dadaismus bilden den zeit- und stadtgeschichtlichen Hintergrund der verblüffend polyglotten »Karawane«. Sie erfüllt damit noch aus heutiger Sicht das, was Hugo Ball von solchen Texten in letzter Instanz erwartete: eine sprachliche Sprengkraft, die – gegen die **öde, lahme, leere Sprache des Menschen der Gesellschaft**[165] gerichtet – auf elementare, provozierende Weise das Benennen und Beschwören der Dinge und das Sprechen selbst zum Thema eines sprachlich-künstlerischen Experimentes macht.

4 Lyrik der zwanziger Jahre

4.1 Zwischen Kabarett- und Zeitungslyrik: Moderne Gebrauchsdichtung

Der Beginn der 20er-Jahre brachte noch keine strikte Zäsur zum Expressionismus. Es erschienen im Gegenteil bis 1923 noch Dutzende von Gedichtbänden, die seine bereits gestiftete Tradition fortsetzten. Und doch erlosch rasch die literarisch-politische Utopie-Begeisterung, während die dadaistische Selbstkritik der Kunst wie bei Mehring neue experimentelle Felder für Gedichtproduktionen eröffnete. Neue Tendenzen zeigten sich bereits früh im literarischen Kabarett, das nach dem Sturz des Kaiserreiches eine neue Blüte erlebte. Kabarettlyrik war seit der Jahrhundertwende kein Randphänomen der Gattung mehr. Nur wer die Lyrik weiterhin als poetischen ›Urlaut‹ las, dem hatten Ringelnatz, Kästner und Friedrich Hollaender, der populärste Kabarettlieder- und Schlagerkomponist der 20er-Jahre, nichts zu sagen. Moderne Kabarettdichtung, vor 1900 in München und Berlin entstanden, stand von jeher in Opposition zur traditionellen Lyrik.

Mit dem 1900 in Berlin von Ernst von Wolzogen gegründeten Kabarett ›Überbrettl‹ – von der Zensur derart behindert, dass es nach kurzer Zeit wieder eingestellt wurde – begann eine rasche Aufstiegsgeschichte der Kleinkunstbühne in Deutschland. Das Kabarett bot seinem (zumeist bürgerlichen) Publikum auf satirisch-witzige Weise ein Programm, das Lieder, Parodien, kleine Melodramen, Sketche und Songs in loser Folge präsentierte. Unterhaltung, Zeit- und Gesellschaftskritik gingen im Kabarett eine enge Verbindung ein. Schon vor dem Ersten Weltkrieg war Kabarettkunst politisches und gesellschaftskritisches Kabarett, wie die Münchner ›Elf Scharfrichter‹, wo Frank Wedekind mit Moritaten und Bänkelliedern auftrat. Wedekinds Beispiel folgten in den nächsten Jahrzehnten Joachim Ringelnatz, Alfred Lichtenstein, die Dadaisten Hugo Ball, Richard Huelsenbeck, Hans Arp und in den 20er-Jahren Bertolt Brecht, Walter Mehring, George Grosz, Klabund, Erich Kästner, Kurt Tucholsky und Erich Weinert.[166]

Kabarettlyrik, das so genannte Couplet, war mit der Musik ebenso verknüpft wie mit dem interpretierenden Vortrag auf der Bühne. Die Dichtung war das sprachliche Repertoire für eine meistens mit musikalischer Untermalung vor einem bestimmten Publikum dargebotene Liedinterpretation. In den 20er-Jahren wurde aus der Kleinkunstbühne und dem Kabarett mit wenigen Akteuren ein Revuetheater mit einer hohen Anzahl von

Mitwirkenden. In Berlin gab der Theaterintendant Max Reinhardt den Startschuss für eine große Kabarettzeit zwischen 1919 und 1933. Er gründete das Kabarett ›Schall und Rauch‹, in dem ein Jahrzehnt lang viele Autoren, Komponisten und Interpreten debütierten, die in den 20er-Jahren tonangebend wurden. Pianist und Hauskomponist war Friedrich Hollaender. Seit 1920 trug in ›Schall und Rauch‹ auch Ringelnatz seine Kabarett-Gedichte vor, so genannte ›Turngedichte‹ mit satirischem Inhalt und Bänkellieder, die er später unter dem Titel *Kuttel Daddeldu* herausbrachte. Neben dem ›Schall und Rauch‹ gab es in Berlin das im Dezember 1920 eröffnete Kabarett ›Größenwahn‹, das schnell bekannt wurde, die 1922 eröffnete ›Rampe‹ und ›Die wilde Bühne‹, die 1921 im Keller des Berliner Theaters gegründet wurde. Hausautoren waren u. a. Tucholsky und Klabund. 1928 kam das ›Kabarett der Komiker‹ dazu, das unter seiner Abkürzung ›Kadeko‹ berühmt wurde. Alles, was Rang und Namen hatte, trat hier auf. Große Erfolge als Interpretinnen feierten in dieser Zeit Trude Hesterberg und Claire Waldoff und Komiker wie Theo Lingen, Paul Graetz und schließlich die ›Comedian Harmonists‹. Auch in der Weimarer Republik wurde versucht, im Kabarett Unterhaltungsanspruch und politisch-gesellschaftliche Kritik zu verbinden. Aufs Korn genommen wurden Obrigkeitsdenken und Spießertum, Untertanengesinnung und doppelte Moral. Der saturierte, autoritäre Bürgertyp bot in seinem Alltagsverhalten und seiner Denkweise ein bevorzugtes Objekt satirischen Spotts. Hier setzte sich eine Tradition fort, die vor allem im Dadaismus bereits während des Weltkriegs und in den ersten zwei Nachkriegsjahren begonnen wurde. Daher verwundert es nicht, wenn ehemalige Dadaisten wie Walter Mehring in seinem 1921 veröffentlichten *Ketzerbrevier* die Kabarettdichtung weiterführten. Kabarettlyrik entnahm ihre Themen den vielfältigen Facetten des Alltags, der Politik und der Gesellschaft.

Das Kabarett war eine Institution des großstädtischen literarischen Lebens; so war es nur folgerichtig, wenn es sich der modernen Zeit und der Großstadt besonders annahm und die Tradition der Großstadtdichtung fortsetzte. In welchem Maße die Zeitlyrik der 20er-Jahre zur Großstadtlyrik geworden war, zeigt sich in vielen Gedichten Erich Kästners. Seine Gedichtbücher *Herz auf Taille* (1928), *Lärm im Spiegel* (1929), *Ein Mann gibt Auskunft* (1930) und *Gesang zwischen den Stühlen* (1932) gehörten zu den populären Beispielen einer linksbürgerlichen Lyrik in der Endphase der Weimarer Republik. Die meisten der Gedichte nahmen ihren Stoff aus der Alltagswelt großstädtischer Milieus, das zum Teil mit großem Vergnügen Kästners Texten folgte, zum Teil aber sich darin auch erkannt fühlte und mit vehementer Ablehnung, ja Hass regiert. Die Bücherverbrennung im Mai 1933 war dafür ein infames Beispiel. Wer sich auf die Suche nach der zeitspezifischen Signatur der KÄSTNER'schen Großstadt macht, findet in allen vier Gedichtbänden in dominierender Stellung eine mittelständisch-bürgerliche Lebenswelt vor: Kleinbürger, Ladenbesitzer, Beamtentypen, männliche und weibliche Angestellte von Großbetrieben. Die Welt des Proletariats taucht am Rande auf, ebenso wie diejenige der Großfabrikanten und Millionäre. Hinzu kommen typische Figuren aus der großstädtischen Halbwelt, aus dem Kiezmilieu der Metropolen. In immer neuen Varianten, kleineren und größeren Alltagsgeschichten, werden die Konturen dieser Lebenswelt transparent. Zur Topographie der Großstadt, die im Gedicht konkret wird, gehören Büro und Bars, Autobusse und Autoverkehr, Taxi- und Telefonzentralen, Zeitungen und Radios, Warenhäuser und Hinterhöfe, Tanzpaläste und Vergnügungsparks, Reklamekampagnen und Werberummel, Sechstagerennen und Boxwettkämpfe, Massenarbeitslosigkeit und politische Aufmärsche. Klischee und Stereotypie gehören zu den Mitteln des Satirikers, der in seiner Vers-Satire zu überspitzen und übertreiben versteht. KÄSTNER zeichnet daher mit Vorliebe karikaturenhafte Gestalten, teils humoristisch, teils moralisierend, sodass seine Satiren auf der einen Seite scherzhaft und heiter, auf der andern Seite aber bitter und strafend erscheinen. Ein solches Verständnis von Satire ist keineswegs neu, sondern verblüffend traditionell, wie die Liedform, wie die poetischen Verfahren und satirischen Mittel der Kritik. Übertreibung, Karikatur, Verzerrung, Herabsetzung, Bloßstellung und Verfremdung sind solche Mittel.

Der satirische Sprecher ist bei KÄSTNER stets derjenige, der noch zwischen gut und böse, richtig und falsch zu unterscheiden weiß. Er ist eine höhere Instanz, eine Autorität, die über die moderne Welt als eine schlechte Wirklichkeit zu Gericht sitzt und noch, auch wenn er dies nicht offen ausspricht, eine Vorstellung von einer höheren Wirklichkeit hat, von einem satirischen Ideal:

> **Satiriker können nicht schweigen, weil sie Schulmeister sind. Und Schulmeister müssen schulmeistern. Ja, und im versteckten Winkel ihres Herzens blüht schüchtern und trotz allem Unfug der Welt die törichte, unsinnige Hoffnung, daß die Menschen vielleicht doch ein wenig, ein ganz klein wenig besser werden könnten, wenn man sie oft genug beschimpft, bittet, beleidigt und auslacht.**[167]

Der Topos vom satirischen **Schulmeister** mit didaktischen Intentionen ist beim promovierten Germanisten, Historiker und Philosophen KÄSTNER ein deutlicher Hinweis auf den idealistischen Boden seiner Welt- und Menschensicht. Seine Zeitsatiren lassen sich als eine indirekte, im satirischen Ideal anvisierte Sehnsucht nach dem Positiven lesen. Dass ein Teil seiner Zeitgenossen, vor allem im rechten und rechtsradikalen Spektrum der Weimarer Republik ihn für einen Propagandisten der Linken hielten und den

Autor bekämpften, hat vor allem damit zu tun, dass für KÄSTNER Tradition und Demokratie keine Gegensätze waren, sondern zusammengehörten. Damit hat er sich den Zorn faschistischer Politiker zugezogen. Aber hinter dem Negativen ist das Positive mit den Händen greifbar. Sicher nicht als ideologische Täuschung, aber als fernes Ideal nach all dem, was dieser aus dem Leim gehenden Welt als Positives entgegengesetzt werden könnte. Der sentimentale, melancholische Zug in seinen Gedichten deutet auf Tradition und Geschichte. Die schlichte Vierzeilenstrophe wirkt wie eine poetische Orientierung an einer einfachen, Orientierung und Halt gebenden Strophenform, die dem Chaos und dem moralischen Labyrinth der modernen Metropolen entgegensteht. Der Wunsch nach überschaubaren Ordnungen, nach Harmonien, nach einer auf Vernunft aufgebauten Gesellschaft, ja nach Geborgenheit und Heimat ist seiner Lyrik als ein verdecktes satirisches Ideal auf vielfache Weise eingeschrieben. **Es gibt wieder Verse**, so hat KÄSTNER 1932 in einer *PROSAISCHEN ZWISCHENBEMERKUNG* behauptet, **bei denen auch der literarisch unverdorbene Mensch Herzklopfen kriegt oder froh in die leere Stube lächelt.**[168]

Ein solches Statement relativiert die modernistische Vorstellung von Gebrauchsliteratur. Und doch war die Korrespondenz zwischen Lyrik, Lebenswelt und Lebenspraxis in den 20er-Jahren besonders eng. Daran hatten Institutionen wie das Kabarett ihren Anteil, aber auch der Song und Schlager, der den Aufstieg der Vergnügungsindustrie stimulierte und als Indikator für eine ›Kultur der Zerstreuung‹ galt. Viele Gedichte von Tucholsky, Mascha Kaléko und anderen erschienen in Zeitungen und Zeitschriften und galten als Beispiele für das neuartige Genre des ›Zeitungsgedichts‹, das neben aktuellen Meldungen und Berichten seinen Platz hatte. Ein Gedichtbandtitel wie *DAS LYRISCHE STENOGRAMMHEFT* von Kaléko war eine pointierte Umschreibung der auf den Augenblick gerichteten Lyrik, die sich zugleich einer neuen Aufschreibtechnik, des Stenogramms, bediente. Es ging Kaléko dabei weniger um formale Experimente mit verknappten, verdichteten Versstrukturen, sondern um protokollartige Notizen aus dem großstädtisch-modernen Alltagsgetriebe. Die einzelnen Abschnitte, nach denen sie ihren Lyrikband gliederte, spiegelten in Sach-Rubriken wie »Von Montag früh bis Wochenend« und »Rote Zahlen im Kalender« diese Welt wider. Gedichttitel wie »Mannequins«, »Krankgeschrieben«, »Heimwärts nach Ladenschluß«, »Randbemerkungen eines Liftboys«, »Kassen-Patienten«, »Auf einem Café-Tisch gekritzelt …« und »Nach einem Ferngespräch« verwiesen auf die Welt der Büros, Kontore, Versicherungsgesellschaften, Modehäuser, Cafés und Tanzpaläste der Metropolen, die zum Gegenstand der Zeitlyrik der 20er-Jahre wurden.[169]

Dass Lyrik Gebrauchsliteratur sein sollte, davon war auch BERTOLT

Brecht überzeugt. Zwar nicht in der Form des Kabarett-Couplets und nicht als Zeitungsgedicht, sondern als eine im Alltag entstandene und den Ritualen des Alltags verpflichtete Lyrik hat der Dichter seine frühen Gedichte geschrieben, die Poesie und Musik miteinander verbanden, und zwar schon seine *Lieder zur Klampfe von Bert Brecht und seinen Freunden 1918*.[170] Sie waren 1918 in einem Kreis entstanden, der vom Lebensalter her – Brecht wurde 1898 geboren – der expressionistischen Generation bereits nicht mehr angehörte. Der im bayrischen Augsburg wohnende Dichter verbrachte seinen Alltag mit einer Gruppe gleichaltriger Freunde, die als Schüler den Weltkrieg und den Zerfall des Wilhelminismus miterlebten, also nicht so sehr wie viele Expressionisten an den Autoritäten litten, sondern deren Schwäche studieren konnten und sich entsprechend selbstbewusst darstellten: als eine desillusionierte, skeptische Gruppe junger Leute. Nicht mehr expressionistisches Pathos und Utopien vom Neuen Menschen waren für diese 20-Jährigen der Stoff, aus dem sie ihre spezifische Ausdrucksform von Jugendlichkeit entwickelten. Für Brecht und beispielsweise seinen Jugendfreund Caspar Neher, der später als Bühnenbildner bekannt wurde, war Jugend der Inbegriff eines überlegen-distanzierten Verhaltens, ein Synonym für Coolness. Der Anglizismus cool war zwar noch nicht gebräuchlich; aber dafür war umso mehr von *Kälte* die Rede. *Kälte* wurde in den 20er-Jahren geradezu zum Schlag- und Modewort für ein ganzes Jahrzehnt. Die Provinzstadt bot eine geeignete Kulisse um aufzufallen und zu provozieren, auch wenn sich alles in provinziellen Grenzen hielt. Denn vieles, was da mit kaltem Blick und nihilistischem Ton daherkam, war und blieb Selbstinszenierung in Versen und pubertäre Männerfantasie: **Hat ein Weib fette Hüften, tu ich sie ins grüne Gras,/ Rock und Hose tu ich lüften – denn ich liebe das.// Beißt das Weib vor Ekstase, wisch ich ab mit grünem Gras/ Mund und Biss und Schoß und Nase: sauber – denn ich liebe das.**[171]

Brechts wichtigste Gedichtsammlung der 20er-Jahre war seine *Hauspostille* von 1927. Sie enthält zwischen 1916 und 1925 entstandene Gedichte, die ein Anhang mit Anleitungen und Gesangsnoten ergänzt. Die *Hauspostille* ist als Zyklus aufgebaut. Das parodistische Element hat Brecht bereits im Titel hervorgehoben. Brecht wählte für die fünf Abschnitte seiner *Hauspostille* Titel wie ›Lektionen‹, ›Bittgesänge‹, ›Exerzitien‹ und ›Episteln‹. Damit wurden zugleich liturgische Anspielungen auf katholische Gebräuche wie Prozessionen und Litaneien in die Parodie einbezogen. Die Sammlung mit ihren blasphemischen und ketzerischen Sprüchen ist aber mehr als eine Persiflage auf Bibel und Religion. Der junge Brecht hat sie als eine Art Ketzerbrevier nihilistisch gesinnter, unkonformistischer junger Leute verstanden: als eine Art Gebrauchsdichtung, die nicht höheren Zwecken wie Belehrung und Erbauung dienen soll, sondern der Lebensfeier in ihrer konsequent diesseitigen Form. Zur Gebrauchsdichtung passt auch die musikalische Untermalung vieler Gedichte mit Liedkompositionen BRECHTS. War die expressionistische ›O-Mensch-Dichtung‹ im Kern Weltanschauungslyrik, geschrieben von einer höheren utopischen Position und mit viel rhetorischem Pathos der Überredung, so sind BRECHTS Lieder der *HAUSPOSTILLE* gerade umgekehrt Kneipen- und Bänkellieder. BRECHT selbst hat seine *HAUSPOSTILLE* als eine Art Balladenbuch betrachtet. In den Gedichten dominiert ein erzählerisches Element, finden sich kleine Geschichten von Alltagshelden aller Art, auch von negativen Helden, Verführern, Abenteurern, Trinkern und Bettlern. Solche Lyrik war nicht für die Leseecke, sondern für den Gebrauch bestimmt. Den Abschluss der BRECHT'schen Lyrik der 20er-Jahre bildeten die 1930 veröffentlichten Gedichte *AUS DEM LESEBUCH FÜR STÄDTEBEWOHNER*, Großstadtlyrik, die für das Moderne-Selbstverständnis der 20er-Jahre in besonderer Weise typisch war. Die Gedichte sind unter dem Aspekt einer Tagesreise durch die Großstadt angeordnet und wollen auf lustvolle Art die Großstadt als eine aufregende, faszinierende, der Moderne adäquate Lebenswelt erkunden. Die Kältemetapher findet sich auch hier als eine Schlüsselmetapher des frühen BRECHT. **Wenn ich mit dir rede/ Kalt und gemein/ Mit den trockensten Wörtern/ Ohne dich anzublicken/** [...]**// So rede ich doch nur/ Wie die Wirklichkeit selber.**[172]

Die Zeitlyrik der 20er-Jahre hatte eine Nähe zur Bühne und zum Theater, also zu jenen Institutionen, die ein Jahrzehnt lang eine Blütezeit im gesamten deutschsprachigen Raum erlebten. BRECHTS epochale Veränderungen auf dem Theater, die in dieser Zeit begannen, korrespondierten in der Lyrik mit dem Versuch, einen neuen Typ Gebrauchsdichtung zu produzieren. BRECHT war zwar nicht der Einzige, der an diesem für besonders zeitgemäß und modern gehaltenen Genre arbeitete. Aber er hatte schon während der Produktion der *HAUSPOSTILLE* eine recht klare Vorstellung, was mit dem Schlagwort Gebrauchsdichtung gemeint war. In seiner »Anleitung zum Gebrauch der einzelnen Lektionen«, einem der *HAUSPOSTILLE* vorangestellten Vorwort, heißt es gleich im ersten Satz: **Diese Hauspostille ist für den Gebrauch der Leser bestimmt. Sie soll nicht sinnlos hineingefressen werden.**[173] Was ihm vorgeschwebt haben mag, war eine Art profanes Gesangbuch für den urbanen, modernen Städtebewohner, der sich der bürgerlichen Moral und Tradition überlegen fühlt, der an der Kälte der großen Städte Gefallen findet, der sich dem Leben samt dessen Tiefen und Grobheiten zu stellen weiß: eine autonome, starke, vitale Gestalt noch im grenzenlosen Scheitern. Hinter solcher Kälte-Fassade schimmert bei BRECHT freilich immer schon Sentimentalität durch, ein Schuss Melancholie und Trauer.

Die Gedichte sprechen zwar nicht von Erlösungshoffnung und Geborgenheit, aber sie zeigen auch nicht den angepassten Gewinnertypus der rationalen, modernen Wirtschaftswelt der 20er-Jahre, den reich gewordenen Kriegsschieber und Börsenjobber, der kaltschnäuzig über Leichen geht, wenn es um seinen Profit geht. BRECHTS Figuren sind allesamt Außenseiter, die sich in ihrer provisorischen Existenz eingerichtet haben: Lebenskünstler, die zu provozierender Rohheit ebenso fähig sind wie zu zärtlichsten Liebesschwüren. Dieses vitalistische Element ist ein Stück lyrischer Tradition der Moderne, die nicht nur auf François Villon, sondern auch auf Rimbaud zurückverweist und nicht zuletzt ein fernes vitalistisches Echo aus Nietzsche- und Expressionismuskontexten darstellt. In der poetischen Vision und Kraft des Lebensdrangs nahm BRECHT am Ende der 20er-Jahre noch einmal an jener Hochschätzung des Lebens und des Lebensbegriffs teil. In diesem Punkte wenigstens zeigen sich epochale Zusammenhänge, welche die Lyrik zwischen 1890 und 1930 bei aller Unterschiedlichkeit der Stile, Richtungen und Bewegungen als Einheit erscheinen lässt.

4.2 Mythos und Mystik in den 20er-Jahren

Die Lyrik der 20er-Jahre hatte ein Janusgesicht. Sie grenzt sich vom Expressionismus ab, setzt auf Gebrauchslyrik und Kältemetaphorik. Zugleich aber nimmt sie beispielsweise mit dem poetischen Lebensbegriff Traditionen der Jahrhundertwende wieder auf. Es schließt sich mit ihr der Kreis der frühen Moderne. Während BRECHT noch Gebrauchslyrik als zeitgemäßes Genre propagierte, wurden die Vorbehalte gegen die Mixtur von moderner Dichtung und modernem Leben immer vernehmbarer. Benn formulierte die scharfe Kontrastellung zwischen Kunst und Leben. **Man lebt vor sich hin sein Leben**, so argumentierte er, **das Leben der Banalitäten und Ermüdbarkeiten, in einem Land reich an kühlen und schattenvollen Stunden, chronisch in einer Denkepoche.** Nur im Gedicht und nirgends anders schien ihm eine Alternative zur banalen Wirklichkeit. **Worte, Worte – Substantive! Sie brauchen nur die Schwingen zu öffnen und Jahrtausende entfallen ihrem Flug.**[174]

Vor allem RILKE wurde für ein Teil des Publikums und nicht zuletzt für junge, nach 1900 geborene Autoren zur Leitfigur der Gegenseite. Er hatte mit dem Erscheinen der *SONETTE AN ORPHEUS* ein von seiner Lesergemeinde ebenso wie vom einflussreichen Feuilleton enthusiastisch gefeiertes, epochales Ereignis geschaffen und mit seiner mythisch-dichterischen Orpheusfigur einen bald auch für andere Gattungen attraktiven Mythos-Rekurs eingeleitet. Zugleich forcierte die RILKE-Rezeption der 20er-Jahre auch ein Interesse am Konnex von Mystik und Moderne. RILKE selbst hatte schon in seinem *STUNDEN-BUCH* Spurenelemente mystischer Traditionen als Motive aufgegriffen, Bilder der Erleuchtung, der mystischen Schau und des ekstatischen Sprechens; die poetische Chiffre der Dunkelheit, die auch in mystischen Schriften eine große Rolle spielt,[175] ist eines der das *Stunden-Buch* strukturierenden Leitmetaphern. Rilke starb im Dezember 1926. Er wurde innerhalb der Gattungsgeschichte deutschsprachiger Lyrik zum ersten modernen Klassiker erhoben; für einen Teil des Publikums endete (noch in den 50er-Jahren) mit Rilke die deutsche Lyriktradition überhaupt. Schon die Nachrufe zielten in diese Richtung. Klaus Mann nannte Rilkes Gedichte **tröstlich und hilfreich**[176] und deutete einen entscheidenden Paradigmenwechsel an, in dem er die Gattung mit eben jenen Werten in Verbindung brachte, die der auf die Kälte-Metapher fixierte antimetaphysische Poetik der Moderne entgegenstand. Rilkes Tod wurde entschieden stärker als derjenige Georges 1934 wie eine Zäsur empfunden: Abschluss und Überwindung der lyrischen Moderne zugleich.

Ein Beispiel dafür, wie sich die Schreibpraxis junger Autorinnen und Autoren bereits geändert hatte, war die 1927 von Willy R. Fehse und Klaus Mann herausgegebene *Anthologie jüngster Lyrik*. Verse, angefüllt mit immer wieder variierten Einsamkeits-, Herz-, Schmerz- und Abschiedsstimmungen, hatten die Herausgeber ausgewählt, Gedichte voller Sehnsucht nach Nähe und Geborgenheit, geschrieben in einer poetischen Sprache, die nach drei Jahrzehnten plötzlich wieder wie selbstverständlich von Sonne, Mond und Sternen, Meer, Wind, Wolken und Wellen, Herbst und Trauer sprach, so als habe es Sprachskepsis und Formexperiment nie gegeben.[177] Eine Dichtung war entstanden, die sich von der Gebrauchslyrik der 20er-Jahre endgültig verabschiedete und einen romantizistischen Rekurs wagte: **Schlafe! Die Erde wird milder./ Warte, der Traum tritt schon ein./ Blühen werden die Bilder/ Des Traumes in sanfterem Schein.**[178] Die Opposition zur Technomanie zeigt sich in der konsequenten Aussparung von Großstadt- und Technikmotiven. Und wenn ein Gedicht, eher eine Ausnahme, überhaupt ein Thema wie »Die Lichtreklamen« aufgreift, dann dominiert der negative Abwehrgestus: **Sie sind zu rastlos und zu grell und viel zu laut.**[179] Die Liedform mit ihren Vierzeiler-Strophen beherrscht wie ein symbolisches Formmuster der Tradition die *Anthologie jüngster Lyrik*. Nun war die Liedform im Expressionismus gleichermaßen wie in den an Chansons, Couplets und Songs reichen 20er-Jahren nie aufgegeben worden. Aber von der jüngsten Generation wurde sie in direktem Rückgriff auf die Formensprache des 19. Jahrhunderts wiederentdeckt, während Formexperimente mit der Liedstrophe wie bei Brecht und Mehring als modernistische Spielereien, ja als Kontrafaktur der Poesie überhaupt ausgegrenzt wurden. Im selben Jahr, als die Anthologie erschien, hatte Brecht mit ebenso lässiger wie provozierender Attitüde einen Lyrik-Wettbewerb der einflussreichen Zeitschrift ***Die literarische Welt*** zum Anlass genommen, den Verfasser eines Lobgedichts auf einen Sportchampion zu prämieren, der sein Gedicht nicht einmal eingesandt hatte. Über vierhundert jungen Lyrikern aber, die leer ausgegangen waren, hatte er **Sentimentalität, Unechtheit und Weltfremdheit** vorgeworfen: **Das sind ja wieder diese stillen, feinen, verträumten Menschen, empfindsamer Teil einer verbrauchten Bourgeoisie, mit der ich nichts zu tun haben will!**[180] Aber diese Kritik, so viel Aufsehen sie zunächst machte, verhallte wirkungslos: ein Zeichen dafür, dass der um 1920 schwungvoll inszenierte Moderne-Impuls nun am Ende des Jahrzehnts seine Kraft verloren hatte. Die Zeit der Gebrauchs-, Kabarett- und Revue-Lyrik war für Jahrzehnte vorbei.

4.3 Zu einzelnen Texten

4.3.1 Bertolt Brecht: »Vom armen B.B.«

Eines der bekanntesten Gedichte Brechts, ein unumstrittener lyrischer Kanontext aus der ersten Hälfte des 20. Jahrhunderts, ist die Ballade »Vom armen B.B.«[181] ein poetisches Selbstporträt des Dichters.

1
Ich, Bertolt Brecht, bin aus den schwarzen Wäldern.
Meine Mutter trug mich in die Städte hinein
Als ich in ihrem Leibe lag. Und die Kälte der Wälder
Wird in mir bis zu meinem Absterben sein.

2
In der Asphaltstadt bin ich daheim. Von allem Anfang
Versehen mit jedem Sterbsakrament:
Mit Zeitungen. Und Tabak. Und Branntwein.
Mißtrauisch und faul und zufrieden am End.

3
Ich bin zu den Leuten freundlich. Ich setze
Einen steifen Hut auf nach ihrem Brauch.
Ich sage: es sind ganz besonders riechende Tiere
Und ich sage: es macht nichts, ich bin es auch.

4
In meine leeren Schaukelstühle vormittags
Setze ich mir mitunter ein paar Frauen
Und ich betrachte sie sorglos und sage ihnen:
In mir habt ihr einen, auf den könnt ihr nicht bauen.

5
Gegen abends versammle ich um mich Männer
Wir reden uns da mit »Gentleman« an
Sie haben ihre Füße auf meinen Tischen
Und sagen: es wird besser mit uns. Und ich frage nicht: wann.

6
Gegen Morgen in der grauen Frühe pissen die Tannen
Und ihr Ungeziefer, die Vögel, fängt an zu schrein.
Um die Stunde trinke ich mein Glas in der Stadt aus und schmeiße
Den Tabakstummel weg und schlafe beunruhigt ein.

7
Wir sind gesessen ein leichtes Geschlechte
In Häusern, die für unzerstörbare galten
(So haben wir gebaut die langen Gehäuse des Eilands Manhattan
Und die dünnen Antennen, die das Atlantische Meer unterhalten).

8
Von diesen Städten wird bleiben: der durch sie hindurchging, der Wind!
Fröhlich machet das Haus den Esser: er leert es.
Wir wissen, daß wir Vorläufige sind
Und nach uns wird kommen: nichts Nennenswertes.

9
Bei den Erdbeben, die da kommen werden, werde ich hoffentlich
Meine Virginia nicht ausgehen lassen durch Bitterkeit
Ich, Bertolt Brecht, in die Asphaltstädte verschlagen
Aus den schwarzen Wäldern in meiner Mutter in früher Zeit.

Im Manuskript ist das Datum der Entstehung genau vermerkt, der 26. April 1926. Die erste Fassung (**Ich, Bertol*d* Brecht, bin aus schwarzen Wäldern ...**) wurde offenbar, so die Manuskriptnotiz, **nachts 1/2 10 im Dezug**[182] geschrieben. Brecht befand sich auf der Fahrt nach Pichling bei Linz um die erkrankte Marianne Zoff, Freundin und Schauspielerin, zu besuchen. Die Souveränität des Ich-Erzählers, der mit kaltem Vergnügen und skeptischer Überlegenheit sein augenblickliches Leben resümiert, ist Teil eines exzeptionellen Selbstbildes des Dichters als junger Mann. Schon deshalb wäre es zu voreilig, das Gedicht als Autobiografie in Versen zu verstehen. Brecht war im Dezember 1921 in Berlin angekommen, hatte mit dem Verleger Erich Reiß einen Generalvertrag abgeschlossen, der ihm monatlich 750 Mark einbrachte. Brecht, mit seinem Stück *Im Dickicht der Städte* beschäftigt, trat im Kabarett ›Wilde Bühne‹ im Keller des Theaters im Westen auf, erhielt dafür etwas Honorar und war im Übrigen so unterernährt, dass er im Januar 1922 mehrere Wochen in der Berliner Charité wegen einer Nierenentzündung behandelt wurde. Die Bekanntschaft mit dem expressionistischen Dramatiker Arnolt Bronnen und Regie-Versuche zu Bronnens Stück *Vatermord* fielen in diese Zeit, ebenso die Vorarbeiten zu einem (nicht erhaltenen) Theaterstück mit dem Arbeitstitel *Das Stück vom kalten Chicago*.

Die Ballade »Vom armen B.B.« enthält mit der Formel **Mißtrauisch und faul und zufrieden am End** eher die Maximen einer Porträtfigur, die in ihrer Asozialität und Modernität besticht. Die in neun Kapitel eingeteilte Ballade zeigt deren Konturen bereits in der ersten Strophe. Wie in einem Lebenslauf notiert Brecht ein paar Angaben zu einer Biografie, die zwar ein wenig die eigene Lebensgeschichte tangieren – die Herkunft des Vaters aus dem Schwarzwald und die Ansiedlung in Augsburg –, aber noch ungleich schärfer einen bestimmten Typus skizzieren, den Städter **aus den schwarzen Wäldern**, der sich von der **Kälte der Wälder** her definiert. Den **Kälte**-Topos nimmt das erzählende Ich wie ein Signum an, das Leben und **Absterben** miteinander verknüpft. Die **Kälte**, die Brecht in der Natur verortet, in den **Wäldern**, verleiht dem Großstädter einen eigenen Nimbus. Die zweite Strophe führt diesen Gedanken konsequent weiter: **In der Asphaltstadt bin ich daheim.** Damit ist der zweite Topos benannt. Die **Asphaltstadt** wird für Brecht zur Ortsbestimmung einer Moderne, der auch das Ich angehört und zu der es keine Alternative gibt. Das Gedicht gehört mit seiner entschiedenen Option für die **Asphaltstadt** zu den Großstadtgedichten, in denen immer wieder symbolische Chiffren die Übereinstimmung zwischen modernem Lebensstil, zivilisatorischer Modernisierung und moderner Dichtung illustrieren. Vor allem der moderne Habitus wird in den einzelnen Strophen differenziert ausgebreitet, um die im Titel autobiografisch fixierte Ich-Figur lebendig werden zu lassen. Dazu zählen auch die Attribute **Zeitungen, Tabak** und **Branntwein**, die der Erzähler in ironischer Verkehrung heiliger Rituale dem Begriff **Sterbsakrament** subsumiert. Genuss und Unterhaltung sind weitere Merkmale des **Asphaltstadt**-Bewohners, und zwar nicht auf einer gehobenen Ebene luxuriösen Lebens, sondern auf der **Tabak**- und **Branntwein**-Stufe.

Der Ballade mit ihrer Stilisierung der autobiografischen Porträtfigur fehlt die poetische Konvention der Form. Brecht schrieb sein Gedicht in freien, unregelmäßigen Rhythmen, verzichtet auf metrische Ordnungsmuster und fügt über den Reim in jeder Strophe nur jeweils den zweiten und vierten Vers zusammen. Die Geschlossenheit eines getragenen Versrhythmus lockert auf, ein prosaischer Vortragston wird akzentuiert. Dazu passt auch der sparsame Gebrauch von Bildern und Vergleichen, sodass Metaphern wie **die Kälte der Wälder** deutlich hervorstechen und den Stil der Selbstdarstellung bestimmen. In der dritten Strophe tritt der Duktus der überlegenen Ironie hinzu, die zugleich Züge von Selbstironie einschließt. Es gibt für den Asphaltbewohner nur eine ihm gemäße Form der Kommunikation, die unterkühlte, *coole* Distanz. Wer auch immer mit dem Ich zu tun hat, gehört zu den **Leuten**, also zu den **Frauen**, die das Ich in seine **leeren Schaukelstühle** setzt, oder zu denen, die sich mit »**Gentleman**« anreden und die Redensart **es wird besser mit uns** wie eine höfliche Floskel austauschen. Überhaupt fällt die **Gentleman**-Pose als ironischer Habitus auf (**steifer Hut; ganz besonders riechende Tiere**). Sie konterkariert Tradition und Konvention, ist Teil eines nicht durchgehaltenen, sondern allenfalls zitierten Stils, ein *Look*, auf den das Ich entschieden mehr Wert legt als auf moralische Prinzipien.

Das Ausspielen der eigenen Asozialität gehört zum Selbstdarstellungsritual des Erzähler-Ichs, das auf diese Weise eine Interpretation gesellschaftlicher Modernität gibt: Es existieren für den Asphaltbewohner keine verbindlichen Werte, denen er sich verpflichtet fühlt. Und es charakterisiert die Modernität der großen Städte, dass Distanz und Abstand für das Verhältnis der Menschen untereinander und auch das der Geschlechter zueinander bestimmend sind. BRECHT stilisiert gerade diese Seite der Moderne, als schätze er sie auf ganz besondere Weise. Allerdings hält der Erzähler die Pose nicht immer durch. Zwar vermag er selbstsicher und gewandt in der vierten und fünften Strophe die eigene Überlegenheit hervorzukehren, wie im heitergelassenen Vers **In mir habt ihr einen, auf den könnt ihr nicht bauen.** Aber es gibt auch andere Indizien, Spuren einer verdeckten Melancholie und unterschwelligen Einsamkeit, die Konturen einer anderen Seite des Ichs andeuten. Hatte der Balladenerzähler noch gerade im lässigen Ton seine flüchtige Naturbetrachtung über die Tannen und die Vögel abgeschlossen – **Gegen Morgen in der grauen Frühe pissen die Tannen/ Und ihr Ungeziefer, die Vögel, fängt an zu schrein** –, so folgt doch in der Wendung **und schlafe beunruhigt ein** die Anspielung auf eine Befindlichkeit, die nicht unter den Kälte-Topos rubriziert werden kann. Die siebte und achte Strophe werden noch deutlicher. Sie zitieren ein apokalyptisches Motiv, zwar nicht in dramatisierter Form wie im Expressionismus, also nicht als heimliche Lust auf Befreiung, wie bei Heym, und als Warnung und Mahnung wie im ›O-Mensch-Pathos‹ aktivistischer Wandlungsmodelle, sondern eher als Feststellung und in kaum spürbarer emotionaler Anteilnahme.

Das Amerika-Motiv, wie ein Exkurs in Klammern zugefügt, lässt den im Gedicht fortwährend aufgerufenen Moderne- und Modernisierungsdiskurs in einem anderen Lichte erscheinen. Die Katastrophenmeldung, unmittelbar folgend auf die im Exkurs noch illustrierte Errungenschaft moderner Kommunikationsmittel (**die dünnen Antennen, die das Atlantische Meer unterhalten**) und den Bericht über die architektonische Meisterleistung der Neuen Welt (**die langen Gehäuse des Eilands Manhattan**), erscheint wie eine moderne Variante barocker *vanitas*-Motive, also als poetische Vorhersage des Endes. Die gestische Pathos-Formel verstärkt die moderne Vergänglichkeitslehre des Erzählers, der, angedeutet mit effektvoll gesetzten dreimaligen Doppelpunkten, eine Quintessenz seiner Reflexionen präsentiert, das Ende der Städte (Rauch und **Wind** gehörten schon im

Barock zur Rhetorik der Vergänglichkeit), das Ende der Jetztzeit (**wir Vorläufige**) und die trübe Aussicht auf Zukunft: **Und nach uns wird kommen: nichts Nennenswertes.**

Die letzte Strophe liest sich wie eine auf den Anfang rekurrierende Schlusspointe. Das Erzähler-Ich bezieht die eigene Person in die Katastrophenbotschaft, die kommenden **Erdbeben**, ein und verpflichtet sich zur Gelassenheit seiner Beobachterrolle. Noch einmal kehrt in der **Virginia**-Zigarre das Genuss-Motiv wieder, allerdings als ein Wunsch, denn es ist auch – in deutlich melancholischer Wendung – von **Bitterkeit** die Rede, die ihren Schatten auf die beiden Schlussverse wirft. Was am Anfang noch wie ein Lebenselixier der Moderne erschien, die **Kälte der Wälder**, die so passend war für eine überlegene Existenz in der **Asphaltstadt**, wird nun zurückgenommen: Von Verschlagenwerden **in die Asphaltstädte** ist die Rede, und zuletzt auch von sentimentalster Erinnerung, welche das Bild der **schwarzen Wälder** wie eine dem Bild der **Asphaltstädte** entgegenstehende, widerständige Chiffre erscheinen lässt: **Ich, Bertolt Brecht, in die Asphaltstädte verschlagen/ Aus den schwarzen Wäldern in meiner Mutter in früher Zeit.**

4.3.2 Mascha Kaléko: »Großstadtliebe«

MASCHA KALÉKO, 1907 als Tochter einer Österreicherin und eines russischen Vaters im polnischen Schidlow geboren, lebte seit 1918 in Berlin, arbeitete in der jüdischen Gemeinde der Stadt und gehörte Ende der 20er-Jahre zur künstlerischen Boheme. Sie schrieb im Feuilleton der Vossischen Zeitung; *DAS LYRISCHE STENOGRAMMHEFT*, ihr erstes Gedichtbuch, wurde, gerade erschienen, im Mai 1933 von nationalsozialistischen Studenten während der Bücherverbrennung auf dem Opernplatz symbolisch verbrannt. In doppelter Hinsicht war diese barbarische Aktion bemerkenswert. Erstens zeigte sie die Bekanntheit Kalékos, die fast mehr noch als der nicht unumstrittene Kästner als Zeitlyrikerin galt, die in ihren Versen die alltägliche Welt der Metropole festhielt und dabei ein breites Spektrum an Ausdrucksmöglichkeiten entfaltete. Die Spannweite ihrer Gedichte reichte von nachdenklich-melancholischen, traurigen Tönen bis zu unbekümmertem, ironischem Witz.

Zweitens war Kaléko gerade auch als Jüdin und Autorin Zielscheibe kleinbürgerlich-spießiger Kritik. In der Sparte der Gebrauchslyrik repräsentiert die Schriftstellerin die ›Zeitungslyrik‹, Gedichte also, die in Zeitungen veröffentlicht wurden und den Alltag kommentierten. Das Gedicht »Großstadtliebe«[183] ist dafür ein Beispiel:

Man lernt sich irgendwo ganz flüchtig kennen
Und gibt sich irgendwann ein Rendezvous.
Ein Irgendwas, – 's ist nicht genau zu nennen –
Verführt dazu, sich gar nicht mehr zu trennen.
Beim zweiten Himbeereis sagt man sich ›du‹.

Man hat sich lieb und ahnt im Grau der Tage
Das Leuchten froher Abendstunden schon.
Man teilt die Alltagssorgen und die Plage,
Man teilt die Freuden der Gehaltszulage,
... Das übrige besorgt das Telefon.

Man trifft sich im Gewühl der Großstadtstraßen.
Zu Hause geht es nicht. Man wohnt möbliert.
– Durch das Gewirr von Lärm und Autorasen,
– Vorbei am Klatsch der Tanten und der Basen
Geht man zu zweien still und unberührt.

Man küßt sich dann und wann auf stillen Bänken,
– Beziehungsweise auf dem Paddelboot.
Erotik muß auf Sonntag sich beschränken.
... Wer denkt daran, an später noch zu denken?
Man spricht konkret und wird nur selten rot.

Man schenkt sich keine Rosen und Narzissen,
Und schickt auch keinen Pagen sich ins Haus.
– Hat man genug von Weekendfahrten und von Küssen,
Läßt mans einander durch die Reichspost wissen
Per Stenographenschrift ein Wörtchen: ›aus‹!

Das Gedicht erzählt seine Liebesgeschichte unspektakulär, schlicht und illusionslos. Sein Duktus ist unpersönlich. Das oft anaphorisch verwendete Indefinitpronomen **Man** – das erste Wort des Gedichts, das zu Beginn jeder Strophe und innerhalb der Strophen mehrfach wiederholt wird – provoziert eine unterkühlte Sachlichkeit, die indes nicht mit einem souveränen Darüberstehen verwechselt werden darf: **Ein ›n‹ mehr, und die Melancholie über die Flüchtigkeit der Liebesbeziehungen würde in eine Anklage gegen den Mann umschlagen, der seine Privilegien bei allen Veränderungen bewahren konnte.**[184] Das Gedicht allerdings unterscheidet die Sicht der Geschlechter nicht auf direkte Weise, sondern lässt sie ineinander verschwimmen. Nur selten, wie in der 2. Strophe, kommt überhaupt eine unverwechselbar positive Atmosphäre des Verliebtseins in den Blick: **Man hat sich lieb und ahnt im Grau der Tage / Das Leuchten froher Abendstunden schon.** Und doch wird die beinahe romantische Metapher **Leuchten froher Abendstunden** gleich wieder irritiert. Schon der nächste Vers geht in **Alltagssorgen** und **Plage** über, und der folgende ironisiert in seiner Banalität den flüchtigen romantischen Schein: **Man teilt die Freuden der Gehaltszulage.**

Kaléko kannte die Lebensverhältnisse der weiblichen Angestellten Berlins aus eigener Anschauung; sie hatte nach der Schule eine Sekretärinnenausbildung erhalten und arbeitete zeitweilig in diesem Beruf. In den Metropolen der 20er-Jahre spielte diese Gruppe arbeitender Frauen im Sozialgefüge eine besondere Rolle. Sie stand für den Anspruch auf Selbstständigkeit und Selbstbehauptung, und zwar in der Arbeitswelt wie in der freien Zeit, und sie repräsentierte daher einen neuen Typus von Frauen, welche die moderne Gesellschaft mit ihren öffentlichen Verwaltungen, industriellen Kontoren, Banken und Büros hervorgebracht hatte und die nun als Inbegriff der Modernisierung galten. Wie genau Kaléko Alltag und Lebenswelt dieser Frauen in ihren Gedichten beleuchtet, wird in knappen Anspielungen auf Wohnverhältnisse (**Man wohnt möbliert**), Bürosphäre (**Freuden der Gehaltszulage**) und Freizeit (**Paddelboot, Weekendfahrt**) deutlich.

In der Liebesgeschichte, die das Gedicht erzählt, sind keine individuellen Konturen des Paares sichtbar, während sich die Liebe immer mehr in den Spannungen und Widrigkeiten des Alltags verstrickt. Die moderne Welt hat keineswegs die kleinbürgerliche Moral verdrängt: **Vorbei am Klatsch der Tanten und der Basen / Geht man zu zweien still und unberührt.** Der Ausdruck gegenseitiger Liebe bleibt auf flüchtige, fast verschämte Gesten beschränkt; das prosaisch-umständliche Wort **Beziehungsweise** in den Versen **Man küßt sich dann und wann auf stillen Bänken, / – Beziehungsweise auf dem Paddelboot** ironisiert die gegenseitigen Verklemmungen. Die Darstellung von Gefühlen wird bei Kaléko auf ein Mindestmaß beschränkt, ja geradezu in nüchternen Aussagesätzen wie **Erotik muß auf Sonntag sich beschränken** und **Man spricht konkret und wird nur selten rot** unterbunden. Sachlichkeit scheint zu dominieren, bis hin zur symbolischen Zurücknahme traditioneller Liebesbeweise: **Man schenkt sich keine Rosen und Narzissen.**

Indes ist die sachlich-unterkühlte Ausdrucksform der Liebe trotz Telefon, Reichspost-Nachricht und Stenografenschrift keineswegs eine bloße Entsprechung zur versachlichten Kommunikation der modernen Gesellschaft. Kalékos »Großstadtliebe« ist eine Geschichte gescheiterter Beziehungen, in der sich Gefühle nicht entfalten und die Partner – **still und unberührt** – nicht zueinander finden konnten. Das Ende der Geschichte, die keine andauernde Liebesgeschichte werden konnte, formt die Autorin zur Abschiedssatire aus, indem sie die vom Beginn an defizitäre Kommunikation [p]**er Stenographenschrift** mit dem **Wörtchen: ›aus‹** beschließt. Die unterkühlte Umgangsweise ist Ausdruck gestörter Kommunikationsfähigkeit, gegenseitiger Bindungsangst und der Unfähigkeit, eine Liebesbeziehung auf Dauer aufrechtzuerhalten. Die versachlichte Sprache des Gedichts ist daher ein mimetisches Mittel um in der nüchternen Parataxe und im epischen Präsens des Erzählstils die traurig-defizitäre Geschichte einer »Großstadtliebe« zu konkretisieren. Kaléko spart sorgfältig alle Romantizismen aus und zerstört diese sogar im Ansatz, wenn beispielsweise in der ersten Strophe statt gefühlsseliger Verliebtheit von einem **Irgend was** die Rede ist, welches das Paar zusammenbringt: **Ein Irgend was [...] / Verführt dazu, sich gar nicht mehr zu trennen.** Indem die Autorin auf eine romantisierende Darstellungsform verzichtet, erschließt sie zugleich ein neues Sprachrepertoire und aktualisiert auf diese Weise das Genre der Liebeslyrik, in dem nun die möbliert-großstädtische Welt samt Telefon, Gehaltszulage, Weekendfahrt, Himbeereis und Paddelboot ihren Einzug hält.

4.3.3 Erich Kästner: »Und wo bleibt das Positive, Herr Kästner ...?«

In seinem Essay *Ringelnatz und Gedichte überhaupt* beschrieb Kästner 1930, was den Gebrauchslyriker im Unterschied zum **reinen Dichter** besonders auszeichne: Die **Gebrauchslyriker werden gelesen. Sie werden auch verstanden und überall vorgetragen, sogar geliebt und auswendig gelernt. [...] Die Gebrauchslyriker [...] schreiben für heute, zum Sofortessen; wahrscheinlich halten sich ihre Produkte nicht sehr lange und verderben rasch.**[185] Dieses Bild vom Gebrauchslyriker basierte auf der Annahme, dass offenbar zwischen Publikum und Autor ein stummes Einverständnis bestünde, was **für heute** und **zum Sofortessen** an aktueller Poesie geeignet schien; denn Gebrauchsdichtung konnte auf einen breiten Leserkreis rechnen.

Der rasche eigene Erfolg gab Kästner Recht. Gebrauchslyriker hatten in den 20er-Jahren ihr Publikum und ihre Resonanz, und zwar vor allem bei denen, die sich in der urbanen Welt der Vergnügungen und Zerstreuungen zuhause fühlten. Allerdings gab es in der literarischen Kultur der Weimarer Republik weder einen dominierenden Zeitstil noch ein favorisiertes lyrisches Genre. Und auch das Publikum war keineswegs eine homogene Gruppe. Wenn es bei Kästner hieß, es sei **wirklich keine Schande, Verse zu schreiben, die den Zeitgenossen begreiflich scheinen,**[186] so blieb die Frage offen, für welche **Zeitgenossen** die Verse **begreiflich schienen.** Mit welchen Widerständen der satirische Gebrauchslyriker rechnete, darüber gibt das poetologische Gedicht Kästners Auskunft, das bereits im Titel von prinzipiellen Vorbehalten seiner Leser berichtet: »Und wo bleibt das Positive, Herr Kästner?«[187]

Und immer wieder schickt ihr mir Briefe,
in denen ihr, dick unterstrichen, schreibt:
»Herr Kästner, wo bleibt das Positive?«
Ja, weiß der Teufel, wo das bleibt.

Noch immer räumt ihr dem Guten und Schönen
den leeren Platz überm Sofa ein.
Ihr wollt euch noch immer nicht dran gewöhnen,
gescheit und trotzdem tapfer zu sein.

Ihr braucht schon mal wieder Vaseline,
mit der ihr das trockene Brot beschmiert.
Ihr sagt schon wieder, mit gläubiger Miene:
»Der siebente Himmel wird frisch tapeziert!«

Ihr streut euch Zucker über die Schmerzen
und denkt, unter Zucker verschwänden sie.
Ihr baut schon wieder Balkons vor die Herzen
und nehmt die strampelnde Seele aufs Knie.

Die Spezies Mensch ging aus dem Leime
und mit ihr Haus und Staat und Welt.
Ihr wünscht, daß ich's hübsch zusammenreime,
und denkt, daß es dann zusammenhält?

Ich will nicht mehr schwindeln. Ich werde nicht schwindeln.
Die Zeit ist schwarz, ich mach euch nichts weis.
Es gibt genug Lieferanten von Windeln.
Und manche liefern zum Selbstkostenpreis.

Habt Sonne in sämtlichen Körperteilen,
und wickelt die Sorgen in Seidenpapier!
Doch tut es rasch. Ihr müßt euch beeilen.
Sonst werden die Sorgen größer als ihr.

Die Zeit liegt im Sterben. Bald wird sie begraben.
Im Osten zimmern sie schon den Sarg.
Ihr möchtet gern euren Spaß dran haben? …
Ein Friedhof ist kein Lunapark.

KÄSTNERS Gedicht zielt auf ein Publikum, das offenbar vom Lyriker **das Positive** erwartet, als ein **dem Guten und Schönen** verpflichtetes Weltbild. Jenseits des anonymen Marktes (**immer wieder schickt ihr mir Briefe**), so die Fiktion der ersten Strophe, wendet sich nun der Lyriker ans Publikum, um seine satirische Zeitdichtung zu legitimieren, und zwar in fingierter mündlicher Rede und fast im moralisierenden Predigertone – bis hin zur leitmotivischen Anapher **Ihr**, die das Verhältnis zwischen Autor und Leserschaft hierarchisiert. Der hier spricht, daran soll von Anfang an kein Zweifel bestehen, weiß nicht nur um die Beschaffenheit der Zeit, sondern vermag auch über sie in pointierter Rhetorik souverän zu verfügen. Die moralisierende Einrede strukturiert das Gedicht zur (im Schiller'schen Sinne) ›strafenden‹ Satire. Dazu passt der Parallelismus der syntaktischen Konstruktionen (**Ihr braucht, Ihr streut, Ihr wünscht, Ihr müßt, Ihr möchtet**), die wie Predigtteile wirken, und die Einprägsamkeit schlichter Kreuzreimkombinationen (**schreibt – bleibt; Schmerzen – Herzen; Welt – [...]hält; Sarg – [P]ark**). Das Motto der Strafpredigt ist in der einleitenden ersten Strophe und im Titel formuliert: »Und wo bleibt das Positive, Herr Kästner?« Die folgenden vier Strophen bieten Antworten, die auf die rhetorische Frage zulaufen: **Ihr wünscht, daß ich's hübsch zusammenreime,/ und denkt daß es dann zusammenhält?** Auf diese Frage folgt in der fünften Strophe ein programmatisches Selbstbild des Satirikers, dem sich gleichsam als Schlusskonklusion zwei Strophen anschließen, welche die Position des Sprechers noch einmal verdeutlichen, in der sechsten Strophe als zynisch-ironische Drohung und in der siebten als apokalyptische Todesvision.

Die einprägsame rhetorische Form des Gedichts mit seinen überwiegend parataktischen, kurzen Sätzen unterstützen Metrum und Rhythmus gleichermaßen. Die Verse, im Grundschema vierhebige Jamben (**Ein Friedhof ist kein Lunapark**), folgen nur bedingt dem streng alternierenden Wechsel betonter und unbetonter Silben. Monotonie wird vermieden, statt dessen erhält jeder Vers seinen eigenen eigentümlichen Rhythmus und seine Rolle innerhalb des Textganzen. Zu den rhetorischen Effekten gehört auch die eingängige Bildlichkeit, die sich bestimmten Themenfeldern zuordnen lässt. So ist von Täuschung und Illusion die Rede (**Vaseline aufs trockene Brot, Zucker über die Schmerzen, Der siebente Himmel.**), von Werten, die nicht den Alltag und die Wirklichkeit bestimmen (**räumt ihr dem Guten und Schönen/ den leeren Platz überm Sofa ein**) und nicht zuletzt vom Zusammenbruch, dargestellt im Bild von der **Spezies Mensch**, die **aus dem Leime** gegangen sei, wie die gesamte Ordnung (**Haus und Staat und Welt**). Im Wortspiel **Die Zeit ist schwarz, ich mach euch nichts weis** bezieht KÄSTNER das Zeit- und Dichterbild aufeinander. Der Dichter als Schwarzmaler nimmt seine Legitimation aus seinem Urteil über die Zeit, zugleich aber auch aus einer Selbstverpflichtung zur Wahrheit, die emphatisch auf die Formel gebracht wird: **Ich will nicht schwindeln. Ich werde nicht schwindeln.** Die Komplexität des Zeitbildes wird noch einmal in der letzten Strophe sichtbar: **Die Zeit liegt im Sterben. Bald wird sie begraben./ Im Osten zimmern sie schon den Sarg.** Die Personifikation der Zeit hat eine doppelte Funktion. Einerseits wird das Bewusstsein einer epochalen Zäsur deutlich – für 1930 erfasst der Autor damit präzise die Stimmung der Großen Depression –, andererseits die Erwartung eines Zusammenbruchs, der in Verbindung gebracht wird mit dem Osten, also mit dem sowjetischen System, das für die einen den Abbruch einer neuen Zeit und für die anderen das Gespenst des Kommunismus bedeutete. Die Perspektive des Gedichts jedoch nimmt die politische Dimension des apokalyptischen Motivs nur als Bildelement abschließender moralischer Kritik: **Ihr möchtet gern euren Spaß dran haben? .../ Ein Friedhof ist kein Lunapark.**

Die Prägnanz, mit der KÄSTNER die illusionistische Seite des Zeitbewusstseins, Sentimentalitäten und Sehnsüchte geißelt (**Ihr baut schon wieder Balkons vor die Herzen; wickelt die Sorgen in Seidenpapier**), hängt nicht zuletzt mit der verblüffenden Nähe des Dichters zur kritisierten Gesellschaft zusammen. Diese hat nicht verstanden, dass das Zeitbild des Dichters, sein Verständnis des Menschen als einer **aus dem Leime** gegangenen **Spezies** und seine Auffassung von der Gegenwart als einer von Krisen und drohenden Zusammenbrüchen geprägten Unordnung im Kern nichts anderem als dem Glauben an das **Positive** entspringt. Nicht dass es das **Gut**[e] **und Schön**[e] nicht gibt, sondern dass diese Werte wie ein Kitschbild ihren Platz über dem kleinbürgerlichen Sofa finden, also nicht die Alltagsmoral bestimmen, dagegen wendet sich das Gedicht. Es ist einzig der Dichter, der **das Positive** noch verbürgen kann; vom **Positiven** her leitet er überhaupt seine Rechtfertigung ab zu sprechen.

Die Nähe zwischen Publikum und Dichter ist schließlich auch im Bild von der **strampelnde**[n] **Seele** aufgehoben, die **aufs Knie** genommen wird. Zwar hat KÄSTNER es im Vers **und nehmt die strampelnde Seele aufs Knie** kritisch gegen ein von Illusion und Schönfärberei bestimmtes Publikum gewendet. Zugleich aber ist die **strampelnde Seele** auch eine im Vers freilich nur angedeutete Metapher für das empfindende, sich mit der eigenen Zeit nicht abfindende Ich. In seiner **prosaischen Zwischenbemerkung** hatte KÄSTNER die sentimentale Seite dieses Ichs, das noch auszusprechen weiß, was es im Innern bewegt, vehement verteidigt – gegen moderne Gedichtpoetiken: **Es gibt wieder Verse, bei denen auch der literarisch unverdorbene Mensch Herzklopfen kriegt oder froh in die leere Stube lächelt.** [...] **Daß jemand ausspricht, was ihn bewegt und bedrückt – und andere mit ihm – ist nützlich. Wem das zu einfach ist, der mag es sich von den Psychoanalytikern erklären lassen. Wahr bleibt es trotzdem.**[188] Die Perspektive des poetologischen Gedichts »Und wo bleibt das Positive, Herr Kästner?« zielt im Bild von der **strampelnde**[n] **Seele** auf jenes **Herzklopfen**, auf authentische Aussprache dessen, was **bewegt und bedrückt**. Hinter der rhetorischen Form des Gedichts, das seinen Sprecher zur unbestechlichen moralischen Instanz erhebt – zum Strafprediger, der pathetisch verkündigt, die Zukunft sei ein **Friedhof** und **kein Lunapark** –, wird ein sich nach Harmonie und Positivität sehnendes Ich sichtbar, eine gegen die Zeit

strampelnde Seele, die sich **Haus und Staat und Welt** zwar nicht zusammenleimen und -reimen möchte, wohl aber vom geordneten Zusammenhang der Dinge noch eine Vorstellung hat.

In KÄSTNERS satirischem Ideal war, auch wenn es im Gedicht nur ex negativo erscheint, der Wunsch nach dem **Positive[n]** als Wunsch nach einer anderen **Spezies Mensch** und einer anderen als der **im Sterben** liegenden Zeit aufgehoben. Dem Dichter, der sich als Einziger der moralischen Maxime **Ich will nicht schwindeln. Ich werde nicht schwindeln** verpflichtet fühlt, kam die Autorität zu, in seiner vehementen Zeitkritik das **Positive** zu bewahren. Die Poetik der **strampelnde[n] Seele** renovierte den Authentizitätsanspruch einer verdeckt sentimentalen Gefühlspoesie, die sich nach außen hin ebenso skeptisch wie zeitgemäß-modern gab, in ihrer Konsequenz jedoch auf vormoderne Traditionen verwies. Für scharfsichtige zeitgenössische KÄSTNER-Kritiker wie Walter Benjamin bot daher gerade der Anspruch auf authentische lyrische Gefühlssprache eine Angriffsfläche:

> **Was blieb, sind die leeren Stellen, wo in verstaubten Sammetherzen die Gefühle – Natur und Liebe, Enthusiasmus und Menschlichkeit – einmal gelegen haben. Nun liebkost man geistesabwesend die Hohlform. An diesen angeblichen Schablonen glaubt eine neunmalweise Ironie viel mehr als an den Dingen selbst zu haben, treibt großen Aufwand mit ihrer Armut und macht sich aus der gähnenden Leere ein Fest.**[189]

Das Gedicht »Und wo bleibt das Positive, Herr Kästner?« zeigt indes nicht allein einen Melancholie-Virtuosen, der **Gefühle** nur als **Hohlform** für rhetorisch ausgefeilte Verstechniken aktiviert, sondern auch den Dichter, der sentimentalisch über den Verlust des **Positive[n]** reflektiert. Es war der Dichter selbst, der sich die Frage **Und wo bleibt das Positive, Herr Kästner?** stellte und der wusste, dass die Antwort **Ja, weiß der Teufel, wo das bleibt** der rhetorische Effekt des Satirikers, nicht aber dessen letztes Wort sein konnte.

5 Lyrik ›in finsteren Zeiten‹. 1930–1945

5.1 Paradigmenwechsel in der Lyrik um 1930

Schon durch die Lyrik der 20er-Jahre ging ein scharfer Riss zwischen euphorischen Bekenntnissen zur Moderne und einer zunehmenden Abkehr von ihr, ein Riss, der wie im Falle Kästners sogar innerhalb eines Werks spürbar war. 1930 schrieb Willy Haas, Literaturkritiker und Herausgeber der einflussreichen ***Literarischen Welt*** in einem mit *Restauration*[190] überschriebenen Essay: **Man spricht überall in Literatenkreisen von der kulturellen und literarischen Reaktion in der letzten Saison. Die radikale Berliner Literatur fühlt den Boden unter den Füßen schwinden. [...] Die Symptome des Verfalls liegen in der verfallenen Sache selbst.** Haas spürte die Atmosphäre einer literarischen ›Restauration‹, die einen fundamentalen Bruch mit der bereits eine eigene Tradition stiftenden literarischen Moderne bedeutete. Noch bevor für das Theater und den Roman entsprechende Programme den Bruch dokumentierten, wurde er bereits von Lyrikern einer neuen Generation beschworen. Die Abgrenzung von der Welt der technischen Moderne wurde zum Symbol für die poetologische Antithese zum modernen Großstadt- und Zeitgedicht. Der 1905 geborene Schriftsteller Martin Raschke fasste die neue Position im »Vorspruch« der Zeitschrift *Die Kolonne* 1929 manifestartig zusammen:[191]

> Die Zeit ist nichts, das vor den Fenstern der Geistigen sich abspielt, Flieger, Telegraph und Gewerkschaft, wie Literaten uns verschiedentlich glauben machen wollten [...]. Allein der Angst, den Anschluß an eine Wirklichkeit zu verlieren, die aus sich einer globalen Zukunft zuzustreben scheint, ist das Entstehen einer Sachlichkeit zuzuschreiben, die den Dichter zum Reporter erniedrigte und die Umgebung des proletarischen Menschen als Gefühlsstandard modernen Dichtens propagierte. Und es fanden sich genügend Stimmen, die überall das Dichten als leicht erlernbaren Beruf ausschrieen, spottend über Intuition und Gnade, obwohl nie jemand angenommen hatte, dass es ihnen sonderlich Mühe gewesen wäre, ihr Herz auf Taille zu bügeln. Aber noch immer leben wir von Acker und Meer, und die Himmel, sie reichen auch über die Stadt. Noch immer lebt ein großer Teil der Menschheit in ländlichen Verhältnissen, und es entspringt nicht müßiger Traditionsfreude, wenn ihm Regen und Kälte wichtiger sind als ein Dynamo, der nie das Korn reifte.

Die Opposition von moderner Wirklichkeit und literarischer Sachlichkeit auf der einen sowie Natur, Landschaft und wahrer dichterischer **Intuition** auf der anderen Seite deutete die Richtung an, welche die Lyrik seit 1930 nehmen sollte. Die lyrische Moderne hatte um 1890 einen epochalen Schnitt zur Tradition des 19. Jahrhunderts vollzogen. Von 1890 bis in die 20er-Jahre hatte sich die Lyrik in immer neuen Veränderungen und Verzweigungen gründlich erneuert und war zu einer der bedeutendsten literarischen Gattungen der Moderne aufgestiegen. Es gab in diesem Zeitraum nicht nur Hunderte von Dichtern, sondern auch einen literarischen Markt und ein lyrikbegeistertes Publikum. Nach mehr als dreißig Jahren aber hatte sich der lyrische Moderne-Impuls abgenutzt. Die einsetzenden Veränderungen waren so vielschichtig und in ihren Konsequenzen so einschneidend, dass sie rückblickend den Charakter einer literarischen Zäsur hatten. Spätestens 1930 war diese Zäsur allenthalben sichtbar, und zwar noch vor dem politischen Sieg des Hitler-Faschismus im Januar 1933. Vor allem in der neuen Generation, bei den zwischen 1900 und 1907/08 Geborenen, bahnte sich auf breiter Front eine Rückkehr zur vormodernen Lyrik-Tradition an.

Der Paradigmenwechsel erfasste auch Lyriker, die Jahre früher zur literarischen Avantgarde gehörten. Hugo Balls Wende zum Katholizismus war der Ausdruck einer weltanschaulichen Zäsur, die zur Verbindlichkeit und Autorität christlicher Heilslehre führte, während beispielsweise Johannes R. Becher als kommunistischer Schriftsteller radikal mit seiner expressionistischen Vergangenheit brach und sich, je mehr der sozialistische Realismus zur Literaturdoktrin wurde, traditioneller lyrischer Konventionen bediente, und zwar schon in den Gedichtbänden *Die hungrige Stadt* (1927) *Graue Kolonnen* (1930) und *Der Mann, der in der Reihe geht* (1932). Die Vorliebe traditionalistischer Lyriker für Weltanschauungsprogramme war eine Reaktion auf die politisch-gesellschaftliche und kulturelle Legitimationskrise am Ende der 20er-Jahre. Der Rekurs auf Bewährtes verhieß Befreiung aus der Unverbindlichkeit und bei den meisten Lyrikern, wenn sie nicht dem Becher'schen Beispiel folgten und sich an materialistischen Positionen orientierten, auch aus der verwirrenden Dynamik der Moderne. Wie eine poetische Negation der eigenen Zeiterfahrung, deren rasches Tempo als krisenhafte Bedrohung empfunden wurde, erschien die in vielen Gedichten beschworene kosmische Ordnung mit ihren der Zeit abgewandten Rhythmen und Ewigkeitswerten. **Die Lebenshaltung des lyrischen Menschen in seinem Streben, den in sich erfühlten Abgrund zu überwinden und durch die rhythmische Zucht zur Harmonie zu gelangen, ist eine heroische Lebenshaltung**, hieß es schon 1927 in einem Nachruf auf Rilke.[192] Die Kulturkrise um 1930 war ein Kampf um Leitbegriffe und Schlagwörter, die strikt antithetisch verwendet wurden. Der **Harmonie** stand moderne Zerrissenheit entgegen, der **heroische[n] Lebenshaltung** sachlich-nüchterner Pragmatismus, dem **lyrischen Menschen** der seiner mechanischen Künstlichkeit verfallene technische Mensch, dem schöpferischen Chaos die **Zucht** und dem warmen, erfühlten **Streben** des Dichters das kalkulierte Formexperiment. Die Attraktivität der Natur, einer dem Menschen überlegenen Grundmacht, als Gegenraum zur krisenerschütterten Gesellschaft und bei einer Reihe von Dichtern auch die entschlossene Hinwendung zur christlichen Dichtung als Option für die ›ewige Ordnung‹ waren Indikatoren für ein radikal verändertes Selbstverständnis von Lyrikern.

Die Reaktion auf die Kulturkrise illustriert jenes *Unbehagen in der Kultur*, das Freud 1929 in seiner gleichnamigen Abhandlung analysierte. Er hatte beobachtet, wie sich die **Behauptung verbreitete, einen großen Teil an unserem Elend trage unsere sogenannte Kultur,**[193] also die von Technik, Fortschrittsglauben und Naturbeherrschung bestimmte Gegenwart. Er kam zu dem Ergebnis, **daß der Preis für den Kulturfortschritt in der Glückseinbuße durch die Erhöhung des Schuldgefühls bezahlt**[194] werde und dass **die Werturteile der Menschen unbedingt von ihren Glückswünschen geleitet werden, also ein Versuch** seien, **ihre Illusionen mit Argumenten zu stützen.**[195] Die Manifeste zum lyrischen Paradigmenwechsel um 1930 bestätigten in ihrer Polemik gegen die moderne Kultur der Weimarer Republik Freuds Diagnose zur Kulturkritik, und auch für den **Glückwünschen** geleiteten Versuch, die eigenen **Illusionen mit Argumenten zu stützen**, ließen sich zahlreiche Belege finden. Werner Bergengruen hat sich 1932 in einer Rede der neuen Semantik des Traditionalismus bedient und das in die Zukunft weisende Dichterbild umrissen: **Jahreszeiten und Weltalter, menschliche Lebensläufe und Völkerschicksale sind dem Dichter Unterpfänder und Widerspiegler ewiger Ordnungen. An diesen ist alles gelegen. Nur unter ihrem Aspekt vermag ich den Beruf des Dichters zu begreifen, […] als den eines Offenbarmachers dieser ewigen Ordnungen.**[196] Naturlyrik, Jahreskreis- und Tageszeitengedicht, Geschichtsdichtung, auf menschliche Schicksale, Gemeinschaft und völkisch-vaterländische Stoffe rekurrierende Poesie, und zwar aus Perspektive **ewiger Ordnungen**, die der Dichter verbürgt, weil ihm das Amt **eines Offenbarmachers dieser ewigen Ordnungen** zukomme: Bergengruens Rede umriss mit verblüffender Präzision sowohl die Thematik traditionalistischer Dichtung wie das Selbstverständnis ihrer Protagonisten.

Auch ein vielfältiges Engagement für die Weimarer Klassiker gehörte selbstverständlich zu den vornehmsten Aufgaben der Lyriker, wie das Beispiel Hans Carossas zeigt. Er nahm im März 1932 in Weimar an den Goethefeiern zum 100. Todestag teil, reiste im Juni 1933 wiederum nach Weimar zur Tagung der Goethe-Gesellschaft, war im November des Jahres, auf Goethes Spuren wandelnd, in Rom, hielt 1935 in der Hauptstadt des faschistischen Italien Vorlesungen, sprach 1936 in der Magdeburger Goethe-Gesellschaft **Worte über Goethe**, die später zur Rede *WIRKUNGEN GOETHES IN DER GEGENWART* weiter ausgeführt wurden, und erhielt 1938 den Goethe-Preis der Stadt Frankfurt.[197]

5.2 Wiederentdeckung des Naturgedichts

Am 26. Juni 1930 veröffentlichte HERMANN HESSE im ***Berliner Tageblatt*** einen ›Offenen Brief‹ mit dem Titel *AN EINEN JUNGEN DICHTER*:[198]

> **Warum denn wollen Sie Dichter werden? Wenn es aus Ehrgeiz und Ruhmsucht geschieht, dann haben Sie Ihr Feld schlecht gewählt: der Deutsche von heute macht sich aus Dichtern nicht übermäßig viel und kommt auch ohne sie aus. [...] Aber vielleicht haben Sie das Ideal, ein Dichter zu werden, darum in sich groß werden lassen, weil Sie unter einem Dichter einen original gebliebenen, im Herzen reinen, empfänglichen und frommen Menschen verstehen, einen Mann mit zarten Sinnen und geläutertem Gefühlsleben, einen Menschen, der Ehrfurcht hat und der ein beseeltes, irgendwie geadeltes Leben zu führen sich sehnt. Vielleicht sehen Sie im Dichter den Gegenpol zum Geldmenschen, zum Gewaltmenschen. [...] Wenn es so ist, dann sind Sie mit Ihren Versen allerdings auf dem richtigen Weg. Dann aber ist es auch ganz einerlei, ob mit der Zeit aus Ihnen ein Dichter wird oder nicht.**

HESSE hatte so viele Anfragen und Bitten unbekannter, junger Autoren um Kommentare zu deren Gedichten erhalten, dass er sich zu diesem Medienschritt wohl genötigt fühlte. Sie wandten sich an einen Dichter, der in seiner seit über dreißig Jahren geschriebenen Lyrik keineswegs die Moderne forciert hatte, sondern ihr eher skeptisch gegenüberstand. In seinem ›Offenen Brief‹ entwarf der Schriftsteller ein Dichterbild, das bereits im Fundament eine vormoderne Struktur erkennen lässt. Um den Herztopos zentriert HESSE den **reinen, empfänglichen und frommen Menschen**, einen Typus, dessen Poesie **zarten Sinnen und geläutertem Gefühlsleben** entspringen solle. Die Idealisierung des Dichters erfolgt auf dem Hintergrund einer sentimentalen Romantisierung der gesellschaftlichen Oppositionsrolle: Wer Verse schreibt, steht im Gegensatz zum **Geldmenschen** und **Gewaltmenschen** der Zeit, hängt hehren Idealen an und weiß sich aus der Aktualität der Zeit herauszuhalten. HESSES Stilisierung des Lyrikers ging so weit, dass er die **Merkmale des echten Dichters** als **Merkmale des echten Menschen schlechthin** definierte, eines **nicht versklavten, nicht mechanisierten Menschen**.[199] Und noch eine weitere Eigenschaft forderte HESSE vom Dichter, **Ehrfurcht vor der Natur**.[200] Mit diesem Stichwort hatte auch HESSE eine poetologische Perspektive angedeutet, die auf den Gegensatz von Gesellschaft und Natur zielte. Im Gedicht »Höhe des Sommers«[201] verbindet er Bilder der Sehnsucht und Vollendung mit Motiven der Ernte, der

Erfüllung und des Sterbens im Vorschein einer allumfassenden Harmonie, die aus dem Bewusstsein des organischen Naturkreislaufs Trost und Zuversicht vermittelt. Der Vers **Entreiß dich, Seele, nun der Zeit** liest sich wie ein poetologisches Motto:

Das Blau der Ferne klärt sich schon
Vergeistigt und gelichtet
Zu jenem Süßen Zauberton,
Den nur September dichtet.

Der reife Sommer über Nacht
Will sich zum Feste färben,
Da alles sich in Vollendung lacht
Und willig ist zu sterben.

Entreiß dich, Seele, nun der Zeit,
Entreiß dich deinen Sorgen
Und mache dich zum Flug bereit
In den ersehnten Morgen.

Das Jahreszeitenthema wird in einer romantisierenden Sprache entfaltet. Der Traditionsverweis erfolgt nicht als verdeckte Anspielung, sondern in überdeutlicher Pointierung: Motive wie romantisches **Blau** und romantische **Ferne**, die Rede vom **Süßen Zauberton** und schließlich das auf Eichendorffs »Mondnacht« rekurrierende Motiv der sich zum Fluge erhebenden Seele zeigen Tradition als einen festen Bestand, über den der Dichter der 30er- und 40er-Jahre als sicheren poetischen Fundus verfügt – in einer Zeit, die in ihrem verunsichernden Chaos keinen verlässlichen Halt mehr bietet. HESSES Gedichtsprache setzt auf den Wiedererkennungseffekt beim Publikum, das in den Romantizismen eigene Assoziationspotenziale – Erinnerungen an romantische Gedichte und romantischen Sprachduktus – entfalten kann und sich auf diese Weise durch die sanfte Melancholie des Septembergedichts angesprochen fühlt. Die Metaphernkonstruktionen sind konventionell und eingängig; das poetische Dekor aus Alliterationen und Anaphern und die metrischen Muster aus vier- und dreihebigen Jamben sind Paradigmen eines zwar gehobenen und feierlich gestimmten, aber nachvollziehbaren, auf Verständlichkeit und Verständigung gerichteten Sprechens. Die einfache poetische Technik verfängt ein zeitgenössisches Publikum schon deshalb, weil dieses in den 30er- und 40er-Jahren im deutschsprachigen Raum kaum noch etwas von Sprachskepsis und Experiment wissen will.

Anders als HESSE, der seit der Jahrhundertwende die Natur als Gefühls- und Stimmungsmetapher verstand, konzentrierte sich um 1930 eine neue Generation von Naturlyrikern auf die Beobachtung der Natur selbst, ohne sie zu romantisieren. Der Naturkreislauf und der natürliche Rhythmus wurden als Widerpart zu den Maschinenrhythmen des mechanisierten, modernen Zeitalters empfunden. Zugleich richtete sich die neue Position mit ihrer Perspektive auf Details, Unbedeutenheiten und Abseitigkeiten auch gegen Großstadt- und Gebrauchslyrik. Natur wurde zum Universalparadigma für den Gegensatz zur Moderne, zu Zivilisation und Technik. Das Naturgedicht ersetzte das Großstadtgedicht, der Naturlyriker den Großstadtdichter.

Symbolisch verbanden sich der epochale Wechsel und der Aufstieg der Naturlyrik mit dem Namen einer Zeitschrift, die zwar nur drei Jahre existierte, aber zwischen 1929 und 1932 die neue Entwicklung maßgeblich forcierte, der von Raschke herausgegebenen ***Kolonne***. Die meisten ihrer Beiträger gehörten zur jungen Generation der zwischen 1900 und 1910 geborenen Schriftsteller und wurden erst nach 1945 einem größeren Publikum bekannt. Für die ***Kolonne*** schrieben Peter Huchel, Günter Eich, Horst Lange, Oda Schaefer, Martha Saalfeld und Guido Zernatto. Raschke setzte sich sogleich von der Poetik der aktuellen Gebrauchs- und Zeitungslyrik ab. Selbstbewusst bezog er Stellung gegen die technologische Modernisierung und moderne Poesie. Euphorische Begeisterung für Fortschritt und Dynamik durchkreuzte Raschke mit einer Art ästhetischen Verlangsamungsstrategie: **Wer nur einmal mit der Zeitlupe sich entfaltende Blumen sehen durfte, wird hinfort unterlassen, Wunder und Sachlichkeit deutlich gegeneinander abzugrenzen.**[202] Trotz ungünstigster literarischer Produktions- und Marktbedingungen, unter den Bedingungen der Weltwirtschaftskrise und fast völlig unbemerkt vom Feuilleton, hatte sich die neue Entwicklung innerhalb kürzester Zeit vor allem unter den jüngeren Autoren durchgesetzt. Bereits 1931 überschrieb Raschke einen Überblick über literarische Neuerscheinungen mit dem programmatischen Titel *Man trägt wieder Erde*.[203] Von nun an sollte fast drei Jahrzehnte lang das Genre des Naturgedichts die Geschichte deutschsprachiger Lyrik bestimmen.[204] Und auch das Publikum fand sich allmählich ein, das, je turbulenter die bedrückenden politischen Zeitverhältnisse wurden, zunehmendes Interesse an Naturlyrik fand: als Bastion des Rückzugs in die Innere Emigration.

Neben den ***Kolonne***-Dichtern kam den Werken von Oskar Loerke und Wilhelm Lehmann eine besondere Funktion zu. Sie wirkten wie Katalysatoren für immer neue mythische, mystische und naturmagische Positionen. Auch eine Reihe von Lyrikerinnen gehörten zum Zentrum der sich entfaltenden Naturdichtung, Elisabeth Langgässer, Oda Schaefer und Martha Saalfeld. Zu den Protagonisten des Genres gehörten auch Georg von der Vring und Albin Zollinger. Loerke hatte schon in den 20er-Jahren in Gedichtbänden wie *Die heimliche Stadt* und *Atem der Erde* Naturgedichte veröffentlicht. Gemeinsam war allen Naturlyrikern das Bestreben, Garten und Landschaft, und zwar die noch so unbedeutend erscheinenden Details, als unbekannte Schrift der Natur zu studieren, deren fremdartige Spuren und Zeichen aufzuspüren und sich vom magischen Bann der Naturschrift bezaubern zu lassen. Auch für Lehmann war der Naturraum ein hermetischer Bezirk, der sich gegen die Welt der Metropolen und Zivilisationen abgrenzte, sich vor dem oberflächlichen, flüchtigen Blick der modernen Menschen verbarg und zugleich eine kleine Gegenwelt voller Magie und Mythos entfalten konnte. Lehmanns Gedicht »Mond im Januar« ist dafür ein Beispiel:[205]

Ich spreche Mond. Da schwebt er,
Glänzt über dem Krähennest.
Einsame Pfütze schaudert
Und hält ihn fest.

Der Wasserhahnenfuß erstarrt,
Der Teich friert zu.
Auf eisiger Vitrine
Gleitet mein Schuh.

Von Bretterwand blitzt Schneckenspur.
Die Sterblichen schlafen schon –
Diana öffnet ihren Schoß
Endymion.

Solche Gedichte waren Programmgedichte. Sie illustrierten eine Poetik, welche den Dichter zu einem berufenen Spuren- und Zeichendeuter der Universalchiffre Natur erhoben und seine Position jenseits aktueller gesellschaftlicher und politischer Zeithorizonte bestimmt. In dem Maße allerdings, in dem seit 1933 die öffentliche Propaganda in Deutschland die Größe und Einzigartigkeit der Zeit feierte, erhielt das Naturgenre eine widerständige Funktion: Es blieb beharrlich auf **Krähennest, Wasserhahnfuß** und **Schneckenspur** fixiert und erwies sich als resistent gegen politische Instrumentalisierungen und Vereinnahmungsversuche: *Antwort des Schweigens* hieß Lehmanns erster, 1935 erschienener Gedichtband.

5.3 Konjunktur der Sonettdichtung

Unter deutschsprachigen Lyrikern zwischen 1930 und 1945 war die Sonettdichtung besonders beliebt. Die traditionelle Form war gleichsam das sofort erkennbare, schon äußerliche Zeichen eines Standorts auf dem festen Boden einer über die Moderne in die Geschichte zurückverweisenden Poesie. Der Traditionalismus aktiviert mit dem Sonett und selbstverständlich auch mit lyrischen Gattungen wie der Ode, der Elegie, der Kantate, dem Lied, dem Epigramm eine im Vers repräsentierte, fundamentierte Ordnung. So findet sich in zeitgenössischen Poetiken wie in Rückblicken und Erinnerungen immer wieder die ebenso knappe wie einprägsame Formel von der ›Ordnung des Sonetts‹, das in seiner Form hoch bedeutendes Sprechen wie in einer Schutzburg nach außen hin absichert und so eine Macht gegen das ›Chaos der Zeit‹ darstellt. Diese Formel bejahen Lyriker unterschiedlicher weltanschaulicher und politischer Herkunft: von Reinhold Schneider bis Johannes R. Becher. Ziolkowski interpretiert die Wahl des Sonetts als bewusste Entscheidung für eine **historisch verwurzelt[e] Gattung: Der Dichter ist sich in jedem Augenblick der Tradition bewußt, in die er sich einreiht, indem er ein Sonett schreibt.**[206] In seinem Sonettzyklus *Das tiefste Leid*[207] hat Becher im Moskauer Exil eine kleine Poetologie in Versen skizziert, die nicht nur das hohe Lob des Gedicht verkündet, sondern auch eine Art Selbstporträt des Autors ist. Das Gedicht wird aus dem Zusammenhang mit den Lebensumständen entfaltet, aus dem **Leiden**, das erst im Vers gebannt wird und seinen Sinn erhält. Zum Pathos solcher Poetik gehört die Selbstverständlichkeit, mit der das eigene Leben an die Existenz des Gedichts geknüpft wird:

**Ich ruf dich an, Gedicht! Hilf du mir jetzt,
So wie du oft geholfen, hilf den Schrecken
Des Leidens mir bestehn! Wie schwerverletzt
Bin ich und kann die Wunden nicht bedecken,**

**Die offen sind, und wie im Sonnenbrand
Lieg bloß ich da. Bedarf es neuer Leiden,
Weil ich noch nicht genug an Leid bestand,
Und keine Vorsicht könnte sie vermeiden?!**

**Ist Leiden nötig, um in tiefre Schicht
Hinabzudringen, um daraus zu heben
Ein neues, mir noch ungeahntes Leben –**

**Dann will ich gern das Leid, das tiefste, tragen.
Ich ruf dich an, Gedicht! nur das Gedicht
Läßt sich befragen und wird Antwort sagen.**

Der pathetische Ton des Gedichts, der stets auch eine Form der Selbsterhebung und der Selbstanrufung einschließt, ist für die Sonettdichtung der 30er- und 40er-Jahre charakteristisch. Das eigene Schreiben wird zur Autopoiesis des eigenen Lebens. Die traditionalistische Poetik jener Jahrzehnte ist insofern ein Teil der Moderne, als sie an der Hochschätzung des Gedichts als einer essenziellen Ausdrucksform der Kunst und einer elementaren, für den Dichter durch nichts zu ersetzenden, hoch bedeutsamen Selbstentäußerung festhält. Das Rilke'sche Vorbild – vor allem seine *Sonette an Orpheus* – wirkte in vielen Essays und Abhandlungen zur Gedichtpoetik nach. Die Hochschätzung des dichterischen Wortes und die ständige Hervorhebung der existenziellen Bedeutung, die dem Schreiben von Gedichten zukam, war keine bloße Floskel. Ein Vers wie Bechers **Dann will ich gern das Leid, das tiefste, tragen** lässt sich in vielen Variationen auch bei anderen Lyrikern und Sonettdichtern finden. Bechers feierlich-deklamatorische Anrufung des Gedichts erinnert an eine Gebetsformel und verweist auf den Anteil religiöser Metaphorik im Sprechen über Gedichte und Gedichtpoetiken. Dabei werden gelegentlich sogar Fragen der Metrik, der Prosodie und des Reims, traditionell eher trockener Poetik-Stoff, in religiösem Bildrahmen erörtert. So heißt es in Werfels Sonett »Der Reim«: **Der Reim ist heilig. Denn durch ihn erfahren / Wir tiefe Zwieheit, die sich will entsprechen.**[208] In seinem Sonett »Kunst und Wahrheit«[209] hat Reinhold Schneider die Trias Licht – Wort – Wahrheit als gleichsam religiöse Essenz der Kunst hervorgehoben: **So breitet sich die Macht gesandten Lichtes/ In Bildern aus, das Wort wird sie ergreifen,/ Wenn Wort und Wahrheit tief im Leben gründen.**[210]

Nicht Gefühlsausbrüche und emotionale Stimmungen wollte sich der Dichter von der Seele schreiben, sondern in der festen, traditionsbestimmten Form einen Ausdruck finden, der über das Individuelle und Zufällige auf etwas Bleibendes und Gültiges zielte. Daher lag es nahe, die Sprache des Sonetts an das Repertoire tradierter Literatursprache anzupassen, Modernismen zu vermeiden und dort, wo aktuelle Bezüge und zeitgeschichtliche Anspielungen erfolgen, in die verdeckte Metaphorik auszuweichen. Auch Historisierungen boten Auswege. Becher beispielsweise schrieb Gedichte über berühmte Künstler und Dichter, Schneider über Heilige und Päpste. In seinem Sonett »Goethes Tod«[211] hat Becher geradezu eine Apotheose idealisierter Schreib-Fantasien verfasst, die Vision vom Schreiben noch im Tode: **Ein wenig tiefer sinkt die Hand, die schreibt,/ Dringt in die Luft, daß, ewig sichtbar bleibend,// Die Schrift dasteht, und unterstreicht, zum Zeichen,// Daß dieser Satz vor allem wirksam bleibt …// Er starb. Die Hand schreibt noch … So starb er, schreibend.**

Etwas verhaltener, aber mit demselben Pathos entwickelte auch Reinhold Schneider eine Schreibpoetik des Wortes, das Dichter- und Heilswort sein sollte:[212]

**Du gabst das Wort, wer mag es noch verwalten,
Mit Schwertesschärfe Licht von Trug zu trennen
Und gleich den großen Sprechern zu entbrennen,
Die einst der Menschen Seelen rein gehalten?**

**Doch wird der Geist nur durch das Wort gestalten,
Die Ordnung gründend, die es darf benennen,
Das Böse zeichnend, daß es Alle kennen,
Und die befrieden, die der Haß gespalten.**

Die Diktion ist prätentiös und rhetorisch zugleich. Und sie hat, wie bei Becher und Sonettdichtern wie Wolf von Niebelschütz, Fritz Dietrich, Rudolf Hagelstange und Albrecht Haushofer, einen Hang zum Sentenziösen. Botschaften wie **Es stirbt das Volk hin, das sein Wort verwirkt**[213] haben einen moralisierenden und lehrhaften Unterton, der sich aus dem Dichteramt ergibt, der Vorstellung vom Dichter als herausgehobenen, erwählten Sprecher. So monologisch die Gedichte auch wirken, sie hatten zumindest im Falle von Schneider ihr eigenes Publikum. Während des Faschismus wurden Sonette, die der Dichter nicht veröffentlichen konnte, per Maschinenabschrift heimlich weitergegeben, gelesen als eine Art Untergrundliteratur, die sich der traditionsreichsten und strengsten aller Gedichtgattungen bediente. Die überlegene Strenge des Sonetts erhielt den Anspruch einer literarischen Gegenmacht, welche die faschistische Phrase und Lüge in der literarisch tradierten Gegensprache der Dichtung aufdeckte.

Die existenzielle Bedeutung, die dem Wort des Sonettdichters zukommen sollte, war auch und gerade in Gedichten zu spüren, die unter extremen Bedingungen der Verfolgung, der Haft, der Todeszellen und des Konzentrations- und Vernichtungslagers geschrieben wurden. **Ich suche Trost im Wort**, heißt es bei Theodor Kramer.[214] Im »Sonett von Theresienstadt« hatte Kurt Kapper 1943 die Sprache des Sonetts als den einzig verbliebenen Gegenraum abgesteckt, der Erinnerungen, Schrecken und letzte Hoffnungsspuren anvertraut wurden. War die Situationsbestimmung im ersten Quartett noch eine trostlose Zustandsbeschreibung (**Zusammenhanglos, ohne Kraft und Sinn,/ Als hätte Puppen man aus uns gemacht**), schloss das Sonett mit einer in poetischen Erinnerungschiffren entfalteten Perspektive:

Hineingestellt in großes Weltgeschehn,
Trägt uns der Nachen, unbekannt wohin.
Kaltblaue Sterne, die herniedersehn

Und über unsern irren Wegen ziehn
Verklären uns in tröstendem Verstehn
Und kreisen segnend über uns dahin.

Die Trostfunktion dieses poetischen Selbstgesprächs ist unübersehbar. Sie entwickelt sich aber nicht aus illusionärer Verklärungssehnsucht, sondern verliert den Blick für die Gegenwart nicht aus den Augen. **Kaltblaue Sterne** sind es, die über den **irren Wegen** erscheinen, sodass an **tröstendem Verstehn** diejenigen unten im **Nachen** keinen Anteil haben.

5.4 Raunen im klassizistischen Ton? Lyriker im Faschismus

Auf viele im faschistischen Deutschland Gedichte schreibenden Lyrikerinnen und Lyriker übte auch nach 1933 ein im lyrischen Traditionalismus verbreitetes Zeitbewusstsein eine besondere Anziehungskraft aus. Wer Gedichte schrieb, konnte sich aus der verdrießlich stimmenden Welt zurückziehen in einen eng begrenzten, zugleich aber geschützten Binnenraum der Poesie. Das Lyrikpublikum in Deutschland fühlte sich, wenn es nicht von nationalsozialistischer Oden- und Sonettdichtung, neuen Marsch- und Parteiliedern berauscht war, durch diese Haltung angesprochen. Georg Britting beispielsweise bot in Gedichtbänden wie *Der irdische Tag* (1935), *Rabe, Ross und Hahn* (1939) und *Lob des Weines* (1944) Poesie für den stoischen Rückzug aus der Zeit an. Die Beharrung in der kleinen Welt war die Voraussetzung dafür, dass man weiter schreiben konnte, ohne durch politische Machtinstanzen wie die Reichsschrifttumskammer oder das politische Feuilleton nationalsozialistischer Zeitungen dramatisch gestört zu werden. In seinem poetologischen Gedicht »Das Wort«[215] hat Weinheber die Grundhaltung des Rückzugs in einer Maxime formuliert. Das Gedicht lässt sich insofern als ein Programm-Gedicht der Inneren Emigration lesen, als es die paradoxe Einheit von Sagen und Nicht-Sagen, Aussprechen und Verschweigen selbstreflexiv andeutet, also das Grunddilemma der eigenen Lyrik und Gedichtpoetik:

Sagt nicht, was bodenlos,
schrecklich und bitter besteht,
sagt das Geheimnis nicht,
nicht die Nacht, nicht den Schmerz,
kaum den Tag, und vom Tod
nur die Angst.
Sagt nicht, was mir wie dir
dauernd beschieden, sagt
nicht die Vergeblichkeit.
Sagt nicht, wie heiß, groß, schwer
hinter dem Schleier der Scham
immer Heimweh brennt,
sagt nicht die Frage, hat
Antwort keine bei sich.
Nichts wert ist das Wort,
nur für die Klage gut,
menschlich gemäß.
Denn ganz hilflos sind wir,
und die Götter sind blind.

Auch bei Weinheber zielt der Verweis auf die Klage auf eine Trostgedicht-Poesie, die mit dem Bewusstsein des Rückzugs aus der Zeit gut harmonierte. Die Trostfunktion von Lyrik erschöpft sich zuweilen in der Verkündigung eines diffusen Mitleids: **Ob denn dort oben in den Sternensphären / Kein Balsam fließt, / Der unsrer kranken Erde tausend Schwären / Allheilend schließt?**[216] Ricarda Huchs rhetorischer Frage ist nicht zu entnehmen, was denn **unsrer kranken Erde** genau fehle. Die Personifikation suggeriert ein anschauliches, expressives Bild (**tausend Schwären**); dessen Zeitbezug indes nebulös bleibt. Solche Art Lyrik wird durch den Gestus des Raunens bestimmt. Das lyrische Ich baut Erwartungen auf, ergeht sich aber in Andeutungen, die um so vager werden, je hoch tönender und klassizistischer die Rhetorik der Bilder und Periphrasen ausfällt. Im Gedicht »Mein Herz, mein Löwe«[217] ist von **Namen** die Rede, **die beflecken / Die Lippen, die sie nennen**, vom **Verbrecher** und **Lügner**, von **Grauen, blutrote[r] Schuld** und vom **Böse[n]**.

Solche Zeitlyrik verstrickte sich im hermeneutischen Zirkel. Sie rechnete auf die Wissenden, die längst herausgehört hatten, wer wohl gemeint sein könnte; aber sie sagte denen kaum etwas mehr, als was diese ohnehin wussten oder längst gespürt hatten. Der Gestus des Raunens verleitete, weil er mit pathetischen, archaisierenden und antikisierenden Bildkonstruktionen aufgeladen wurde, zur Umdeutung faschistischer Herrschaftsformen in eine Metaphysik des Bösen. Hitler wurde zum diabolischen Dämon, sein Apparat zur luziferischen Heerschar und der Krieg zum apokalyptischen Strafgericht. Die Mystifizierung des Faschismus, wie sie sich in der Lyrik der Inneren Emigration andeutet, erhielt nach dem Kriege eine eminent wichtige politische Bedeutung, weil ihre Sprachregelung, ihre Umschreibungs- und Bildformeln das Faschismusbild der konservativen Adenauerzeit prägten. Von **nachtverhangner Zeit** war die Rede; der Faschismus erschien als **Sündhafter Mächte grause Niedrigkeit.**[218]

In Huchs Gedicht »An unsere Märtyrer«, 1944 im Gedichtband *Herbstfeuer* veröffentlicht, verschwimmen die Konturen der Opfer hinter einer Kaskade feierlicher Anrufungen: **Meine Helden, geliebte, […], / Schmachvoll, gemartert, verhöhnt, von keinem Freunde getröstet. / […]/ Ach, wo seid ihr, dass wir eure Wunden mit Tränen der Reue / Waschen und eure bleichen Stirnen mit Lorbeer krönen!**[219] Opfer und Täter gleichermaßen verformt das hohe Pathos der Hexameter zu mythologischen Figuren und transformiert Zeitgeschehen von Vers zu Vers in einen antiken Tragödienstoff. Wer hat da **das Leben […] für des Volkes Freiheit und Ehre hingegeben? Wer wurde ein tragisches Opfer**? Bei Gertrud von le Fort kommt die Perspektive derer, die in Deutschland Gedichte schrieben, deutlich zum Vorschein: **Viele zogen hinweg, ich aber bleibe / Bei meines Vaterlands Gruft: zum hilflosen Hügel / Wein' ich mich nieder, dass meine zärtlichen Kniee / Den fast versunknen bezeugen.**[220] Bergengruens Gedicht

»Die Lüge«[221] ist ein Beispiel für den moralischen Standort der Faschismus-Kritik und zugleich für deren enge Grenzen. Der leitmotivische Kehrreim **und alles, alles war Lüge** spiegelt Enttäuschungen derer wider, die der Text an hochgestimmte Erwartungen erinnert. **Durch die Straßen marschierten die endlosen Fahnenzüge, / Glocken dröhnten dazu, und alles, alles war Lüge. / Dürres sollte erblühn! Sie wußten sich kein Genüge / in der Verheißung des Heils, und alles, alles war Lüge. / [...] Lüge atmeten wir.**

5.5 Gedichte schreiben als Überleben. Zeit des Exils und der Verfolgung

Auch wenn bereits am Ende der 20er-Jahre die traditionalistische Wende über weltanschauliche Grenzen hinweg eine deutliche Zäsur innerhalb der Lyrikgeschichte markierte, war politisch-gesellschaftlich wie lebensgeschichtlich der Sieg des Faschismus im Januar 1933 eine entscheidende Bruchstelle. Aus Deutschland flüchteten Becher, Brecht, Ehrenstein, Goll, Lasker-Schüler, Mehring, Schickele, Ludwig Strauss, Tucholsky, Wolfenstein und viele andere. 1938 folgten österreichische Lyriker wie Werfel; im selben Jahr emigrierte Kaléko in die USA. Der Exodus erfasste auch Lyriker der älteren Generation. So ging George 1933, nachdem er die ihm durch das NS-Regime angebotene Präsidentschaft der Preußischen Akademie für Dichtkunst abgelehnt hatte, in die Schweiz, und Karl Wolfskehl, jüdischer Freund Georges und frühes Mitglied seines Kreises, floh über die Schweiz und Italien nach Neuseeland. Die jüdische Dichterin Nelly Sachs, 1933 von der Gestapo verhaftet und verhört, konnte 1940 auf schwedische Vermittlung Deutschland unmittelbar vor der drohenden Deportation verlassen. Während des Krieges erfuhren im rumänischen Czernowitz unter dem tödlichen Druck deutscher Besatzer Rose Ausländer, Imanuel Weißglas und Paul Antschel, der unter dem Namen Paul Celan in der Nachkriegszeit zu einem der bedeutendsten Lyriker avancierte, die Schrecken der Verfolgung und erlebten die Verschleppung ihrer Familien und Freunde aus dem jüdischen Ghetto in die Vernichtungslager.

Schon die einzelnen Lebensgeschichten und Schicksale der Exilierten und Verfolgten verbietet es, ihnen eine gemeinsame poetologische Position zu unterstellen und sie wie eine Gruppe oder Sparte innerhalb der Geschichte der deutschsprachen Lyrik zu betrachten. Die Situation des Exils war eine zwar existenziell gleichermaßen bedeutsame, aber doch äußere, nicht zuletzt auch von spezifischen Umständen innerhalb der einzelnen Länder bestimmte Grundbedingung, die ideologische Differenzen, Unterschiede der lyrischen Schreibweisen und der Selbstverständnisse kaum auflöste. Auch im Exil näherten sich beispielsweise Brechts und Wolfkehls

Lyrik nicht an, so wie der auf Heine rekurrierende sprachliche Gestus der Zeitgedichte Mascha Kalékos mit den hymnisch-psalmodierenden Versen von Nelly Sachs kaum etwas gemein hatte.

Bei aller Verschiedenheit der Lebensprämissen hieß Gedichte zu schreiben unter den Bedingungen von Exil und Verfolgung, weitgehend ohne ein Publikum zu arbeiten und so die Situation des Ausgeschlossenseins existenziell und literarisch gleichermaßen zu erdulden. In Kalékos »Emigranten-Monolog«[222] heißt es:

Ich hatte einst ein schönes Vaterland –
So sang schon der Flüchtling Heine.
Das seine stand am Rheine,
Das meine auf märkischem Sand.

[...]

Mir ist zuweilen so, als ob
Das Herz in mir zerbrach.
Ich habe manchmal Heimweh.
Ich weiß nur nicht, wonach ...

Das Zeitgedicht, das den Ton Heine'scher Zeitlyrik zitiert, umreißt das Exil aus der Perspektive des Flüchtlings, der das Heimweh im Duktus skeptisch-selbstironischer Zurücknahme umreißt. Wie vielfältig lyrische Schreibweisen und Selbstverständnisse nach 1933 waren, zeigt sich an den Gedichten Kalékos, Lasker-Schülers, Nelly Sachs' und Gertrud Kolmars. Diese hatte seit 1928 Gedichte veröffentlicht und war nach 1933, anders als ihr Cousin, der Gelehrte und Schriftsteller Walter Benjamin, in Deutschland geblieben. Gertrud Kolmar war, in Berlin wohnend, Zeugin der immer stärker werdenden Repressionen und Gewalttaten gegen die jüdische Bevölkerung. 1943 wurde sie nach Theresienstadt deportiert und ermordet; erst 1947 erschien ihre Gedichtsammlung *Welten*. In einem ihrer Schlüsselgedichte, »Die Jüdin« überschrieben, hatte sie für ihre Selbstbehauptung das Bild des gewappneten Turms gewählt: **Ich bin fremd.// Weil sich die Menschen nicht zu mir wagen,/ Will ich mit Türmen gegürtet sein,/ Die steile, steingraue Mützen tragen/ In Wolken hinein.**[223] Schutzlos und verlassen dagegen zeichnete Lasker-Schüler im Gedicht »Die Verscheuchte« das Porträt einer Exilierten: **Wo soll ich hin, wenn kalt der Nordsturm brüllt?**[224] Und auf den Alltag des Antisemitismus anspielend, schrieb Sachs: **Wir sind so wund, / daß wir zu sterben glauben, / wenn die Gasse uns ein böses Wort nachwirft.**[225]

Zu den Gedichtbüchern, die Brecht im Exil schrieb, gehören die 1937 begonnenen *Svendborger Gedichte* und die erst 1955 unter dem Titel *Kriegsfibel* veröffentlichten Fotoepigramme, epigrammatische Vierzeiler, die zu einzelnen Pressefotos des Krieges geschrieben und zum Teil als Bild-Text-Montagen arrangiert wurden. Die Adaption der Montagetechnik folgt künstlerischen Verfahren, die in der zeitgenössischen Agitationskunst Künstler wie John Heartfield erprobten. In großen Panorama-Gedichten wie »An die Nachgeborenen«[226] verband Brecht politische Reflexionen mit autobiografischen, vor allem aber mit poetologischen Überlegungen zur Rolle und zum Selbstverständnis des Exilschriftstellers und der Exilliteratur. Nicht nur die Zeitkonstellationen, sondern auch die Situation der Schreibenden und Sprechenden und nicht zuletzt die Sprache selbst waren von den **finsteren Zeiten** bestimmt:

Wirklich, ich lebe in finsteren Zeiten!

[…]

Was sind das für Zeiten, wo
Ein Gespräch über Bäume fast ein Verbrechen ist
Weil es ein Schweigen über so viele Untaten einschließt!
Der dort ruhig über die Straße geht
Ist wohl nicht mehr erreichbar für seine Freunde
Die in Not sind?

Auffallend viele Gedichte Brechts im Exil thematisieren das Selbstverständnis des Dichters und den Sinn des poetischen Schreibprozesses vor dem Horizont der Situation dessen, der, weit von seinem Sprachraum entfernt, keine Aussicht auf ein Publikum und damit auf zeitgenössische Wirkung mehr hat. Die Perspektive reicht vom trotzigen Optimismus – **Schlage keinen Nagel in die Wand / Wirf den Rock auf den Stuhl! / Warum für vier Tage vorsorgen? / Du kehrst morgen zurück!**[227] – bis zur verzweifelt-pessimistischen, albtraumartigen Ballade »Besuch bei den verbannten Dichtern«,[228] in der Situationen des literarischen Exils in vielen Facetten durchgespielt werden. Brechts Lyrik ist ein Exempel für eine Dichtung, die zwar die prekäre Situation des Exilautors als eines Schreibenden ohne aktuelles Publikum reflektiert, die aber teils an Agitationsmustern festhält, teils auch im Aufschreibprozess sich selbst gegen Resignation und Schweigen behauptet.

Andere Autoren, im Exil entschieden tiefer in Leid und Isolation verharrend als Brecht, schrieben Verse voller Verzweiflung und Depression. In seinem Gedicht »Ein deutscher Dichter bin ich einst gewesen«[229] beschwor Max Herrmann-Neisse voller Schmerz die Erinnerung an die verlorene Heimat, die ihm die **Treue nicht gehalten** und **sich ganz den bösen Trieben** hingegeben habe:

In ferner Fremde mal ich ihre Züge
zärtlich gedenkend mir mit Worten nah,
die Abendgiebel und die Schwalbenzüge
und alles Glück, was einst mir dort geschah.

Doch hier wird niemand meine Verse lesen,
ist nichts, was meiner Seele Sprache spricht;
ein deutscher Dichter bin ich einst gewesen,
jetzt ist mein Leben Spuk wie mein Gedicht.

Wie eindringlich die lyrische Form hoch emotionale Appelle der Selbstbehauptung gestalten kann, zeigt paradigmatisch die erste Strophe aus Walter Mehrings »Emigrantenchoral«.[230]

Werft Eure Herzen über alle Grenzen!
Und wo ein Blick grüßt, werft die Anker aus!
Zählt auf der Wandrung nicht nach Monden, Wintern, Lenzen ...
Starb eine Welt – Ihr sollt sie nicht bekränzen!
Schärft
        Das Euch ein und sagt: Wir sind zuhaus!
        Baut Euch ein Nest!
        Vergeßt – Vergeßt
Was man Euch aberkannt und Euch gestohlen ...
[...]
        Die ganze Heimat und
                        das bißchen Vaterland
        Die trägt der Emigrant
        Von Mensch zu Mensch – von Ort zu Ort
        An seinen Sohlen, in seinem Sacktuch mit sich fort ...

Solche ›kämpferische‹ Poesie findet sich auch bei einer Reihe anderer Lyriker, deren Werk erst nach dem Kriege bekannt wurde, etwa bei Erich Arendt, der, hervorgegangen aus Waldens Zeitschrift *Der Sturm*, zwischen 1936 und 1939 am spanischen Bürgerkrieg teilnahm und später nach Frankreich, Trinidad und Kolumbien emigrierte. Seine Sonette, Lieder und Oden wirken in ihrem expressiven, leidenschaftlich-enthusiastischen Sprachduktus wie flammende Aufforderungen des lyrischen Sprechers an sich selbst, nicht zu verzagen und durchzuhalten. So dichtete Arendt auf die Ermordung García Lorcas: **Durch Andalusiens Gärten tobt der feige Mord. / Mit stummen Fäusten kämpft dein Volk. – / Doch wenn es wieder froh deine Strophen singt im großen Schlußakkord, // dann, Männer, stimmt die lang vergessenen Gitarren, / dann brause, Sierrawind, daß die Nevada glüh!**[231] Diese Poesie setzt auf einen Selbstbehauptungswillen, der in dem Maße für den Schreibenden einen Überlebenswillen darstellt, wie er in der Autosuggestion und Imagination der Sprachbilder und des Metapherngeflechts einen poetischen Schutzraum entstehen lässt, der fast eine autonome Sprachwelt für sich bedeutet.

Eine solche monologische Situation konnte existenzielle Schreibkrisen auslösen, die manchen, wie Wolfenstein und Ehrenstein, an den Rand des Verstummens brachten, andere aber erst recht zur Gedichtproduktion antrieb: **Schreiben war Leben**, hat Rose Ausländer nach dem Kriege die Entstehung der unter Verfolgung und Exil entstandenen Lyrik umschrieben: **Schreiben war Leben. Überleben.**[232] Diese Überlebensstrategie galt zwar längst nicht für alle Dichter, aber sie war für viele eine Art Orientierungsmöglichkeit: als Existenz-Zeichen, als sprachliche Vergewisserung der eigenen Menschenwürde unter Bedingungen äußerster Erniedrigung. Wie einsam die lyrische Zwiesprache mit sich selbst sein konnte, zeigt Wolfskehls Gedicht »Ultima poetae«[233] in dem sich der Dichter weitab von Europa als den letzten verlassenen Poeten porträtiert: **So einsam, so allein, so ganz verlassen / Hock ich, verschlagen unter fremde Sassen, / Daß selbst ein Nachtmahr zur Gesellung freut. / Du würgst mich? Hast dich nicht vor mir gescheut?** Lasker-Schülers Gedicht »Ich liege wo am Wegrand«[234] macht in eindringlichem Tone Einsamkeit und Verlassenheit verständlich und spricht, alle flüchtigen Mitleidseffekte in deutliche Kritik umwandelnd, die an, die vordem noch sich an den **Liedern** erfreuten; nicht zufällig hatte die Autorin die Widmung **Treulosen Freunden**[235] vorgesehen.

Ich liege wo am Wegrand übermattet –
Und über mir die finstre kalte Nacht –
Und zähl schon zu den Toten längst bestattet.

Wo soll ich auch noch hin – von Grauen überschattet –
Die ich vom Monde euch mit Liedern still bedacht
Und weite Himmel blauvertausendfacht.

Lasker-Schülers Exillyrik ist dadurch gekennzeichnet, dass sie, die frühere lyrische Praxis fortsetzend, ihren dialogischen Charakter nicht ganz aufgibt, bis hin zur direkten Ansprache eines Gegenübers. Die Personalpronomen verwiesen auf ein im Gedicht imaginativ aufgerichtetes Beziehungsnetz, das die monologische Situation des Sprechens aufhebt: eine Technik, die auch in den frühen Gedichten Paul Celans zu beobachten ist. In seinen zwischen 1938 und 1944 geschriebenen Versen, in denen sich bereits Motive und Sprachfiguren seiner späteren Lyrik herausbildeten – bis hin zum Gedicht »Todesfuge«[236] das noch während des Krieges geschrieben wurde –, ist die poetische Ich-Du-Konstellation eine lyrische Grundlinie, von der aus der Sprecher seinen poetischen Reflexionsraum aufbaut: **Wo, sag, war Heimat, und was, sag, war Welt? // Flammende Steppe – mein Mantel, mein Mut: / Zünde mein Bild in ihr rastloses Blut.**[237] Vor dem Hintergrund des lyrischen Traditionalismus gibt es bei Celan immer wieder Gedichte, die sich dem trügerischen Halt konventioneller Strophenformen und eingängiger Bildlichkeit entziehen. In ihnen dominiert eine sprachlich akzentuierte und artikulierte Widerständigkeit, die sich einer breit ausgemalten Leidensperspektive verweigert und die keineswegs religiösen Sinngebungsformeln folgt. Ein Beispiel dafür ist Celans »Notturno«[238]:

Schlaf nicht. Sei auf der Hut.
Die Pappeln mit singendem Schritt
ziehn mit dem Kriegsvolk mit.
Die Teiche sind alle dein Blut.

Drin grüne Gerippe tanzen.
Eins reißt die Wolke fort, dreist:
verwittert, verstümmelt, vereist,
blutet dein Traum von den Lanzen.

Die Welt ist ein kreißendes Tier,
das kahl in die Mondnacht schlich.
Gott ist sein Heulen. Ich
fürchte mich und frier.

Unter extremsten Bedingungen des Exils und der Verfolgung hatte eine Reihe von Lyrikerinnen und Lyrikern zwischen 1933 und 1945 geschrieben. Für die in Gefängnissen auf ihren Tod wartenden Dichter, wie Albrecht Haushofer, und für die in Konzentrations- und Vernichtungslager verschleppten, wie Kurt Kapper und Ruth Klüger, sowie für die von Deportation bedrohten, wie Ausländer und Celan, war die Sprache ihrer Peiniger auch die Sprache, in der sie schrieben und um Leben und Überleben kämpften. Werfel hat in einem Sonett diese Schreibsituation als eine existenzielle Paradoxie veranschaulicht, der er nicht entrinnen konnte, die ihn aber auch zur Selbstbehauptung geradezu herausforderte: **Kann soviel Angst ein Menschenmut ertragen? / Stahlruten pfeifen, die mich werden schlagen, / Ich fühl' noch, daß ich in die Kniee brach … // Und während Unsichtbare mich bespeien, / ›Ich hab ja nichts getan.‹ – hör ich mich schreien – / ›Als daß ich eure, *meine* Sprache sprach.‹**[239]

Die Hochschätzung der Sprache, die sich mit dem Selbstbild des Dichters verbindet, steht in der Tradition des 20. Jahrhunderts und nimmt zugleich eine Poetik vorweg, die nach dem Kriege über ein Jahrzehnt lang die Geschichte der deutschsprachigen Lyrik nach 1945 bestimmt hat. Aus ihr entstand, wie in der Lyrik von Nelly Sachs, eine Sprachhaltung, die ihren Anspruch aus der Erinnerung an Verfolgung, Exil, Krieg und Holocaust herleitet und Poesie als Totengedächtnis und -gedenken versteht. Diese Dichtung hat ihre Wurzeln im tödlich bedrohten Schreiben von Gedichten vor 1945. Auch viele der nach dem Kriege so charakteristischen lyrischen Motive wie Asche, Staub, Grab, Stein und Stern sind nicht nur vor 1945 vielfältig belegbar, sondern haben auch einen konkreten, auf historisches

Geschehen rekurrierenden, Zeitgeschichte in Bilder, Sprachgesten und Gedichtgegenstände transformierenden Bezug. **Der Abschied im Staub / Hält uns mit euch zusammen,**[240] schrieb Nelly Sachs 1945 im »Chor der Geretteten«, der mit keiner, wie die spätere Rezeptionsgeschichte immer wieder unterstellte, pontifikalen Feierlichkeit und keinem Versöhnungston die Realgeschichte lyrisch verdeckte, sondern in deutlicher Sprache dem deutschen Publikum das gerade Geschehene als unfasslichen Albtraum *und* Realgeschichte vor Augen führte:

Unsere Leiber klagen noch nach
Mit ihrer verstümmelten Musik,
Wir Geretteten,
Immer noch hängen die Schlingen für unsere Hälse gedreht
Vor uns in der blauen Luft –
Immer noch füllen sich die Stundenuhren mit unserem tropfenden Blut.
Wir Geretteten,
Immer noch essen an uns die Würmer der Angst.

5.6 Zu einzelnen Texten

5.6.1 Else Lasker-Schüler: »Die Verscheuchte«

Am 19. April 1933 flüchtete Else Lasker-Schüler aus dem nationalsozialistischen Deutschland, schon lange vor der ›Machtergreifung‹ des Faschismus als Zielscheibe antisemitischer Attacken. **In Zürich soll sie einige Tage verängstigt herumgeirrt sein, ehe sich Freunde ihrer annahmen und jüdische Organisationen für ihr Unterkommen […] sorgten.**[241] Nach einer Zwischenstation in Ascona reiste sie im Frühjahr 1934 zum ersten Male in den Orient, nach Ägypten und nach Palästina. 1937 reiste sie ein zweites und 1939 ein drittes Mal; eine Rückkehr in die Schweiz wurde ihr von den Schweizer Behörden verwehrt: Aus der Reise nach Palästina wurde **ein fast sechsjähriger Aufenthalt, die letzten und schwersten Jahre in Else Lasker-Schülers Leben,**[242] auch wenn sie keine finanzielle Not litt und von Freunden unterstützt wurde. 1943 brachte Moritz Spitzer ihren letzten Gedichtband heraus, dem sie den Titel *Mein blaues Klavier* gegeben hatte. In dieser Sammlung erschien auch das Gedicht »Die Verscheuchte«.[243]

Es ist der Tag im Nebel völlig eingehüllt,
Entseelt begegnen alle Welten sich –
Kaum hingezeichnet wie auf einem Schattenbild.

Wie lange war kein Herz zu meinem mild …
Die Welt erkaltete, der Mensch verblich.
– Komm bete mit mir – denn Gott tröstet mich.

Wo weilt der Odem, der aus meinem Leben wich?
Ich streife heimatlos zusammen mit dem Wild
Durch bleiche Zeiten träumend – ja ich liebte dich …

Wo soll ich hin, wenn kalt der Nordsturm brüllt?
Die scheuen Tiere aus der Landschaft wagen sich
Und ich vor deine Türe, ein Bündel Wegerich.

Bald haben Tränen alle Himmel weggespült,
An deren Kelchen Dichter ihren Durst gestillt –
Auch du und ich.

Das Gedicht bewahrt bis zuletzt, bis in den Schlussvers, seinen dialogischen Charakter. Es beginnt zwar wie in melancholischer Stereotypie mit einem Nebelbild, in das Konturen eines Todesmotivs eingezeichnet sind (**Entseelt; Schattenbild**). Aber nachdem die zweite Strophe dieses Bild bis zur bitteren, im kargen Parallelismus formulierten Sentenz ausweitet – **Die Welt erkaltete, der Mensch verblich** –, ändert sich mit der Gebetsformel **Komm bete mit mir** die Perspektive des lyrischen Subjekts. Die Reflexion führt in die Vergangenheit, verbindet sich mit einem Traummotiv (**Durch bleiche Zeiten träumend**) und wechselt unversehens die Richtung; was eben noch wie eine allgemeine Frage nach der Signatur der Gegenwart schien und sich wie eine Reflexion über **Welt, Mensch** und **bleiche Zeiten** las, erfährt nun eine persönliche, fast intime Erinnerungsform; denn der wie ein nachdenklicher Ausspruch klingende Satz **ja ich liebte dich** hat in der bisherigen Struktur des Gedichts keinen direkten Bezugspunkt.

Für Lasker-Schüler indes ist die Verknüpfung der Zeitreflexion mit der Liebeserinnerung keineswegs eine Kombination von disparaten Gedichtgegenständen. Deshalb sollte noch einmal, nun aus dem Blickwinkel des Verses **Durch bleiche Zeiten träumend – ja ich liebte dich**, nach der Semantik der ersten drei Strophen gefragt werden. Der melancholische Einsatz der ersten Strophe, einer Terzinenstrophe, ist unter diesem Aspekt ein vorweggenommenes Fazit der Beziehungslosigkeit und Vereinsamung. Nichts mehr ist in seinen Umrissen deutlich auszumachen, die Begegnung **alle[r] Welten** bleibt folgenlos, wie das erste Wort des zweiten Verses (**Entseelt**) bereits vorwegnimmt. Die Abfolge der Verse ist allerdings schon in der ersten Strophe keineswegs evident; es charakterisiert die Lyrik Lasker-Schülers, dass ihre Bilder, Motive und Anspielungen eher skizzenhaft bleiben. Der Gedankenstrich nach dem zweiten Vers hat keineswegs die Funktion, nur eine Sprechpause zu signalisieren; der Vers **Kaum hingezeichnet wie auf einem Schattenbild** nimmt nämlich das Bild der Eingangszeile wieder auf, schließt also nicht unmittelbar an den Vers **Entseelt begegnen alle Welten sich** an. Mit solchen Vers-, Satz- und Bildkonstruktionen hat Lasker-Schüler – mehr als vielfach angenommen – mit modernen Techniken der Aussparung und Verdichtung experimentiert. Vor diesem Hintergrund überrascht es nicht, dass das Gedicht weder die eigene Lebensgeschichte der Verfasserin verschlüsselt noch überhaupt auf einen authentischen, dokumentarischen Exilbericht zuläuft. Nur in einem oberflächlichen Sinne ist Lasker-Schülers Gedicht »Die Verscheuchte« daher ein bloßes Exildokument – so sehr der markante Titel **Die Verscheuchte** zunächst wie eine bündige Selbstbeschreibung des eigenen Schicksals erscheint.

Kennzeichnend für die offene Erinnerungsform des Textes ist die offene Struktur des lyrischen Subjekts. Das Ich wird nicht zum Ich einer sprechenden Person ausgestaltet, die ihre Lebensgeschichte erzählen will, sondern dissoziiert in einzelne Stimmen. Der melancholischen Stimme des Anfangs mit ihrer allgemeinen Weltperspektive gesellt sich die Klagestimme hinzu, die ihre Klage auf doppelte Weise formuliert, einmal als Ausdruck tiefer persönlicher Verletzung und Isolation (**Wie lange war kein Herz zu meinem mild ...**), ein andermal als Form sentenziösen Sprechens (**Die Welt erkaltete, der Mensch verblich**). Der Reflexionsraum, den das Ich des Gedichts entfaltet, hat keine festen Koordinaten, sondern vereinigt unterschiedliche Gedanken- und Erinnerungsfelder. Unüberhörbar ist die Stimme der Heimatlosigkeit, die auf der einen Seite im Bildfeld des (gejagten) Wilds erscheint (**Ich streife heimatlos zusammen mit dem Wild**), auf der anderen Seite aber als literarischer Topos der Verzweiflung und Orientierungslosigkeit: **Wo soll ich hin, wenn kalt der Nordsturm brüllt?**

Die Frage beantwortet das Gedicht nicht. Statt dessen wird sie weiter variiert und zugespitzt, zwar nicht als Frage, sondern in einer Bildkomposition, die das Motiv des **Wild**[s] wieder aufgreift: **Die scheuen Tiere aus der Landschaft wagen sich/ Und ich vor deine Türe, ein Bündel Wegerich.** Das Bild, ein Schlüssel zum Verständnis des Gedichts, hat einen komplexen Aufbau. Es konfrontiert ein angesprochenes, freilich nicht näher fixiertes Du mit einer wiederum im Kontext des Gedichts keineswegs vermittelten Situation. Die **Verscheuchte** findet sich mit ihrem Los nicht in der Weise ab, dass sie denjenigen, denen der Vers galt **Wie lange war kein Herz zu meinem mild**, nicht mehr unter die Augen tritt. Die **scheuen Tiere** [...] **wagen sich** heraus, wagen sich, wie es in einer die Syntax des Satzes auflösenden Wendung heißt, **vor deine Tür, ein Bündel Wegerich.** Die rhetorische Form des Anakoluths (der nicht folgerichtigen, ›fehlerhaften‹ Satzkonstruktion) erweist sich als Element einer emotional gestimmten Rede, und zwar an einer Stelle des Gedichts, an der das passivische, jeden Dialog verweigernde Du mit der existenziellen Frage **Wo soll ich hin** konfrontiert wird. Auch die letzte Strophe bietet keine Antwort. Sie konfrontiert das **du**

und ich mit einem Trauerbild (**Bald haben Tränen alle Himmel weggespült**), das ohne Hoffnung bleibt und nur noch in bloßer Reminiszenz an die aus solchem Stoff ihre Dichtung produzierenden, **ihren Durst** stillenden **Dichter** erinnert, das lyrische Subjekt und das imaginäre Du ausdrücklich einbeziehend.

»Das Lied einer Emigrantin«, so hatte LASKER-SCHÜLER noch in einer handschriftlichen Fassung ihr Gedicht überschrieben.[244] Die Situation des Exils während des Faschismus indes ist zwar ein rekonstruierbarer entstehungsgeschichtlicher Hintergrund, nicht aber das eigentliche Thema. Im Kontext moderner Lyrik hat die Autorin vielmehr den das Gedicht zweifellos motivierenden Gegenstand, die Verscheuchung aus der Heimat, verstanden als ein Verscheucht-Werden aus menschlicher Gemeinschaft schlechthin, zu einer Reflexion ausgeweitet, in der sie das für ihre Jahrzehnte früher geschriebene Lyrik so charakteristische Werben um Nähe und Liebe, Dialog und Kommunikation im programmatischen Gestus verweigert. So bleibt auch der Gedanke des Trostes, am Ende der zweiten Strophe angedeutet (**Gott tröstet mich**), eine nur angedeutete Perspektive, aber kein Ziel, auf das der Text zuläuft. Das Schlussbild **Bald haben Tränen alle Himmel weggespült** steht sogar in gewisser Spannung zum vorherigen Trostmotiv. Im Werkkontext markiert, zusammengefasst, das Gedicht »Die Verscheuchte« den äußersten Pol bitterer Vereinsamung und Isolation, eine völlige Zurücknahme von **du und ich**, in der das »Lied einer Emigrantin« die Gegenwart des Exils in ihrer trostlosen Erbärmlichkeit erfahrbar macht.

5.6.2 Gottfried Benn: »Einsamer nie –«

Einsamer nie als im August:
Erfüllungsstunde – im Gelände
die roten und die goldenen Brände
doch wo ist deiner Gärten Lust?

Die Seen hell, die Himmel weich,
die Äcker rein und glänzen leise,
doch wo sind Sieg und Siegsbeweise
aus dem von dir vertretenen Reich?

Wo alles sich durch Glück beweist
und tauscht den Blick und tauscht die Ringe
im Weingeruch, im Rausch der Dinge –:
dienst du dem Gegenglück, dem Geist.

BENNS Gedicht »Einsamer nie –« entstand im Sommer 1936. Anfang September schickte er es, mit dem Zusatz **Bedarf keiner besonderen Antwort! Guten Sonntag!** seinem langjährigen Vertrauten und Korrespondenzpartner Oelze, einem Bremer Kaufmann. Noch im selben Jahre wurde es veröffentlicht.[245] An den Entstehungsort erinnerte sich BENN 1954: **auf einem Hügelgasthof auf einem der kleinen Höhenzüge bei Hannover** (**Deister, Ith, Solling**).[246] BENN war, als er das Gedicht schrieb, bereits über ein Jahr im medizinischen Dienst der Wehrmacht, einer Tätigkeit, die er als **aristokratische Form der Emigrierung**[247] verstanden wissen wollte. Zwischen 1927 und 1933 hatte der Dichter kaum Verse geschrieben. Im Sommer 1936 registrierte er allerdings **einige gedichtgebärende Wochen,**[248] und zwar zu einem Zeitpunkt, als BENN, 1933 noch Galionsfigur nationalsozialistischer Kulturpolitik, in die öffentliche Kritik geriet. So hatte die Zeitschrift ***Der SA-Mann*** ihn in einen kompromittierenden Zusammenhang mit Exilautoren und erklärten Gegnern des NS-Staates gebracht, sogar von **übelsten Schmierereien eines Gottfried Benn, Kurt Tucholsky, Ernst Toller u. a.**[249] geschrieben. Mit dem wie eine emphatische Schlüsselformel zur eigenen Situation wirkenden Titel »Einsamer nie –« hat BENN auf lakonische wie prägnante Weise eine Distanzhaltung ausgedrückt, die das Ich des Gedichts aus jedem gesellschaftlichen Zusammenhang heraushebt. Zugleich hat das Ich seinen Platz unmissverständlich definiert, indem es, sich kategorisch gegen alles andere abschottend, dem **Gegenglück** und dem **Geist** zuordnet.

Das Gedicht hat eine einfache Form, die das Selbstgespräch des Ichs transparent macht. Der Strophenaufbau ist ebenso überschaubar wie die sprachliche und metrisch-rhythmische Struktur. Parallelismen und Alliterationen treten hervor. Enjambements sorgen in jeder Strophe für eine Dynamik des Sprechens, die melancholisches Verharren immer wieder auflöst. Zur artifiziellen Einfachheit gehört auch der effektvolle Einsatz von Pausen am Ende des Verses und gelegentlich auch im Versinneren. Die Paarreime und umschließenden Reime werden regelmäßig verwendet, während das vierhebige jambische Metrum an manchen Stellen dem Sprechrhythmus entgegensteht.

Die Dichotomie, auf der das Gedicht basiert, ist elementarer Art. Dem entspricht der einfache, transparente Aufbau des Textes. Zwei auf selbstreflexive, selbstkritische Fragen hin strukturierten Strophen steht die klare Diktion einer selbstbewussten Antwort gegenüber. Was eben noch das Ich als ein suchendes und zweifelndes erscheinen ließ, wird in der dritten Strophe ins Gegenteil verkehrt und zur eigentlichen Bestimmung des Ichs stilisiert. Die Dichotomie wiederholt sich im Aufbau der einzelnen Strophe. So beginnt die erste Strophe mit einem Ausruf des Ichs, der eine melancholische Selbstbeobachtung dramatisch auf die Empfindung zuspitzt: **Einsamer nie als im August.** Der Gegensatz zwischen dem ersten Vers und dem Beginn des zweiten kann nicht größer sein. Die Landschaft und die Atmosphäre des Augenblicks bieten eine **Erfüllungsstunde**, einen so ästhetisch wie harmonisch in farbige Attribute gefassten Moment der Ernte. Der vierte Vers ist wiederum kontrastiv angelegt, indem er der **Erfüllungsstunde** und den erfüllten Blick ins **Gelände** mit der Frage begegnet: **doch wo ist deiner Gärten Lust?** In der zweiten Strophe setzt sich die oppositionelle Strukturierungsform der Verse weiter fort. Den ersten beiden Versen steht diametral die zweite Frage gegenüber, die das Ich an sich selber stellt: **doch wo sind Sieg und Siegsbeweise/ aus dem von dir vertretenen Reich?** In der dritten Strophe folgt ein weiterer Kontrast, nun freilich nicht mehr aus der Frageposition des Ichs formuliert, sondern vom Standort der dezidierten, im Zeichen der Leitkategorien **Gegenglück** und **Geist** stehenden Antwort. Damit ist auch ein Umriss dessen gegeben, was in der zweiten Strophe die vage Chiffre vom **vertretenen Reich** andeutete: Das Ich bestimmt seinen Standort gegen das Reich der Natur als auch gegen das auf **Sieg und Siegsbeweise** erpichte politische sowie das auf Gemeinschaft und Geselligkeit gerichtete gesellschaftliche Reich; in dem Maße, wie es sich ausgrenzt, spiegelt es sich in der im Titelmotto emphatisch umschriebenen Einsamkeits- und Melancholiepose, deren höhere Legitimation erst im letzten Vers offenbar wird.

Benns Gedicht gehört zum Genre des modernen Selbstverständigungsgedichts. Es umkreist die Position und Rolle des Dichters und thematisiert dessen Verhältnis zur Gegenwart. Insofern hat es einen poetologischen Charakter und ist ein Paradigma für den Selbstbezug der Dichtung in deren Medium, dem Gedicht. Das Ich reklamiert für sich ein eigenes **Reich**. Damit wird kein bloßer Rückzug in die Hermetik der Kunst angekündigt. Der rigorose Einsamkeitstopos im Gedichtauftakt verspricht keine Erfüllung, sondern die in den selbstkritischen Fragen beunruhigend angedeutete Aussicht, von wesentlichen Bezugsfeldern menschlicher Praxis ausgeschlossen zu sein. Deren Skizzierung im Gedicht fällt zwar mit Blick auf die politische und gesellschaftliche Dimension sehr distanziert aus; in der Rede von den **Siegsbeweise**[n] ist ein geringschätziger Ton ebenso unüberhörbar wie in der Anspielung auf alltägliche Kommunikation und Geselligkeit (**tauscht den Blick und tauscht die Ringe/ im Weingeruch; im Rausch der Dinge**). Aber die Bilder der Natur sind durchaus positiver Art, vor allem im Panorama-Entwurf der zweiten Strophe, die in ihrer elementaren Transparenz einen Moment der Erfüllung und Ruhe umreißt, wie er im gesamten Gedicht nicht mehr vorkommt: **Die Seen hell, die Himmel weich,/ die Äcker rein und glänzen leise.** Die Impression kulminiert in der synästhetischen (optische und akustische Eindrücke verknüpfenden) Wendung **glänzen leise** und weist keinerlei Störung auf. Und doch gehört die Abgrenzung von Natur und Landschaft zur Positionsbestimmung des sich dem **Geist** verpflichtenden Ichs. Im Kontext des Gedichts bleibt indes die **Geist**-Formel ebenso diffus wie der Begriff **Gegenglück**; beide erhalten ihre Bedeutung erst aus dem im Text aufgebauten Gegensatz. Die Einsamkeit des Ichs in dem von ihm **vertretenen Reich** des Geistes definiert sich aus der Distanzhaltung zu allen Zeichen der Erfüllung und des Glücks in Natur, Kultur und Gesellschaft. Das einsame Ich, so schmerzhaft es die eigene Isolation zunächst begreift, wird mit dem Anspruch auf **Gegenglück** reichlich entschädigt.

Diesem Bewusstsein entspricht der Duktus der letzten Strophe, die von Vers zu Vers bitterer und bissiger klingt. Das (im Neutrum formulierte) Indefinitpronomen **alles** lässt keine Differenzierungen zu. Jede Form von Kommunikation (**tauscht den Blick**) ist verdächtig, vor allem aber diejenige, die vom Ich mit nur schwach angedeuteten Bildern dionysischer Ausgelassenheit assoziiert werden (**Weingeruch; Rausch der Dinge**). Umgekehrt weiß das einsame, monologische Ich mit selbstbewusstem, elitärem Gestus für sich ein eigenes Territorium zu behaupten. In seiner Sprache hat es sogar etwas von der Wettkampf- und **Sieg**-Atmosphäre aufgenommen. So entstammt das Wort **Gelände** der militärischen Sprachfloskel für Landschaft. An Dienst und Gehorsam, wie er dem Soldaten BENN nicht unbekannt war, erinnert die Pathos-Formel vom Dienst am **Geist** im Schlussvers. Auch die Redewendung **Sieg und Siegsbeweise**, die wiederum aufs Militärische verweist, sowie die aus der politischen Herrschaftssemantik stammende Formel vom **vertretenen Reich** zeigen an, wie die eigene Sprache diejenige des Alltags und der Umgebung angenommen hat.

Es mag nahe liegen, das Gedicht an seine Entstehungssituation zu koppeln. So hatte BENN im August 1936 mit Abscheu die Inszenierung der Olympiade in Berlin erlebt; die Wendung **tauscht die Ringe/ im Weingeruch** ließe sich als eine Anspielung auf olympische **Ringe** lesen, ebenso die Rede von **Sieg** und **Glück**. Auch für die Melancholiestimmung könnten aus Briefen und anderen Zeugnissen autobiografische Parallelen zum Gedicht gezogen werden, bis hin Gedanken an Sterben und Tod.[250] Unter dem Eindruck der Olympiade, die BENN zurecht als internationalen Erfolg Hitlers wertete, schrieb der Dichter am 1. September 1936: **Mein Eindruck von Berlin ist der einer so undurchdringlichen, penetranten, lähmenden, unvorstellbaren *Feigheit*, dass ich für den Rest meines Lebens jede menschliche Beziehung dorthin gestrichen habe. Gute Tage für Gangster u. Wilderer!**[251] Und doch ist das Gedicht in seiner Konfiguration des Ichs kein persönliches Bekenntnisgedicht. Es gehört vielmehr in das große intertextuelle Bezugsfeld moderner Poesie, in der Künstlertum und Autorschaft gegen die Außenwelt machtvoll im monologischen Sprechen demonstriert werden und der Dichter seinen eigenen Anspruch mit den Mitteln der Poesie formuliert. Bindungslosigkeit und die Kontraposition zu kollektiven

Identitätskonzepten waren die Voraussetzung für die eigene künstlerische Praxis. Insofern ist das Gedicht »Einsamer nie –« ein poetologisches Schlüsselgedicht der Moderne, geschrieben zu einer Zeit, als die Signatur des Modernen selbst widersprüchlich und diffus geworden war. Faschistische Kritiker hatten Benns eigenen Anteil an der Inszenierung expressionistischer Moderne nicht vergessen und 1936 ihre rhetorischen Strategien auf diesen Sachverhalt konzentriert. Melancholie wird zur Haltung des Dichters stilisiert, für den nichts anderes gilt als die eigene dichterische Praxis und das Bewusstsein von der eigenen herausgehobenen Position in der Gesellschaft.

5.6.3 Gertrud Kolmar: »An die Gefangenen«

Gertrud Kolmar, die 1894 in Berlin geborene Lyrikerin, wurde am 27. Februar 1943 nach Auschwitz deportiert, nachdem ihr Vermögen enteignet und bürokratisch-penibel die Wohnung aufgelöst worden war. Die Dichterin, die bereits 1917 einen Band *Gedichte* veröffentlichte, hatte die einzelnen Stufen der antijüdischen Repressionen seit 1933 miterlebt, den Entzug der Staatsbürgerschaft 1935 in den Nürnberger Rassegesetzen, die Pogromnacht vom 9. November 1938, Zwangsarbeit in der deutschen Rüstungsindustrie 1941 und die Verschleppung ihres 81 Jahre alten Vaters im September 1942. Das Gedicht »An die Gefangenen«, das die Autorin mit der Datierung **Zum Erntedankfest am 1. Oktober 1933** versah, liest sich vor dem Hintergrund der Lebensgeschichte wie eine Antizipation des Kommenden und ist doch ganz erfüllt von der Situation des Jahres 1933:[252]

Oh, ich hab euch ein Lied singen wollen, das die Erde erregt,
Wild aufflattern macht das schwarze Tannhaar der Berge,
Hinsausend den Schaum der Meere wie Kehricht zusammengefegt,
und flüchtende Wolken reißt – o Gott, wir Menschen sind Zwerge.

Ich habe drei kluge Worte sinnend zusammengebracht
Statt der Klänge, die heiß wie Blut aus dem Herzen spritzen,
Die rasen, wie eine Sturmglocke aufschreit um Mitternacht,
Wenn apokalyptische Reiter auf mähnigen Pferden sitzen.

Und ich sollte in eure Martern niederstoßen die Faust,
Daß sie verschlungen werde, zerknackt von fressender Flamme,
Oh, ich müßte mit euch, in Krämpfen, zerprügelt, hungrig, verlaust
Hinkriechen auf tränendem Stein, gefesselt mit eiserner Kramme.

Das wird kommen, ja das wird kommen; irret euch nicht!
Denn da dieses Blatt sie finden, werden sie mich ergreifen.
Herr, gib, daß ich wach mich stelle deinem heiligen großen Gericht,
Dann, wenn sie an blutendem Schopf durch die finsteren Löcher mich schleifen!

Du siebzehnjähriges Mädchen, dem sie die Locken zerfetzt,
Du junger armer Mensch, dem sie grausam die Rippen brechen,
Verzweifeln will ich, will aufweinen, elend, verletzt,
Und singen dem Vogel gleich, dem Nadeln das Auge stechen!

Was ist das Leben? Ein Dung, drauf weiße Narzissen erblühn.
Was soll der Leib? Er war schön, doch bald muß er enden.
Was ist die Seele? Nur Fünkchen, nur kleines Glühn,
Und Einer deckt zu, deckt es zu mit den stillen, gewaltigen Händen …

Das Gedicht gehört zum Gedichtzyklus *Das Wort der Stummen*, der zwischen August und Oktober 1933 entstand. Das 32 Blatt umfassende Manuskript hatte Hilde Benjamin, spätere Justizministerin der DDR, die mit dem 1942 in Mauthausen ermordeten Cousin Gertrud Kolmars, Georg Benjamin, verheiratet war, offenbar 1942 erhalten; erst 1978 erschien die Erstausgabe des *Worts der Stummen*. Woltmann schreibt zur Entstehungssituation:

> Gertrud Kolmar besitzt […] ein hohes Maß an seelischer Kraft, daß sie ihrer Empörung in ihrem eigensten Medium, dem Gedicht, Ausdruck zu verleihen vermag. Alle ihre um September und Oktober 1933 entstandenen Gedichte sind Zeugnisse dieser Empörung und dieser Kraft. […] Sie ergreifen heute noch unmittelbar aufgrund der Drastik des dargestellten Leidens, der Intensität des dichterischen Mitleidens und der Schärfe der Kritik am Regime. Es gibt vermutlich wenig Vergleichbares in der deutschen Literatur dieser Zeit, weniges, das in solcher Nähe zur erlebten Situation sich gleichwohl so einprägsam zu artikulieren vermochte.[253]

Im Gedicht »Die Gefangenen«, das mit einem Herbstbild anhebt – die Autorin gehörte zum Kreis junger Naturlyrikerinnen und Naturlyriker – verdrängen die Berichte von Folterungen und Misshandlungen bald das gesamte naturlyrische Panorama: **Die Nägel um ihre Gurgeln gekrallt zum Ersticken –/ Der Hieb mit dem Kugelstock, mit dem klatschenden Lederstreifen –/ Sie irren im Lager um mit kranken, entsetzten Blicken/ Und leben wahrscheinlich noch. Das können sie nicht begreifen.**[254] Auch im Gedicht »An die Gefangenen« finden sich noch Elemente von Naturlyrik, wie überhaupt der in der Datierung das **Erntedankfest am 1. Oktober 1933** anklingende Anlass, im thematischen Kontext aus heutiger Sicht kaum nachvollziehbar, einen Bezug zum Jahreszeitenmotiv herstellt. Allerdings ist die emphatische Ankündigung, **ein Lied singen** zu **wollen, das die Erde erregt,** in deutlichem Kontrast zu jeder Form des Dankes formuliert.

Das Genre des Naturgedichts wird in Kolmars **Lied** verkehrt. Aus dem Dank wird Empörung, und diese wird in ein expressives Naturbild gefasst, in ein Bild von der furiosen Empörung der Natur: **Wild aufflattern macht das schwarze Tannhaar der Erde,/ Hinsausend den Schaum der Meere.**

Gegen diese Macht steht die aufseufzende Erkenntnis: **o Gott, wir Menschen sind Zwerge.**

So ausdrucksstark und intensiv die Bilder gesetzt wurden: Das Gedicht selbst ist in seiner regelmäßigen Strophenform und mehr noch in seinen sechshebigen Hexametern (manche Daktylen werden durch Trochäen und Spondäen ersetzt) durchkomponiert, also keineswegs ein bloßes Dokument der Erregung und Empörung, das nicht als Gedicht, sondern als authentische Wiedergabe von Emotionen und Empfindungen zu lesen ist. Es charakterisiert KOLMARS Gedichtszyklus und auch ihr ein **Lied** genanntes Gedicht »An die Gefangenen«, dass die Autorin ihr Sprechen an traditioneller Formensprache orientiert. Rilkes Sprach- und Formduktus klingt im Gedicht nach, die Schlussverse (**Und Einer deckt zu**) zitieren den Dichter.[255] Und doch ist die Verskonvention mit ihren metrischen Abfolgen nur ein äußeres Muster, das dem Sprechen zwar eine erste Formgebung verleiht, es aber letztlich nicht auf die Konvention festlegt. Das wird in vielen Versen an der polaren Spannung zwischen Metrik einerseits und Sprechrhythmus andererseits deutlich. Schon in der ersten Strophe findet sich am Versanfang, den Gestus der inneren Erregung nachbildend, ein gedrängter, die Stimme kaum senkender, angespannter Rhythmus (**Wild aufflattern macht**). Zäsuren unterbrechen rhythmische Folgen (**mit euch, in Krämpfen, zerprügelt, hungrig, verlaust**). Die Tempi sind unregelmäßig. Aufgrund der Emphasen (**Das wird kommen, ja, das wird kommen; irret euch nicht!**), Evokationen (**Herr, gib**) und Ausrufe (**Oh, ich hab; o Gott; Oh, ich müßte**) ist ein expressiver, melodische Elemente zurückdrängender Stimmausdruck dem Sprechduktus des Ichs adäquat. Erst die letzte Strophe zeigt ein anderes Gefüge. Statt der Ausrufe verwendet die Autorin drei parallel konstruierte Fragen, in denen wie in einem abstrahierenden Schluss die Konkretion des Vorherigen, die Ungeheuerlichkeiten der Täter und die entsetzliche Qual der Opfer, mit Bildern und Wendungen erklärt wird, die im Duktus und in der Bildkonfiguration barocker Verssprache nachempfunden sind.

Angesichts der in bewegenden Worten geschilderten Torturen vermögen Verse wie **Was ist das Leben? Ein Dung, drauf weiße Narzissen erblühn** kaum zu trösten, auch wenn diese Intention vor allem im letzten Vers durchklingt: **Und Einer deckt zu, deckt es zu mit den stillen, gewaltigen Händen.** Der Wechsel vom hoch emotionalen Ton der vorherigen Strophen zum reflexiv-nachdenklichen Ton am Gedichtschluss erfolgt an einer das Gedicht bestimmten Schlüsselstelle, direkt hinter dem Vers **Und singen dem Vogel gleich, dem Nadeln das Auge stechen,** also hinter dem Vers, an dem die Identifikation des poetischen Subjekts mit den Gefangenen metaphorisch umschrieben wird. Die eindringliche, albtraumhafte Bildlichkeit des Verses fasst noch einmal alle angedeutete Brutalität zusammen.

Kolmars Gedicht überschreitet das in traditioneller Rhetorik aufgestellte Gesetz des abgetönten, Leid und Tod nur andeutenden, sich in Schmerz und Schrecken zurückhaltenden Sprechens. Die Verletzung rhetorischer Konventionen hat für das gesamte Gedicht Konsequenzen: So sehr die Hexameter-Form, der emphatische Duktus und das artifizielle metrisch-rhythmische Gefüge die Wirksamkeit einer traditionalistischen Poetik anzeigen, so klar ist ein solcher Zusammenhang letztlich wieder zu relativieren, ja zu revidieren. Das Gedicht reproduziert keine klassizistische Formattitüde. Es bedarf keiner bloß andeutenden Sprache, keines hohen, getragenen Stils der Wendungen und Metaphern, sondern zielt umgekehrt selbst dort, wo zunächst die Tradition durchscheint wie im Vers **Herr, gib, daß ich wach mich stelle deinem heiligen, großen Gericht**, auf die Konkretion des Schreckens und der Qual: **Dann, wenn sie an blutendem Schopf durch die finsteren Löcher mich schleifen!** Die Kombination der beiden Verse ergibt eine widersprüchliche Einheit, ein Formfragment. Das Gedicht, das gerade noch Formtraditionen aufruft, wird am Ende doch von der Emotion des Augenblicks bestimmt, die das Subjekt fast überwältigt, sodass die Sprache selbst noch ungeglättet erscheint, betroffen vom gerade Erfahrenen, Erlebten und Erlittenen. Kolmars *Worte der Stummen* haben, der Paradoxie des Titels entsprechend, durchaus etwas Provisorisches. Sie wollen nicht durchgearbeitet und durchkomponiert erscheinen, sondern bezeugen allenthalben ihre Vorläufigkeit.

Nicht die Form gibt Halt, sondern der flüchtige, Muster und Regeln der Poesie überschreitende Aufschreibmodus, der alles andere als dauerhaft und klassisch gelesen werden will. Diese Seite der Schreibsituation wird im Gedicht selbst thematisiert, und zwar ohne Illusionen: **Denn da dieses Blatt sie finden, werden sie mich ergreifen.** Die tödliche Bedrohung war für die Autorin höchst konkret. Gerade darum konnte der identifikatorische Impuls so überzeugend vorgetragen werden; gerade deshalb gelingen der Autorin Momentaufnahmen der faschistischen Repression, die angesichts der weiteren Lebensgeschichte Kolmars wie vorweggenommene Erfahrung erscheinen. Im Gedicht »Die Gefangenen«, dem Gedicht »An die Gefangenen« thematisch und stilistisch eng verwandt, heißt es: **Der Gummiknüppel, die Faust und ihre zuckenden Leiber –/ Die Nägel um ihre Gurgeln gekrallt zum Ersticken –/ Der Hieb mit dem Kugelstock, mit dem klatschenden Lederstreifen –/ Sie irren im Lager um mit kranken, entsetzten Blicken/ Und leben wahrscheinlich noch. Das können sie nicht begreifen.**[256] Pinthus hat 1936 in seiner Anthologie *Jüdische Lyrik der Zeit* Kolmars Gedichte seit 1933, von denen er freilich nur Weniges kannte, auf folgende Weise charakterisiert: **Hier, bei Gertrud Kolmar, scheint gelungen, was im Grunde gar nicht aufgeht – das Gedicht über das konkrete Lei-**

den und Sterben. Es ist gelungen – oder kommt in die Nähe des Gelingens –, weil es schlichter, kunstloser, ist als sonst, halb Kunst, halb Agitation.[257] Gerade das Element des Agitativen, die Rolle der Auflehnung und des Widerstands gegen **das konkrete Leiden und Sterben**, verhindert noch heute, das Gedicht als Poesie der verstummten Opfer zu lesen. In seinem Widmungsgedicht »Gertrud Kolmar« hat Bobrowski für KOLMARS Gedichte die Formel **rostig von Blut** gefunden und damit die widerständige Wirkung treffend umschrieben: **Ungestorben aber die finstere Zeit, umher/ geht meine Sprache und ist rostig von Blut.**[258]

5.6.4 Oskar Loerke: »Leitspruch. November 1940«

OSKAR LOERKES »Leitspruch«,[259] datiert auf **November 1940**, wurde von Peter Suhrkamp aus dem Nachlass des Dichters veröffentlicht:

Jedwedes blutgefügte Reich
Sinkt ein, dem Maulwurfshügel gleich.
Jedwedes lichtgeborne Wort
Wirkt durch das Dunkel fort und fort.

Die vier Zeilen sind Widmungsverse, die LOERKE auf dem Vorsatz seines kulturgeschichtlichen Essay-Bandes *HAUSFREUNDE* (1939) notierte, den er verschenken wollte. Solche Grüße und Widmungsblätter sind im Nachlass recht zahlreich überliefert, und zwar auch und gerade aus der Zeit der unmittelbaren Vorkriegs- und Kriegszeit, also aus einer Lebensphase, in der LOERKE sich mehr und mehr in den Schutz eines kleinen privaten Kreises von Fremden und Bekannten zurückgezogen hatte. Bereits im April 1933 hatte er auf entsprechenden politischen Druck hin sein Amt als ständiger Sekretär der Preußischen Akademie für Dichtkunst verloren. Als Lektor im Fischer Verlag versuchte er, soweit dies möglich war, weiterhin solche Autoren zu fördern und zu betreuen, die dem Naziregime distanziert gegenüberstanden. Für LOERKE schien die poetische Sprache, wenn sie sich auf Chiffren und eine eigenständige Bildlichkeit versteht, noch eine Chance zu haben, sich vom öffentlichen Sprechen mit seinen Phrasen und Lügen abzugrenzen. Seine eigene Dichtung bot Schutzräume für Melancholiker und Grübler, vor allem aber ein Anregungspotenzial für jüngere Schriftsteller wie Lehmann, Eich, Huchel, Langgässer, Kasack und andere, die sich auf seine unaufdringlichen, von Reflexionen über Zeit, Landschaft und Kosmos bestimmten, zuweilen musikalischen Kompositionsprinzipien folgenden Gedichte einließen.

In LOERKES Widmungsverse sind, eher zurückgenommen und verdeckt, kurze Zeitkommentare eingestreut, die Einblicke in die prekäre innere und äußere Situation des Dichters geben. **In der Welt der Sklaverei/ Gelähmt an morscher Krücke,**[260] schrieb er in ein Exemplar seiner Gedichtsammlung

Der Silberwald, das er 1930 dem Schriftsteller Hermann Kasack zueignete. **Wir kommen schildlos, das Visier steht offen./ Wir fürchten nichts, wir haben nichts zu hoffen,**[261] heißt es in einem anderen Gedicht. Ein Widmungsgedicht – Loerke schrieb es in ein Exemplar seiner Monografie über *Anton Bruckner* (1938) – trägt den Titel »Der Sinn« und skizziert, auf wenige Verse zusammengedrängt, das eigene Zeitverständnis. **Die Sintflut ist mir widerfahren,**[262] so beginnt das Epigramm, um sogleich gegen die Dramatik dieses Bildes die Selbstbehauptung dessen zu stellen, der die **Sinn**-Frage nicht aufgeben will: **Mein Kopf trotz kummerbleichen Haaren/ Bleibt ewig in den Sinn gesenkt.** Die Schlichtheit der Verse entspricht der elementaren Form der Epigramm- und Spruchdichtung und erinnert an Sentenzen in Versen, die wie kleine Ratschläge vorgetragen werden, aber auch die eigene Befindlichkeit andeuten. Seiner Schwester Else schrieb Loerke in ein Exemplar vom *Kärtner Sommer* (1939): **Ein jeder breche, wie er kann,/ Trotz Not und Qual des Bösen Bann./ Daß wenn sich auch die Welt bekriegt,/ Der Sinn der Welt nicht ganz versiegt.// Die Lüge schlägt uns ins Gesicht,/ Jedoch die Herzen schlägt sie nicht**[263]

In Loerkes Werk spielt die Spruchdichtung keine besondere Rolle. Der Dichter nutzt sie eher für seine private Widmungspraxis. Daher bezieht sich die Lehrhaftigkeit seiner Sentenzen nicht auf ein allgemeines Publikum. Auch der Adressat der Widmung soll nicht belehrt werden. Vielmehr kommt den Sprüchen innerhalb des symbolischen Schenkungs- und Widmungsvorgangs die Aufgabe zu, eine spruchhafte Einsicht zu notieren, die den Dichter gerade beschäftigte, also einen Gedanken, der Reflexion und Selbstreflexion zusammenbringt und das Ergebnis in karger Form dem Adressaten als Dialogpartner mitteilt. Loerkes Sprüche sind allerdings in der Tradition der Spruchdichtung verankert. Der Dichter arbeitet mit kunstlosen, oft vierhebigen Reimpaarversen, die entweder ohne Stropheneinteilung bleiben oder aus wenigen Kurzstrophen bestehen. Ein Gedanke, eine Einsicht, eine flüchtige Beobachtung werden zu einem Spruch verdichtet. Der Tradition gemäß umgreifen die Verse eine kleine Weisheit, eine kurze Lebensmaxime. Sie können aber auch wie eine knappe Mahnung und Warnung wirken und zu aktuellem Geschehen Stellung beziehen. Loerke ging es dabei nicht um lehrhaft-moralisierende Tendenzen, schon gar nicht um die Wiederaufrichtung einer Dichterrolle als eines Prophetenamtes. Die Attraktivität der Tradition, wiederentdeckt für Widmungsverse, bestand darin, dass die Spruchdichtung in ihrer Neigung zur formelhaften, nur auf Wesentliches konzentrierten Sprache unmissverständliche Positionen bezog.

Die Eindeutigkeit der Form und die klare Positionierung des Verfassers sind auch im »Leitspruch« von 1940 zu erkennen. Die beiden vierhebigen

Reimpaare sind parallel angeordnet und nach dem alternierenden jambischen Metrum transparent gegliedert. Im rhythmischen Gefüge werden die beiden als Opposition zueinander stehenden Begriffe besonders hervorgehoben: **Reich** und **Wort**. Diese elementare Kontrastierung bestimmt das gesamte Gedicht und macht den Kern des eigentlichen Spruchs aus: Politische Reiche, auf Gewalt gegründet, sind zum Untergang verurteilt, während das **lichtgeborne Wort** die Zeiten überdauert. Die Sprucheinsicht gibt eine allgemeine Erkenntnis wieder, die Loerke mit zeitgenössischen Dichtern der Inneren Emigration wie Schneider, Bergengruen, Huch und Wiechert teilte. Die Position, so wenig originell sie als Gedanke auch sein mag, umreißt mit wenigen Worten die politische wie poetologische Basis Loerkes. Der Spruch wurde zu einem Zeitpunk geschrieben, als innerhalb Deutschlands und Österreichs die anfänglichen Kriegserfolge des Hitlerreiches mit gewaltigem Pomp gefeiert wurden: Die Popularität des Faschismus hatte ihren Höhepunkt erreicht.

Vor diesem Hintergrund ist die Lakonie des ersten Reimpaars zu verstehen. Der Dichter stellt sich mit ihr ins Abseits und formuliert sein Urteil über das **blutgefügte Reich** so unbeeindruckt wie furchtlos. Denen, die sich gerade noch an Siegen über halb Europa berauschen, hält Loerke entgegen: **Jedwedes blutgefügte Reich/ Sinkt ein.** Der Vergleich des Reiches mit einem **Maulwurfshügel** lässt an dem negativen Urteil keinen Zweifel, auch nicht an der politischen Funktionalisierung der satirischen Tiermetapher. So hält der erste Teil des »Leitspruchs« ein Menetekel bereit, ohne Pathosformel, ohne dramatische Inszenierung des eigenen Duktus, aber mit umso schärferer Konsequenz und umso stärkerer Gewissheit. Zugleich wird der Traditionsbezug der Spruchdichtung, die Praxis des seine Stimme zum aktuellen Zeitgeschehen erhebenden Spruchdichters evident. Auch der zweite Spruchteil enthält keine überraschend neue Erkenntnis. Vielmehr gibt sich Loerke als ein Autor zu erkennen, der dichterische Praxis, wie viele Dichter des lyrischen Traditionalismus, als hoch bedeutendes, dem **Wort** verpflichtendes Sprechen verstehen. Die metaphysische Kraft des Wortes wird durch eine religiöse Bildformel legitimiert, die Metapher vom **lichtgeborne**[n] **Wort**. Der Kontrast zwischen den beiden Reimpaaren des Spruchs könnte nicht größer sein. Als »Leitspruch« präsentiert, sind die vier Verse der Umriss eines gesamten Programms, das die Möglichkeiten und Grenzen der Inneren Emigration in nuce aufzeigt. Zu veröffentlichen indes war ein solcher Spruch nicht. Ihn auf ein Widmungsblatt zu schreiben hieß: sich der eigenen Position in doppelter Weise zu vergewissern und sie anderen auf privatem Wege mitzuteilen: Distanz zum **blutgefügte**[n] **Reich**, in deren Grenzen man sich befand, und Glaube an die Macht des **lichtgeborne**[n] Gegen-**Wort**[s], das die Wirklichkeit überlebt und am Ende siegt.

5.6.5 *Reinhold Schneider: »Entfremdet ist das Volk mir …«*

REINHOLD SCHNEIDER (Jg. 1903) gehörte zwischen 1930 und 1945 zu den bedeutendsten deutschen Sonett-Dichtern. Schon 1928 hatte er, den lyrischen Traditionalismus vorwegnehmend und ihm bis zu seinem Tode im Jahre 1958 verpflichtet, eine große Zahl von Sonetten geschrieben, allerdings erst später veröffentlicht. Während des Nationalsozialismus hatte er Kontakte zum christlich orientierten Widerstand, vor allem zu Mitgliedern des Kreisauer Kreises. SCHNEIDER galt der faschistischen Kulturpolitik und Journalistik als ein missliebiger, verdächtiger Autor, der 1940 Schreibverbot erhielt. Die Zahl der zwischen 1933 und 1945 publizierten Schriften und Werke war jedoch trotz mancher Vorbehalte und Behinderungen recht hoch.[264] Seine zwischen 1927 und 1937 geschriebenen Sonette wurden zunächst nur maschinenschriftlich vervielfältigt. Erst 1939 erschien ein erster Band mit Sonetten, dem 1941 im Privatdruck *DREISSIG SONETTE*, 1943 die Sonettdichtung *JETZT IST DES HEILIGEN ZEIT* und 1944 die Sonettsammlung *DIE WAFFEN DES LICHTS* folgten. Erst in der unmittelbaren Nachkriegszeit wurde die große Bedeutung, welche die Gattung des Sonetts bei Schneider spielte, vollends deutlich. Das Gedicht »Entfremdet ist das Volk mir …«[265] ist auf den 16. April 1938 datiert und erschien 1944 in den *WAFFEN DES LICHTS*:

Entfremdet ist das Volk mir, nur sein Leiden
Bedrängt mich nachts, und furchtbar drückt die Not,
Daß ich nicht spreche nach des Herrn Gebot
Und schweigend seh' das Heilige verscheiden.

Ob aller Augen sich am Glanze weiden,
Seh' ich die Nacht, das Unheil und den Tod,
Und wie der Untergang im Siege droht
Und nicht in falschem Ruhm Verderber kleiden.

Verkehrt sind alle Zeichen, stumm die Dichter,
Es bannt das Wort nicht mehr die Todesmächte,
Die deine Seele, Volk, in Fesseln schlagen.

Mein Volk, mein Volk, wie wird der ewige Richter
Dereinst uns wägen nach dem ewigen Rechte,
Wenn er nicht zählte, was wir stumm getragen!

Christlich orientierte Widerstandsliteratur?[266] Im Zentrum des Gedichts stehen, charakteristisch für die Sonettdichtung der 30er- und 40er-Jahre, Diskursbezüge zu Geschichte, Gegenwart, Volk, Religion und Dichtung. Und weil das Gedicht auch die Position des Ichs thematisiert und von den verstummten Dichtern spricht, ist das Sonett auch ein poetologisches Gedicht, in dem das Verhältnis des Dichters zu Publikum und Volk, zur aktuellen Zeitsituation der **Siege** und der **Verderber** und zur religiösen Verpflichtung, zu **des Herrn Gebot** erörtert wird. Vom Widerstand indes ist zunächst nur die Rede in eher negativierender Form. **Daß ich nicht spreche nach des Herrn Gebot**, darüber reflektiert das lyrische Subjekt, und dass es offenbar **schweigend [...] das Heilige verscheiden** sieht. Der Augenblick des Selbstzweifels ist unübersehbar. Schneider spricht von **Leiden, Not**, Bedrängung, **Unheil** und sogar vom **Untergang im Siege**.

Das in fünfhebigen Jamben verfasste Sonett erweist sich als eine festgefügte, in der Gattungstradition fest verankerte Form, die bei aller Selbstreflexion, aller Verunsicherung und Beunruhigung einen sicheren Halt gewährt. SCHNEIDER hat seine Gedanken durchkomponiert und sie einer Strophenform anvertraut, die in ihrer Tektonik auf klar umrissenen Strukturelementen ruht. Der Aufbau folgt dem Steigerungsprinzip traditioneller Sonettdichtung. Das erste Quartett umreißt Situation und Zeitkonturen (Entfremdung zwischen Dichter und Volk), während das zweite die Beobachtungen zuspitzt (Dichter als Seher). Das erste Terzett fixiert in dramatischer Form bereits erste Konsequenzen (das Verstummen der Dichter), während das Schlussterzett eine Antwort bereithält (Rechtfertigung: **was wir stumm getragen!**).

Zur festen Form zählt auch die Reimstruktur. Nicht dass der Autor Paarreim und umschließenden Reim kombiniert ist dabei entscheidend, sondern, die bis zuletzt durchgehaltene Wahl von semantischen Schlüsselwörtern in der Endstellung des einzelnen Verses, die dem Zeilenschluss ein besonderes Gewicht verleihen. Die Lexik des Gedichts zeigt an, dass kein Wort aus einer bloßen Stimmung heraus formuliert wurde. Das Sonett hält keinen Moment der Verunsicherung und Verzweiflung fest, sondern transzendiert ihn in einen Deutungsansatz, der eine Lösung anbietet. So wie der Autor sich der festen Form anvertraut, bietet das in seinen Themen zunächst höchst beunruhigende Sonett einen Hoffnungshorizont. Und noch ein weiteres Merkmal bestimmt SCHNEIDERS Wortwahl. Bei aller Verzweiflung und Not, die das Ich bedrängen, erscheinen Begriffe wie **Volk, des Herrn Gebot, das Heilige, die Dichter, die Todesmächte, Seele** und **der ewige Richter** in ihrer Bedeutung fest fixiert. Die Sprache des Gedichts konstituiert mit ihrem Pathos und ihrer sicheren Diktion die Position des lyrischen Subjekts als eines zu Bekenntnis und Erkenntnis gleichermaßen befähigten Sprechers.

Dem Gedicht liegt ein Verständnis von Geschichte zugrunde, auf dem auch sein festes Begriffsfundament aufgebaut ist. Das **Volk** erscheint aus zweifacher Perspektive. Ihm werden gleich im ersten Vers **Leiden** zugeordnet. Allerdings wirkt es wie verblendet, wenn **aller Augen sich am Glanze**

weiden, obwohl die **Siege** aus der Sicht des Ichs nur **falschen Ruhm** bedeuten. Das Volk ist der intendierte Adressat des Gedichts; ihm gelten die Anredeformeln **deine Seele, Volk** und die dramatisch zugespitzte Anrufung **Mein Volk, mein Volk**, die wie die Evokation eines biblischen Propheten klingt. Diejenigen, welche die Macht haben, sind am undeutlichsten benannt. Weder aus dem Kontext des Entstehungs- noch des Veröffentlichungsjahres lässt sich eine unmissverständliche Zuordnung ableiten. Die Rede ist vom **Verderber**, der im Volke und mit dem Volke sein Unwesen treibt. Aber die Abstraktion der Begriffe und des metaphorische Umschreiben der Herrschenden lassen einen Assoziationsspielraum zu und verweisen auf eine Strategie des indirekten, verdeckten Sprechens. Wer sind **die Todesmächte**, welche die **Seele** des Volkes **in Fesseln schlagen**? Und welche **Siege** sind gemeint, die eigentlich **Untergang** bringen?

Zwar nutzt SCHNEIDER in seinem Sonett die rhetorische Tradition mit ihren Effekten und Dramatisierungen und ihrer pathetischen Strategie der Rührung, beispielsweise in der dreifachen Steigerung der Klimax **Nacht, Unheil** und **Tod**. Aber es gehört zur Charakteristik der Sonettsprache der zum faschistischen Regime auf Distanz gehenden Dichtern innerhalb Deutschlands und nach 1938 auch innerhalb Österreichs, dass sie den Nationalsozialismus und seine brutalen Herrschaftsmechanismen in vagen Umschreibungen benennen. Umgekehrt erfolgt eine – von SCHNEIDER subjektiv nicht gewollte – Aufwertung eines Regimes, wenn es die apokalyptischen **Todesmächte** repräsentiert und wie der teuflische **Verderber** umhergeht. Allerdings trifft diese Kritik die Bildstruktur nur als eine Kritik von außen. Das dem Sonett zugrunde liegende Verständnis von Zeitgeschichte hat nämlich eine heilsgeschichtliche Kontur. Die herrschenden Mächte repräsentieren in der Tat die Mächte des Bösen und der Finsternis und heißen dann zu Recht **die Todesmächte.** Das poetische Subjekt hat die Fähigkeit zu sehen und zu verkündigen, und es verkündet auf der einen Seite Geduld und Läuterung durch Leid und auf der anderen Seite die Zuversicht einer heilsgeschichtlichen Hoffnung. Der **ewige Richter** und die Macht, die dem **ewigen Recht** zukommt, schließen indirekt die Aussicht auf ein Ende ein. In diesem Geiste ist die letzte Strophe geschrieben worden, und zwar in der Anspielung auf ein stummes Tragen des auferlegten Schicksals: **Wenn er nicht zählte, was wir stumm getragen!** Die stummen Dichter freilich haben keinen Verrat begangen, ihr Schweigen steht in einem höheren Zusammenhang. Gedichte solcher Art sind von Selbstreflexionen bestimmte poetologische Rechtfertigungen, zugleich aber auch Gedichte, die dem Publikum einen Standort anbieten, der Trost und Halt gewährt. Vor diesem Hintergrund ist die feste, statische Form sowohl für den Dichter als auch für sein Publikum so etwas wie ein geschützter Rückzugsort der verschwiegenen Kommunikation derer, die in der Gewissheit der Sprache wie der heilsgeschichtlichen Ordnung die bedrohliche Gegenwart zu verstehen suchen.

5.6.6 Wilhelm Lehmann: »Die Signatur«

Wilhelm Lehmanns Gedicht »Die Signatur«[267] erschien 1942 im Gedichtband *Der grüne Gott*. Die ***Neue Rundschau*** hatte es im Februar 1940 unter dem Titel »Vögel am Wintermittag« veröffentlicht.

Damastner Glanz des Schnees,
Darauf liest sich die Spur
Des Hasen, Finken, Rehs,
Der Wesen Signatur.

In ihre Art geschickt,
Lebt alle Kreatur.
Bin ich nur ihr entrückt
Und ohne Signatur?

Es huscht und fließt und girrt –
Taut Papagenos Spiel
Den starren Januar?
Durchs Haupt der Esche schwirrt,
Der Esche Yggdrasil,
die Hänflings-, Zeisigschar.

Die goldnen Bälle blitzen,
Vom Mittagstisch gebannt,
Bis sie in Reihen sitzen,
Der Sonne zugewandt,
Wie Geister von Verklärten.
Die noch die Götter ehrten.

Die leisen Stimmen wehn
Aus den verzückten Höhn
Ein Cembalogetön.
Die Vogelkreatur,
Kann ich sie hören, sehn,
Brauch ich nicht mehr zu flehn
Um meine Signatur.

Während noch im Titel der Erstveröffentlichung ein konkreter Entstehungskontext rekonstruierbar ist, so akzentuiert der spätere Titel gerade umgekehrt einen Abstraktionsvorgang: Der Autor überschreibt sein Gedicht mit der Leitmetapher der **Signatur**, deren Blickfeld die Zeichenhaftigkeit und offenbarende Kraft von Naturphänomenen umreißt. Dabei beginnt die erste Strophe mit einer Beobachtung, die benannt und im Epitheton veranschaulicht wird: **Damastner Glanz des Schnees**. Auch die nächste Stufe der Beobachtung hat noch einen auf das Ich zurückverweisenden Bezug, die Ausdeutung der Spuren im Schnee: **Drauf liest sich die Spur/ Des Hasen, Finken, Rehs.** Erst der folgende dritte Schritt führt von der äußeren Beobachtung weg, indem die Fährten der Tiefe mit der Schlüsselmetapher des Gedichts zusammengebracht und als **Der Wesen Signatur** bezeichnet werden. Nicht die Naturimpression steht im Mittelpunkt, sondern die Frage der Bestimmung des reflektierenden Ichs. Diese philosophische Dimension wird bereits im ersten Vers der zweiten Strophe eingeführt: **In ihre Art geschickt,/ Lebt alle Kreatur.** Dem schlichten, thesenartigen Gedanken steht in den folgenden Versen die das Gedicht tragende Leitfrage gegenüber: **Bin ich nur ihr entrückt/ Und ohne Signatur?** Gefragt wird nach der Verortung des Menschen in der Welt, nach seiner Sonderstellung innerhalb der natürlichen Ordnung und nach der sein **Wesen** offenbarenden **Signatur**.

LEHMANNS Naturgedicht hat, so zeigen die Eingangsstrophe und die Leitfrage der zweiten Strophe, zwei Wahrnehmungsebenen; die eine zielt auf die äußere Beobachtung des Geschehens und wird von einem beobachtenden Ich aus perspektiviert, die andere lässt sich einem gedankenvoll meditierenden und über sich selbst nachdenkenden Ich zuordnen. Die Leitmetapher der **Signatur** verknüpft beide Ebenen und gibt dem gesamten Gedicht seine strukturelle und interpretatorische Konsistenz. Solche Art Naturgedichte waren weder poetische Naturschilderungen noch Stimmungslyrik, die sich der Natur als Kulisse einer bloßen Seelenlandschaft bediente. Dagegen spielten Verweise auf Naturphilosophie, theologische und theosophische Naturspekulationen, schließlich auch auf Naturmystik und -magie eine wichtige Rolle, wie in diesen Bezugsfeldern verschüttete und vergessene Antworten auf Grundfragen der menschlichen Existenz vermutet wurden. Diese Dimensionen wiederzuentdecken hieß eine Chance zu bieten, Sinn- und Orientierungskrisen der Moderne zu ertragen. Die Frage und die Suche nach der **Signatur** der Dinge und vor allem auch des der Natur und seinem eigenen Selbst entfremdeten Menschen bildeten für LEHMANN wie für Huchel, Langgässer, Eich, Krolow und Bobrowski die Basis jahrelanger Schreibmotivation.

Nun besteht LEHMANNS Antwort keineswegs im Aufweis oder gar im Zitat naturphilosophischer und naturmagischer Weltdeutungen. Es macht vielmehr den eigentlichen Reiz des Gedichts aus, dass es in der dritten und vierten Strophe sich verallgemeinernden Reflexionen fast ganz entzieht. Die Frage **Und ohne Signatur?** bringt nicht das meditierende, sondern das beobachtende Ich wieder auf den Plan. Es richtet den Blick auf die Vögel im Gipfel der Esche. Heiter, leicht und ironisch wird der Ton, frei von gelehrigen Sentenzen des Philosophen. Eindrücke werden aufgezählt und im

Polysyndeton **Es huscht und fließt und girrt** mit bewegendem, rhythmischem Schwung vorgetragen. Dieses Bewegungsspiel findet auf der phonetischen Ebene seine Fortsetzung, und zwar im bewegten Spiel der Reime. Das Gedicht folgt keinem starren Modell, sondern mischt Kreuzreime, Paar-, umschließende und verschränkende Reime (3. Strophe: abcabc); als Kehrreim wird das Schlüsselwort **Signatur** dreimal als Strophenschluss gesetzt. Das Moment der bunten, blitzartigen Bewegungen (**schwirrt, blitzen**) dominiert, der Reim fügt sich der Asymmetrie bei. Zum heiteren Bild gehört auch die Anspielung auf Mozarts Oper *Die Zauberflöte*, die musikalische Assoziation zum Vogelzwitschern, das Papageno mit den lockenden, reizenden und in den Bann ziehenden Tönen seiner Flöte nachahmt. Und auch die Reminiszenz an die **Esche Yggdrasil** aus germanischer Mythologie – an jene die Menschen- und Götterwelt verbindende, das Leben garantierende Weltesche – ruft keine Pathosformel auf, sondern hat einen ironischen Beiklang; die im Baum umherschwirrenden Hänflinge und Zeisige scheren sich nicht um den nordischen Mythos, auch die **Esche Yggdrasil** fügt sich ins heiter-harmlose, lebensfrohe Winterbild und dessen aufschwingende fröhliche Mittagsmelodie.

Das beobachtende Ich der dritten und vierten Strophe schiebt Wahrnehmung und Assoziation ineinander. Das Ich, die Vögel im Baum beobachtend und **sie in Reihen sitzen** sehend, beginnt im ersten Vers der vierten Strophe mit einer vom Federkleid der Vögel inspirierten Farbimpression (**Die goldnen Bälle blitzen**), deutet die allmähliche Beruhigung, das Sich-Setzen auf den Baum, als einen Vorgang des Bannens und entfaltet, ausgehend von dieser Assoziation, einen animistischen, naturmagischen Vergleich: **Wie Geister von Verklärten,/ Die noch die Götter ehrten.** Auch diese Assoziationen sind nicht von der Leichtigkeit des beobachtenden Schauspiels zu trennen. Das Ich spielt mit seiner eigenen Assoziationskraft, indem es umstandslos Anspielungen auf kulturelles (**Papagenos Spiel**), mythologisches (**Yggdrasil**) und naturmagisches Wissen (**Geister der Verklärten**) mischt und so die lärmenden, umherschwirrenden und allmählich zur Ruhe kommenden Wintergäste in der Esche einmal mit **goldnen Bällen** und ein andermal mit ehrfürchtig-frommen **Geister[n] der Verklärten** vergleicht.

Auch die Schlussstrophe reiht sich ohne Bruch in die Heiterkeit der dritten und vierten Strophe ein, indem das Geschehen, das mit einer musikalischen Assoziation eingeleitet wurde (**Papagenos Spiel**), nun auch mit einer musikalischen Metapher abgeschlossen wird (**Ein Cembalogetön**). Das Bild goutiert das Winterkonzert der Hänflinge und Zeisige, für die, so der Brockhaus, ein **angenehmer, abwechslungsreicher Gesang**[268] charakteristisch sei. Wie stets scheinen Lehmanns Naturbeobachtungen bis ins Detail präzise zu sein. Die letzte Strophe führt allerdings über die heitere Impression hinaus und zur Leitfrage zurück, indem nun die Antwort gegeben wird: **Die Vogelkreatur,/ Kann ich sie hören, sehn,/ Brauch ich nicht mehr zu flehn/ Um meine Signatur.** Diese Antwort gibt die Frage an das Ich zurück; denn **entrückt** ist das Ich seiner **Signatur** in dem Moment nicht mehr, in dem es mit seinen Sinnen (**hören, sehn**) sich auf das Naturgeschehen einlässt. Das, was es dort zu hören und zu sehen gibt, bleibt kein bloß äußerliches Geschehen, sondern verweist zeichenhaft und vieldeutig auf sein **Wesen**, verrät also etwas über die Welt und über seine kleine Beziehung zu den geheimen Ordnungen und Beziehungsspielen der Natur, von denen der Mensch eben noch nicht ganz ausgeschlossen ist. Schriftzeichen zu lesen, Spuren im Schnee zu registrieren und seine eigene Position im Bezugsfeld von Naturraum und kultureller, künstlerischer und geistiger Welt zu bestimmen, dazu lädt das Gedicht ein, nicht mit einem Unfehlbarkeits- und Ausschließlichkeitsgestus, sondern gleichnishaft verkleidet in einem winterlichen Genrebild.

Lehmanns Leitmetapher der **Signatur** entstammt, wie Schäfer erläuterte, Jakob Böhmes Buch *De signatura rerum oder von der Geburt und Bezeichnung aller Wesen* (1622); die Lektüre hat der Dichter in seinem Tagebuch notiert.[269] Böhme erklärte die das Wesen offenbarende **Signatur** eines jeden Dings aus der zeichenhaften Verknüpfung der äußeren und inneren Gestalt: **Und ist kein Ding in der Natur, das geschaffen oder geboren ist, es offenbaret seine innerliche Gestalt auch äusserlich.** Daher ist schon für Böhme der Signatur-Begriff ein Schlüsselbegriff zum Wesen der Dinge; es sei **in der Signatur der größte Verstand, darinnen sich der Mensch [...] nicht allein lernet selber erkennen, sondern er mag auch darinnen das Wesen aller Wesen lernen erkennen.**[270] Lehmann hat Böhmes Theorie der Signatur nicht dogmatisch als Welterklärungsmodell übernommen, sondern als heuristisches Prinzip der eigenen poetischen Schreibpraxis. Der Dichter setzt die Signatur nicht, sondern spürt sich in geduldiger Beobachtung und Reflexion auf, indem er sich auf die Details der Natur einlässt, und zwar nicht auf deren erhabene, pathetische Seite, sondern, wie im Gedicht vorgestellt, auf die zunächst unbedeutenden, winzigen Spuren und Details. Erst allmählich vermag er dann Chiffren und Beziehungen entdecken, die ihn auf seine eigene Zeit- und Lebenssignatur zurückführen. Vor diesem Hintergrund ist das Gedicht ein poetologisches Programmgedicht der naturlyrischen Schule, das weit über die Zäsurgrenze von 1945 hinaus anregend wirkte.[271]

Innerhalb der Rezeptionsgeschichte war es Elisabeth Langgässer, die auf doppelte Weise Lehmanns Gedicht zu verstehen versuchte. Sie beurteilte es als **herrlichstes, süßestes aller Naturgedichte**[272] – so in einem Brief an den Dichter vom November 1942 –, zugleich aber konfrontierte sie das Gedicht mit der Zeitsituation, in der es entstand: **Mir schien das Krachen des ungeheuren Winters darin aufbewahrt – wie hätte man ihn noch reiner, gelassen-heiterer aufnehmen können, wenn nicht Krieg, Krieg, Krieg wäre! –**[273] Langgässers Bemerkung – ein verzweifelter Ausruf, keine Kritik des Gedichts – liest sich dem Inhalt nach wie eine verblüffende Parallele zu Brechts später berühmt gewordenen Versen aus dem Poem »An die Nachgeborenen«, das einige Monate vor LEHMANNS »Signatur« in einer Exilzeitschrift erschienen war: **Was sind das für Zeiten, wo/ Ein Gespräch über Bäume fast ein Verbrechen ist/ Weil es ein Schweigen über so viele Untaten einschließt!**[274]

Unterrichtshilfen

1 Didaktische Aspekte

Lyrik zwischen 1900 und 1945 hat in der Schule zwar gegenwärtig ihren festen Platz, aber der Kanon der seit Jahrzehnten immer wieder gelesenen Gedichte ist äußerst selektiv. Drei Beobachtungen möchte ich mit diesem Kanon verbinden: Es spielt erstens die Dichtung der Jahrhundertwende eine erheblich geringere Rolle als die Lyrik des Expressionismus, die in der schulischen Rezeption wesentlich auf ihre Protagonisten Trakl, Heym, Benn, van Hoddis und Lichtenstein begrenzt wird. Dadaisten wie Hugo Ball erscheinen nicht im epochalen Zusammenhang dadaistischer Kulturkritik, sondern unter dem Etikett ›Wortakrobatik und Unsinnspoesie‹. Die Entstehung moderner Lyrik liegt weitgehend außerhalb des Horizonts schulischer Lyrikrezeption. Zweitens dominiert in der nachexpressionistischen Lyrik eindeutig der Schulklassiker Bertolt Brecht, und zwar gleichermaßen signifikant in unterschiedlichen Genres wie Ballade, Song, Zeitgedicht, Liebeslyrik und politischer Dichtung. Für die Zeit der Weimarer Republik und des Faschismus gehören mit entsprechendem Abstand Lyriker wie Kästner und Benn noch in das engere Umfeld des Kernkanons. Drittens bleibt die Geschichte der deutschsprachigen Lyrik zwischen 1930 und 1945, von der Lektüre einiger Brecht-Gedichte aus dieser Zeit abgesehen, weitgehend aus dem Unterricht ausgeblendet, während dann Autoren der ersten Nachkriegsjahre, vielfach noch immer einem dubiosen Neubeginn der ›Stunde Null‹ zugeordnet, umso eifriger gelesen werden.

Diese (grobe) Bestandsaufnahme erklärt sich aus der Geschichte des Lyrikunterrichts selbst. Wie in der Geschichte der Lyrik das Jahr 1945 keineswegs ein einschneidendes Zäsurdatum war, so stand auch die schulische Rezeption von Lyrik in Westdeutschland, Österreich und der Schweiz sowohl in der Kanonauswahl als auch in ihrem methodischen Repertoire im Zeichen der Kontinuität, während sie in der DDR zunächst von den Doktrinen des sozialistischen Realismus bestimmt wurde. Der vor 1945 sich in langer Tradition aufgebaute Lyrikkanon hat sich im Westen bis in die frühen 60er-Jahre mühelos gehalten. Gedichte wurden, der ›Lebenshilfe-Didaktik‹ entsprechend, weiterhin als Instrumente der Erziehung und der weltanschaulichen Gesinnung ausgewählt. Moderne Lyrik spielte in diesem Kanon, von ein paar Gedichten Rilkes abgesehen, kaum eine Rolle. Dagegen waren Protagonisten des lyrischen Traditionalismus allenthalben in Lesebüchern aller Schulstufen und in der didaktischen Ratgeberliteratur präsent, Dichter wie Werner Bergengruen, Reinhold Schneider, Georg Britting, Joseph Weinheber und Friedrich Georg Jünger. Dann aber vollzog sich, parallel übrigens zu Modernisierungsprozessen der Schule im Zeichen ihrer Anpassung an die sich verändernde Industriegesellschaft, ein markanter Kanonwandel, der Traditionalismen zurückdrängte. Nun erst entdeckte man Bertolt Brecht und die Lyrik des Expressionismus – Trakl, Heym, Benn,

Stadler, Lasker-Schüler – sowie diejenigen Gegenwartslyriker, welche an jene seit den 30er-Jahren verschüttete, verdrängte und verfemte Tradition der europäischen Moderne anknüpften.

Parallel etwa zum Kanonwandel, der die Moderne in den Unterricht brachte, vollzog sich ein wissenschaftlicher wie schulischer Methodenwechsel im Umgang mit Lyrik. Die Zeit des erbaulichen, auf ›Singen und Sagen‹ bedachten Umgangs mit Lyrik ging in den 60er-Jahren zuende. Im Verlaufe der 60er- und 70er-Jahre trat ein immer stärker analytisch ausgerichtetes Methodenbewusstsein an diese Stelle, zum Teil auch verbunden mit einer Hinwendung zur politisch-aufklärerischen, engagierten Lyrik mit ihren Protagonisten Heine, Tucholsky, Kästner, Brecht, Biermann und Fried. In den letzten zwei Jahrzehnten drängten Konzepte eines produktiven Umgangs mit Lyrik die kognitive Eindimensionalität eines formalistisch-analytischen Unterrichts zugunsten eines offenen, mit Gedichten, Gedichtform und Gedichtsprache experimentierenden, Emotionen und Affekte stimulierenden Unterrichts zurück. Es gibt zur Zeit wohl keinen Bereich des Literaturunterrichts, zu dem in den letzten zehn Jahren derart viele didaktische Anregungen, Tipps, Vor- und Ratschläge, Rezepturen nebst anschaulichen Beispielen aus den Gedichtwerkstätten der Schule publiziert wurden wie zur Lyrik im Unterricht.

Vor diesem Hintergrund sind drei Aspekte des Umgangs mit Lyrik im Unterricht gleichsam als Basisbedingungen zu berücksichtigen. (1) So selbstverständlich in Richtlinien, Lehrplänen und auch in der didaktischen Literatur von Lyrik und vom Gedicht geredet wird: Begriff und Gegenstand sind keineswegs so eindeutig, wie es auf den ersten Blick erscheinen mag. Eine ahistorisch-formalistische, etwa auf Metrik und Prosodie und auf ahistorische Gattungskunde fixierte Methodik verbietet sich daher bereits im Grundsatz. (2) Es gilt für den Unterricht die Praxis des heutigen Umgangs mit Lyrik als Teil des gegenwärtigen literarisch-kulturellen Lebens einzubeziehen. Lyrik ist heute eine Sparte des Buchmarktes, die im Sortiment zwar keine schwindelerregenden Bestseller und auflagenstarke Erfolgsgeschichten verspricht, aber nach wie vor noch ihren eigenen Platz hat und so leicht nicht zu verdrängen ist. Zwar dominiert offensichtlich die Gegenwartslyrik, zumindest die Lyrik seit 1945. Aber auf dem Markt sind alle bekannten Lyriker aus der ersten Hälfte des 20. Jahrhunderts nicht nur weiterhin in breiter Auswahl erhältlich, sondern es werden auch regelmäßig zu kanonischen Autoren wie Rilke, Benn, Brecht und Kästner neue, aktualisierte Ausgaben herausgegeben. (3) Umgang mit Lyrik heißt heute Lesen von Gedichten, in aller Regel allein, privat, zurückgezogen. Im kulturellen Leben spielen öffentliche Lesungen und Rezitationsabende nur eine untergeordnete Rolle, während andere, experimentelle Formen der Darbietung vom Performance-Auftritt über Text-Musik-Mixturen zur bühnenhaften Lyrik-Inszenierung meistens im kulturellen und subkulturellen Szene-Milieu verbleiben. Seit den 70er-Jahren gibt es unterschiedlichste Sparten-Käufer, vom Abnehmer der inzwischen vielfältig angebotenen Gedichtbücher zum Verschenken über den Interessenten für fernöstliche Lyrik-Weisheiten bis zum Käufer aktueller Lyrik-Avantgarde. Schülerinnen und Schüler finden wir wohl in aller Regel nicht unter diesem Lyrikmarkt-Publikum. Für sie dürfte der schulische Umgang mit Lyrik in aller Regel nicht nur die erste Berührung mit Gedichten sein, sondern während der Schulzeit wohl auch die einzige nennenswerte Kontaktstelle bleiben. Dies ist ein für die literarische Sozialisation wichtiger Aspekt, zumal sich der Umgang mit Lyrik hier deutlich von denen mit anderen literarischen Gattungen, vor allem mit der Erzählprosa, unterscheidet.

Die Lyrik zwischen 1900 und 1945 gehört zur vielschichtigen, aspektreichen, zugleich aber auch sehr komplexen Phase der deutschsprachigen Lyrikgeschichte. Sie bietet Positionen und Standpunkte, Formen und Poetologien, die bis heute weiterwirken. Im Übrigen gilt unter didaktischer Perspektive auch für diese Phase der Lyrikgeschichte: Lyrik ist weithin ein literarisches Medium, das weltanschauliche und erzieherische Instruktionen durchkreuzt. Umso offener aber kann mit Lyrik umgegangen werden, bis hin zum Umschreiben und Verändern von Texten. Dazu gehört schließlich auch die Präsentation von Lyrik: als Vortrag; als Textbuch mit eigenen Kommentaren, Bildern und Photos; als gemeinsam gestaltete Anthologie; als Video-Clip oder CD-ROM mit musikalischen und szenischen Elementen. Schreibtätigkeiten im Umgang mit Lyrik sind nicht nur auf die Gedichtinterpretation herkömmlicher Art als Königsweg schulischer Interpretationskunst begrenzt. Die Palette der Möglichkeiten umfasst Schreibaktivitäten wie das Schildern eigener Leserreaktionen, das Kommentieren, Umschreiben und Parodieren von Texten und Textstellen, das Experimentieren mit Gedichten, deren Diktion, Gestus und Form, das Collagieren lyrischer Texte (Bild-Text-Verknüpfungen), das Erstellen einer eigenen Gedichtanthologie und schließlich die eigene Textproduktion.

Die folgenden Vorschläge für Unterrichtsvorhaben verstehen sich als Anregungen für eine *offene* Unterrichtsplanung. Daher entsprechen die vorgeschlagenen Textabfolgen keiner bis ins Detail vorstrukturierten Konzeption. Die unterrichtliche Realisierung sollte neben den Kenntnissen und methodischen Fertigkeiten der Schülerinnen und Schüler auch deren Interesse an Lyrik berücksichtigen.

Seitdem produktions- und rezeptionsorientierte Verfahren im Unterricht miteinander kombiniert und auch Formen der Projektarbeit – von der selbstständigen Untersuchung eines lyrischen Themenkreises bis zur Erstellung einer Gedichtanthologie – immer stärker die Praxis bestimmen, sind traditionelle Vorurteile gegen die Gattung Lyrik, vorsichtig formuliert, zur Zeit eher rückläufig. Hier liegt eine große Chance für den Unterricht, auch neue Formen des Umgangs mit Lyrik nicht-kanonisches Textmaterial und vor allem auch fächerübergreifende Fragestellungen zu erproben.

2 Themenvorschläge für Sequenzen und Unterrichtsreihen

Die Lyrik von 1900 bis 1945 bietet ein breites Textangebot für Unterrichtsvorhaben der unterschiedlichsten Art:

– *Thematische Unterrichtsreihen:* Gedichte werden einzelnen Themenfeldern zugeordnet, die dann besonders ergiebig sind, wenn Schriftsteller sich immer wieder mit ihnen beschäftigten und es ein breites Repertoire der Auswahl gibt (z. B. Krieg und Frieden, Natur, Großstadt und großstädtische Lebenswelt, Nähe und Ferne, Individuum und Gesellschaft, Leid und Tod, Einsamkeit und Isolation, Zeitverhältnisse). Die Konzeption thematischer Reihen bietet viele methodische Variationen; das Textmaterial lässt sich kontrastiv, exemplarisch, im historischen Längsschnitt und konzentriert auf einzelne Epochenschwerpunkte zusammenstellen. Je stärker die Erfahrungswelt der Lernenden bei der Materialsuche berücksichtigt wird, umso größer ist das Reflexions- und Diskussionspotenzial der Texte. In thematischen Reihen sind gute Möglichkeiten gegeben, je nach Alter und Erfahrung auch die Lerngruppe an der Textauswahl zu beteiligen.

– *Problembezogene Unterrichtsreihen:* Die Auswahl der Gedichte und ihre Kombination mit Textbeispielen anderer Gattungen sowie nicht-literarischen Materialien orientieren sich an Problemen aus der Erfahrungs- und Lebenswelt der Schülerinnen und Schüler, beispielsweise an Sozialisationserfahrungen (Elternhaus, Familie, Schule, Probleme des Heranwachsens und der Erziehung) und Pubertätskonflikten (Identität, Liebe und Freundschaft, Verhältnis der Geschlechter zueinander, Sexualität). Gedichte können dabei als provozierende und motivierende Impulse eingesetzt werden und Gesprächsanlässe sein. Sie können aber auch selbst Gegenstände analytischer und produktiver Unterrichtsphasen sein, etwa wenn es darum geht, im Gedicht vermittelte Erfahrungen aufzuspüren und sie mit eigenen Erfahrungen zu vergleichen. Wie bei den (konzeptionell verwandten) thematischen Reihen bietet sich eine Beteiligung der Lerngruppen an der Auswahl der Textparadigmen an.

– *Unterrichtsreihen zu lyrischen Motiven und zur Motivgeschichte:* Die Auswahl konzentriert sich auf Gedichte mit einem meistens klar auszugrenzenden Erfahrungs- und Vorstellungsbereich, also auf einzelne thematisch-stofflich oder auch strukturell verwandte Texte (bekannte Beispiele: Repertoire der Tages- und Jahreszeitenlyrik; historische und mythische Figuren; Orte und Städte; Gedichte auf Dichter, Künstler und Kunstwerke; Gedichte zu Naturphänomenen). Das Spektrum ist vielfältig; didaktisch lassen sich motivorientierte Reihen auch als Kurzreihen konzipieren und in der Jahresplanung über einen größeren Zeitraum verteilen.

– *Gattungs- und genreorientierte Unterrichtsreihen:* Gerade für die lyrische Gattung sind solche Reihen ohne größeren Aufwand zusammenzustellen, es gilt hier vor allem das Prinzip der exemplarischen Arbeit. Wie im Falle der lyrischen Motivreihe sind historische Längsschnitte, aber auch Querschnitte durch eine bestimmte Epoche möglich. Die Reihen sind besonders dazu geeignet, Einblicke in den kultur- und literaturgeschichtlich bestimmten literarischen

Wandel an einem begrenzten und überschaubaren Textkorpus zu entwickeln und so zumindest ansatzweise ein Bewusstsein für die Historizität von Literatur aufzubauen (z.B. Geschichte der Liebeslyrik, der Sonettdichtung, des politischen Liedes, des Epigramms, des Naturgedichts, der experimentellen Dichtung).

– *Epochenorientierte Unterrichtsreihen:* Wie für die gattungs- und genreorientierten Reihen bieten lyrische Texte die konzeptionelle Möglichkeit, auf induktive, entdeckende Weise sich in eine literarische Zeitperiode einzuarbeiten oder zwei Epochen miteinander unter bestimmten Fragestellungen zu vergleichen. Es geht in solchen Reihen nicht um eine auf die Gedichte projizierte allgemeine Merkmalsstruktur von Epochen, sondern um an den Beispielen selbst beobachtete Phänomene (charakteristische lyrische Ausdrucksformen, wiederkehrende poetologische Selbstverständnisse und Autoren-Rollen, wiederkehrende Motive, Vielfalt und Widersprüchlichkeit; die Grenzen des Epochenbegriffs; Prüfung, nicht Übernahme von Definitionen aus Lexika und Nachschlagewerken).

– *Autorenkonzentrierte Unterrichtsreihen:* Die Unterrichtsarbeit konzentriert sich in exemplarischer Weise auf die Dichtung einer Lyrikerin oder eines Lyrikers, evtl. auch einer Lyrikergruppe, eines Dichterbunds oder eines Kreises. Eine solche Reihe hat den Vorzug, dass sie an einem überschaubaren ›Fallbeispiel‹ über die Untersuchung einzelner Texte hinaus Fragen nach der Poetik, dem Selbstverständnis und der Außendarstellung sowie der Wirkung eines Autors in das Unterrichtsvorhaben einbeziehen kann. Auf dieser Basis ließe sich nicht zuletzt auch die Frage nach der individuellen Rezeptionshaltung der Schülerinnen und Schüler gegenüber dem Autor und seiner Lyrik diskutieren.

– *Kanonreflexive Unterrichtsreihen:* In der Rezeptions- und Wirkungsgeschichte der Lyrik haben einzelne Gedichte eine über lange Zeiträume tradierte Bekanntheit und Berühmtheit erlangt; sie wurden auswendig gelernt, immer wieder in der Schule interpretiert und in Anthologien aufgenommen. Zugleich haben sie in produktiver Rezeption sogar eigene literarische Reihen gestiftet, lyrische Antworten und Widerreden provoziert. Kanonreflexive Reihen könnten über die individuelle Auseinandersetzung mit den Beispielen hinaus auch das kulturelle Umfeld und die Rezeptionspraxis aufdecken, in denen das Gedicht seine kanonische Stellung erhielt. Die Unterrichtsreihe zielt bei der Analyse literarischer Erfolgsgeschichten einzelner Gedichte sowohl auf Probleme literarischer Wertbildung als auch auf die Praxis des Umgangs mit Literatur.

Die folgende Übersicht stellt, ausgehend vom einzelnen Gedichtbeispiel, didaktische und thematische Verknüpfungsmöglichkeiten für die im Darstellungsteil und in den Einzelinterpretationen ausführlicher behandelten Gedichte dar.

Autor	Gedichttitel	Didaktische und thematische Aspekte	Weitere Verknüpfungsmöglichkeiten
Holz (Kap. 1.4.1)	»Im Thiergarten«	Alltagsimpressionen; Berlin als literarischer Ort; Wilhelminismus, experimentelle Form der Mittelachsenkonstruktion; lyrisches Ich in Beobachterposition	Berlin-Gedichte; Lyrik, Alltag und Subjektivität; Projekt zur Literatur an der Epochenwende/Schwellenzeit um 1900; literarhistorischer Längsschnitt zur experimentellen Literatur; Formengeschichte der Lyrik
George (Kap. 1.4.2)	»Komm in den totgesagten park und schau …«	Naturraum als hermetischer Raum; Park-Motivik und *paradis artificiel;* Lyrik im Kontext von Zeremoniell und Ritual	Unterrichtsreihen zur Naturlyrik aus verschiedenen Epochen; Garten- und Parkmotivik von der Romantik bis 1900; Epochenumbrüche: Lyrik der Jahrhundertwende
George (Kap. 1.3)	»an baches ranft«	Naturimpressionen: Vorfrühling; Formen einfachen Sprechens/unprätentiöse Lyrik	Naturlyrik der frühen Moderne; Vergleich mit Georges »Park«-Gedicht: Kontrastierung auf verschiedenen Ebenen (Rolle des Ichs; Wortwahl und Vers- und Strophenbau; Stilebenen)
Rilke (Kap. 1.4.3)	»Ich fürchte mich so vor der Menschen Wort …«	Literarische Moderne vs. Modernisierung; Sprachkritik und Sprachskepsis; poetologisches Gedicht; Dingmotivik Rilkes	Gesellschaftliche und poetologische Aspekte der Lyrik um 1900; Sprache als literarisches und philosophisches Thema (Texte von Kraus, Hofmannsthal, Mauthner, Buber u. a.)
Rilke (Kap. 1.4.3)	»Alles Erworbne bedroht die Maschine …«	Sonettdichtung; Programmdichtung zum Thema Literatur und Technik aus der Perspektive der 20er-Jahre; Paradigma zur Erschließung schwieriger Texte	Unterrichtsreihe zur Lyrik/Literatur der 20er-Jahre: Spannweite und Vielfalt in einem Jahrzehnt emphatischer Moderne (Vergleiche mit Texten von Brecht, Roth, Tucholsky, Kafka, Jünger u. a.); Vergleiche mit Maschinendarstellung in der Bildenden Kunst der 20er-Jahre (z. B. des Bauhaus; Bilder von

Autor	Gedichttitel	Didaktische und thematische Aspekte	Weitere Verknüpfungsmöglichkeiten
			Legér, Dixy, Hubbuch; Technik-Thema bei E. Lissitzky)
Dehmel (Kap. 1.4.4)	»Entbietung«	Erotische Dichtung; Sexualität, Liebe, Begehren; Jugendstil-Motivik (Mohn, Fackeln); Poesie des ›Geschlechterkampfs‹, Motive der Liebeslyrik/Liebeslieder, Schlager: Haar, Sterne, Glut, Blut, Mitternacht, Mohn u. a.	Unterrichtsreihe zur Liebeslyrik (Vergleiche: Hohes Lied, Minnedichtung, Barock- und Rokokogedichte, Heine, Storm, Liliencron)/Unterrichtsreihe zum Thema Literatur und Sexualität; fächerverbindend: Jugendstil in der Bildenden Kunst, Literatur und im Kunstgewerbe
Dehmel (Kap. 1.4.4)	»Bekenntnis«	Programmdichtung zur modernen Lebensauffassung um 1900: Opposition zum 19. Jahrhundert: Enttabuisierung, Motive des Willens und der Lust	Poetische Selbstdarstellung im Gedicht: Die Inszenierung des Ichs (Längsschnitt zur Lyrikgeschichte: Günther, der junge Goethe, Baudelaire, Heine, Rimbaud, George, Benn, Brecht, Rühmkorf, Brinkmann, Kiwus, Hahn)
van Hoddis (Kap. 2.4.1)	»Weltende«	Zeit- und Programmgedicht des Expressionismus; Traditionsaspekte literarischer Apokalyptik; Großstadtthematik; Technik der Ironie und Groteske	Exemplarische Kurzreihe zur zeitgenössischen und historischen Wirkung eines Gedichtes bis heute (wirkungs- und kanongeschichtliches Arbeiten); Vergleich mit Gedichten zum Motiv ›Weltende‹ fächerverbindend: Apokalypse in religiösen Texten/in der expressionistischen Malerei
Lichtenstein (Kap. 2.4.2)	»Punkt«	Modernität im Gedicht: Wahrnehmung, Vereinzelung, Entfremdung als Ausdruck der Moderne-Erfahrung; Formenrepertoire: Simultanstil; Groteske	Gedichtvergleich mit van Hoddis; Unterrichtsreihe zum Thema ›Literarische Groteske‹; Projekt ›Bildnerische Umsetzung expressionistischer Gedichte‹ (zusammen mit van Hoddis, Heym und Klemm

Autor	Gedichttitel	Didaktische und thematische Aspekte	Weitere Verknüpfungsmöglichkeiten
			bzw. von Schülerinnen und Schülern ausgewählten Gedichten der *MENSCHHEITSDÄMMERUNG*)
Trakl (Kap. 2.4.3)	»Verfall«	Verfallsthematik des frühen Expressionismus; Text als Beispiel für produktive Experimente (Präsentation des Textes: z. B. Auslassungen von Adjektivattributen); sprachliche Erschließung des Textes: Realisierung der stufenweisen Zuspitzung des Verfalls	Unterrichtsreihe zur Geschichte der Sonettdichtung; Motivgeschichtliche Reihe: Herbst-/Abendgedichte; Trakl-Porträt: Vergleich mit weiteren Gedichten, Lektüre autobiografischer Dokumente, literarisches Leben in Österreich vor 1914, Trakl in Widmungs- und Porträtgedichten
Heym (Kap. 2.4.4)	»Der Gott der Stadt«	Paradigma expressionistischer Großstadtdichtung; Spannung zwischen traditioneller Strophenform und expressivem Inhalt; Funktionen der mythologischen Anspielungen; exemplarische Untersuchung der Metaphorik	Unterrichtsreihe zur Großstadtlyrik von Arno Holz bis Rolf Dieter Brinkmann; Heym als Paradigma eines Expressionisten (Lyrik, Prosa-Beispiele aus der Novellensammlung *DER DIEB*, Tagebuch-Lektüre, Dokumente zur Lebensgeschichte, Mythisierung des Dichters nach dem Tode)
Klemm (Kap. 2.4.5)	»Schlacht an der Marne«	Kriegsdichtung des Expressionismus; Literatur und Politik: Anspruch des Gedichts und Wirkungskontext	Motivgeschichtliche Unterrichtsreihe: Literatur und Krieg; Unterrichtsprojekt ›Literatur zum Ersten Weltkrieg‹: Ein Querschnitt mit Texten von Thomas Mann, Hofmannsthal, Rilke, George, Klemm, Becher, Ehrenstein, Kraus u. a.

Autor	Gedichttitel	Didaktische und thematische Aspekte	Weitere Verknüpfungsmöglichkeiten
Stramm (Kap. 2.1)	»Schwermut«	Paradigma expressionistischer Wortkunst: Anspruch experimenteller Texte: Sprachreflexion, Verdichtung, Abstraktion; Erschließung in produktiver, experimenteller Form Diskussion: Text als bloße Spielerei?	Unterrichtsreihe zur Konkreten Poesie und experimentellen Literatur – Spannweite, Ausdrucksformen, Poetik, Wirkung – (Stramm, Ball, Huelsenbeck, Schwitters, Gomringer, Heißenbüttel, Jandl, Rühm, Mon, u. a.); Text im Kontext einer Reihe zur Liebeslyrik: Stramm und die Sprache des Begehrens
Hennings (Kap. 3.3.1)	»Nach dem Cabaret«	Rollengedicht aus dem Umfeld von Cabaret, Boheme und modernem Künstlertum: Schlüsselgedicht, das Einblick in die Problematik weiblicher Protagonisten der historischen Avantgarde gibt; Reflexion des Verhältnisses Künstler- und Bürgertum; einfache, schlichte Form poetischen Sprechens	Gedichte von Lyrikerinnen des 20. Jahrhunderts (z. B. Ricarda Huch, Else Lasker-Schüler, Emmy Hennings, Berta Lask, Mascha Kaléko, Gertrud Kolmar, Marie Luise Kaschnitz, Sarah Kirsch, Friederike Mayröcker, Ursula Krechel, Kerstin Hensel); Unterrichtsreihe zum Lebensstil und Habitus von Künstlern im frühen 20. Jahrhundert; Gedichtvergleich mit Benns »Nachtcafé«; fächerverbindend: Darstellungen der bildenden Kunst zu Cabaret, Revue und Tingeltangel von Edgar Degas bis George Grosz
Ball (Kap. 3.3.2)	»Karawane«	Programmgedicht des literarischen Dadaismus; Erschließung im Kontext der Entstehungssituation: Anspruch des Gedichts im Zusammenhang mit dadaistischer Kritik der Literatur und Kunst; Diskussion der meditativen und mystischen Aspekte, kriti-	Unterrichtsreihe zur modernen Lautpoesie/ visuellen Poesie; Einführung in den literarischen Dadaismus als Paradigma moderner Kunst und Literatur (z. B. im fächerübergreifenden Projekt); Video-Projekt zur Lautpoesie, z. B. mit musikalischen und bühnenartigen Sequenzen; Lyrik-Projekt

Autor	Gedichttitel	Didaktische und thematische Aspekte	Weitere Verknüpfungsmöglichkeiten
		sche Reflexion der schulischen Rezeptionsgeschichte des Textes als Sprachspielerei; Erschließung des Textes in Vortrag und Inszenierung bzw. als Klangcollage (einzeln und in Gruppen)	›Lyrik auf der Bühne‹ (Texte von Morgenstern, Ringelnatz, Ball, Huelsenbeck, Kästner, Mehring, Brecht, Artmann, Rühm, Jandl, Kling); fächerverbindend (Deutsch, Kunst, Politik): Avantgarde-Begriff/Avantgarde-Kunst/ Avantgarde-Anspruch – zeitgenössisch und retrospektiv
Tzara (Kap. 3.1)	»Um ein dadaistisches Gedicht zu machen …«	Poetologisches Paradigma der Collagen- und Montagentechnik; Poetik und Provokation dadaistischer Texte; Animation zum eigenen Experiment – mit Bezug zum Gedichtende (**Das Gedicht wird Euch ähneln …**); Internationalität des Dadaismus	Experimentelle Literatur im Unterricht – analytische und produktive Aspekte; Unterrichtsreihe zur literarischen Collage und Montage (auch fächerverbindend mit dem Kunst- und Musikunterricht); Tzara – ein literarischer Protagonist zwischen Dada und Surrealismus/im Kontext der deutschen und französischen Avantgarde; Unterrichtsreihe zum Thema ›Literarische Avantgarde‹
Brecht (Kap. 4.3.1)	»Vom armen B. B.«	Autobiografisches Schlüsselgedicht des jungen Brecht zwischen Selbststilisierung und Selbstironie; poetische Fixierung der Kultur und des ›Kältetopos‹ der 20er-Jahre; Großstadtthematik und Chicago-Motivik	Vergleich mit Hennings' »Cabaret«-Gedicht (Motive, Lebensstil, Antibürgerlichkeit, Habitus, Geschlechterdiskurs, lyrische Sprache und Form); Einführung in das Werk eines Autors des 20. Jahrhunderts am Beispiel von Brecht-Gedichten (u. a. Vergleich mit späteren Gedichten, z. B. »An die Nachgeborenen« und »Radwechsel«); Vergleich mit der Figur des Baal im gleichnamigen Schauspiel

Autor	Gedichttitel	Didaktische und thematische Aspekte	Weitere Verknüpfungs-möglichkeiten
Kaléko (Kap. 4.3.2)	»Großstadt-liebe«	Exempel für Groß-stadt- und Zeitungs-lyrik der 20er-Jahre; Geschlechterverhältnis im Jahrzehnt der gesellschaftlichen Modernisierung; Kon-text der Kleinkunst-bühne; Beispiel für Rollenlyrik (= beson-dere Eignung zur Rezi-tation/Bühnenpräsen-tation); Sprachduktus: versachlichter Stil (anaphorisches Indefi-nitpronomen ›man‹) und subtile Sentimen-talität; Poetik des Zeit-gedichts	Unterrichtsreihe zur Groß-stadtdichtung der Moder-ne: Georg Heym, »Berlin«-Sonette; Armin T. Wegner, »Gesang von den Straßen der Stadt«; Bert Brecht: »Über die Städte« (aus dem Zyklus »Aus einem Lese-buch für Großstadtbewoh-ner«); Johannes R. Becher: »Das Liebespaar«; Erich Kästner: »Sachliche Ro-manze«; Günter Grass »Gleisdreieck«; Wolf Bier-mann »Berlin«; Günter Kunert: »Berliner Nach-mittag«; Rolf Dieter Brink-mann: »Einer jener klassi-schen ...«; Durs Grünbein: »Gerade an solchem Mor-gen ...«; fächerverbindend (Philo-sophie, Erziehungs- und Sozialwissenschaften, Reli-gion): Geschlechterdiskurs der Moderne
Kästner (Kap. 4.3.3)	»Und wo bleibt das Positive, Herr Kästner ...?«	Zeitgedicht der 20er-Jahre mit exemplari-schem Zeit- und Ge-sellschaftspanorama; poetologisches Gedicht zum Selbstverständnis des Satirikers und Lyri-kers Kästner; Kontext der Kabarettlyrik und Kleinkunstbühne; Ele-mente traditioneller Liedform; Selbstdar-stellung des lyrischen Ichs als eines berufe-nen Zeitkritikers; Schlüsselmetaphern der Lyrik der 20er-Jahre (z. B. **stram-pelnde Seele**)	Kästner-Retrospektive als Unterrichtsprojekt (Schwerpunkt: selbststän-dig sich einen Überblick über das Werk – ein-schließlich Kinderliteratur – verschaffen); Unter-richtsreihe zu poetologi-schen Gedichten vom 18. Jahrhundert bis zur Gegen-wart; literarische Satiren: Texte und Poetiken; fächer-übergreifendes Unter-richtsprojekt in der Sek. II zum Thema ›Die goldenen 20er-Jahre‹ mit Beispielen aus Literatur, Kunst, Tanz, Mode, Jazzmusik, Politik, Wirtschaft u. v. m.

Autor	Gedichttitel	Didaktische und thematische Aspekte	Weitere Verknüpfungsmöglichkeiten
Lasker-Schüler (Kap. 5.6.1)	»Die Verscheuchte«	Exilgedicht (in handschriftlicher Fassung auch als »Lied einer Emigrantin« überliefert); pessimistische Aufnahme des Themas Orientierungslosigkeit und Einsamkeit aus der Perspektive der Verscheuchten; ein Schlüsselgedicht für die späte Lyrik der Autorin	Unterrichtsreihe zur Exillyrik und zur Situation der Heimat- und Orientierungslosigkeit schlechthin; Vergleichsmöglichkeiten mit anderen Gedichten Lasker-Schülers, vor allem auch zu »Ich liege wo am Wegrand« (= Mat. 2); prod. orientiertes Thema: ›Deutsche Dichter und Dichterinnen im Exil von Heine bis Biermann‹
Benn (Kap. 5.6.2)	»Einsamer nie –«	Positionierung des intellektuellen Ichs als eines einsamen, dem Geist verpflichteten Künstlers; verdeckt kritische Replik auf das faschistische Deutschland und die politischen Grenzen der Kritik; Spannung zwischen transparentem Gedichtaufbau und komplexer Position	Unterrichtsreihe zur Literatur der 30er-Jahre: Querschnitt durch die Dekade, welche die traditionelle Zäsur zwischen Exilliteratur und Literatur im Faschismus, z. B. der Literatur der Inneren Emigration, aufhebt (Sonettdichtung; poetologische Gedichte zur Rolle des Künstlers; politische Dichtung zwischen Agitation und Aufklärung; das Bild des Intellektuellen bei Benn, Klaus Mann, Thomas Mann, Brecht und R. Becher)
Kolmar (Kap. 5.6.3)	»An die Gefangenen«	Paradigma politischer Dichtung gegen den Faschismus; Verfolgung, Unterdrückung und Folter als Gedichtthema; poetische Schreibpraxis als existenzielle Bewältigungsform traumatischer Erlebnisse und Zeiterfahrungen; poetische Struktur; Elemente des lyrischen Traditiona-	Literarhistorischer Längsschnitt zur politischen Lyrik von Walther von der Vogelweide bis Erich Fried; Texte und Positionen von Lyrikerinnen des 20. Jahrhunderts – Leitfrage: Selbstverständnis und Formen weiblichen Schreibens –; fächerverbindendes Projekt: ›Wer war Gertrud Kolmar? Lebensgeschichte

Autor	Gedichttitel	Didaktische und thematische Aspekte	Weitere Verknüpfungsmöglichkeiten
		lismus und expressive Ausdrucksformen	und Werk einer ermordeten jüdischen Dichterin‹ (Deutsch, Geschichte, Politik, Religion)
Loerke (Kap. 5.6.4)	»Leitspruch. November 1940«	Paradigma für Widmungslyrik als Form der Gelegenheitslyrik; politische Spruchdichtung und Epigrammatik; Beispiel für Lyrik des Krieges; Thematisierung der Inneren Emigration am Beispiel Loerkes	Unterrichtsreihe ›Literatur gegen den Nationalsozialismus an Beispielen aus allen literarischen Gattungen‹: Vergleich des Gedichts mit Gedichten von Exilautoren; Ausschnitte aus Romanen von Anna Seghers, Ernst Weiß, Heinrich Mann, Stefan Zweig, Ernst Jünger; politische Essays und Radioansprachen von Thomas Mann, Tagebuchauszüge am Beispiel Victor Klemperers
Schneider (Kap. 5.6.5)	»Entfremdet ist das Volk mir ...«	Paradigma der Lyrik der Inneren Emigration: Poetik, Ansprüche, Grenzen, zeitgenössische Wirkungen; Tradition der Sonettdichtung; ambitionierte Position des lyrischen Ichs (Dichter-Volk-Relation; Dichter und Macht; Dichterrolle und Seherfunktion); Sprache und Ausdrucksform des lyrischen Traditionalismus; Literatur und Weltanschauung: christliche Dichtung	Unterrichtsreihe zur Geschichte und Poetik des Sonetts im literarhistorischen Querschnitt vom 17. Jh. bis zur Gegenwart; Querschnitt zur Lyrik der Inneren Emigration am Beispiel Schneiders, Bergengruens und Martha Saalfelds; Unterrichtsreihe ›Lyriker im Faschismus‹ (Brecht, Schneider, Lasker-Schüler, im KZ und im Gefängnis geschriebene Lyrik – Ruth Klüger, Albrecht Haushofer –, Propagandaverse des faschistischen ›Parteidichters‹ Gerhard Schumann)

Autor	Gedichttitel	Didaktische und thematische Aspekte	Weitere Verknüpfungsmöglichkeiten
Lehmann (Kap. 5.6.6)	»Die Signatur«	Paradigma moderner Naturlyrik für die Zeitphase zwischen 1930 und 1960; poetologisches Schlüsselgedicht; Illustrierung der für die Naturlyrik und ihre Poetik konstitutiven *Signatur*-Chiffre (naturpoetische Zeichentheorie mit naturmystischer Tradition); Zusammenspiel von Reim und Bedeutungsstruktur	Unterrichtsreihe ›Geschichte der Naturlyrik von Paul Gerhardt bis Sarah Kirsch‹ (Gerhardt: »Nun ruhen alle Wälder …«; Goethe: »Maifest/Mailied«; Goethe: »An den Mond«; Goethe: »Selige Sehnsucht«; Claudius: »Der Mond ist aufgegangen …«; Eichendorff: »Mondnacht«; Eichendorff: »Wünschelrute«; Geibel: »Der Mai ist gekommen«; Storm: »Meeresstrand«; Loerke: »Die Vogelstraße«; Huchel: »Winterpsalm« Bobrowski: »Der Ilmensee 1941«; Celan: »Notturno«; Kirsch: »Bäume«
Lehmann (Kap. 5.2)	»Mond im Januar«	Naturlyrik der 30er-Jahre und ihr Blick auf das Abseitige, Verborgene und Kleine; die Position des Lyrikers als eines den aktuellen Zeitdiskurs durchkreuzenden Beobachters; Formensprache des lyrischen Traditionalismus	Mondgedichte aus verschiedenen Jahrhunderten unter dem Schwerpunkt: Selbstverständnis des Lyrikers, Verhältnis zur Natur und zur Gesellschaft; Querschnitt zur Naturlyrik zwischen 1930 und 1960; Projekt im LK Deutsch mit Methodenschwerpunkt ›Periodisierung und Periodisierungsgrenzen: 1945 – eine Zäsur der deutschen Literaturgeschichte?‹ (induktive Erschließung an ausgewählten literarischen/poetologischen/literaturgeschichtlichen Beispielen)

Autor	Gedichttitel	Didaktische und thematische Aspekte	Weitere Verknüpfungsmöglichkeiten
Hesse (Kap. 5.2)	»Höhe des Sommers«	Naturgedicht/Jahreszeitengedicht in Sprache und Stil des lyrischen Traditionalismus; Spuren romantischer Naturlyrik (z. B. Eichendorff: letzte Strophe); Naturgedicht vor dem Hintergrund der gesellschaftlich-politischen Zeitsituation; Selbstdarstellung des lyrischen Ichs als eines zeitabgewandten, in der Natur Trost und Halt findenden Sprechers	Jahreszeitengedichte aus verschiedenen Jahrhunderten am Beispiel von Sommergedichten (z. B. Paul Gerhardt: »Sommerlied«; Klopstock: »Die Sommernacht«; Mörike: »Septembermorgen«; Hebbel: »Sommerbild«; Heym: »Nichts Schönes hat dies Land ...«; Trakl: »Gesang der Abgeschiedenen«; Benn: »Astern«; Huchel: »Sommer«; Sarah Kirsch: »Der September«; Christine Busta: »Die Sommerblumen«; Heinz Czechowski: »Lob des Hierseins«; Volker Braun: »Hingebung«)
Becher (Kap. 5.3)	»Ich ruf dich an, Gedicht!«	Poetologisches Programmgedicht zur Hochschätzung des Gedichts als Ausdruck existenzieller Selbstbehauptung; Gedicht als Antwort auf drohenden Orientierungsverlust und auf Leiderfahrungen; emphatische Bekenntnislyrik aus dem Exil; Duktus: Pathosformeln, traditionelle Sonett-Elemente; Lyrik als Medium stilisierter Selbstdarstellung	fächerübergreifendes Unterrichtsprojekt (Deutsch, Geschichte, Politik) zur Exilliteratur: Texte/Textausschnitte aus verschiedenen literarischen Gattungen; Rekonstruktion bekannter Exilorte wie Paris und Moskau; Lebensgeschichten von Exilautoren in vergleichender Übersicht; soziale und kulturelle Situation der Exilautoren; Verfolgung/Bedrohung/Verschleppung von Exilautoren durch Nationalsozialisten

Autor	Gedichttitel	Didaktische und thematische Aspekte	Weitere Verknüpfungsmöglichkeiten
Celan (Kap. 5.5)	»Notturno«	Paradigma frühester Lyrik innerhalb des Celan'schen Werks; Spannung zwischen traditionellen und forciert modernen Formelementen; Literatur und Krieg/Kriegslyrik; kritischer Rekurs auf Rilkes Gottesmotiv (letzte Strophe); Erschließung eines Gedichts in bildnerischen Darstellungsversuchen (Bilder/Linolschnitte zu einzelnen Strophen/Versen des Gedichts)	Unterrichtsprojekt zur deutschsprachigen Literatur aus Czernowitz: mit Beispielen aus dem Werk von Paul Celan, Rose Ausländer und Immanuel Weißglas; Längsschnitt durch das lyrische Werk Paul Celans (mit Beispielen aus allen Werkphasen); Musik-Motiv im Titel (wie im »Todesfugen«-Titel): Notturno-Assoziationen in der Gedichtstruktur, Vergleich des Gedichts mit der »Todesfuge«

Aus dem Repertoire der Lyrik zwischen 1900 und 1945 lassen sich für die Sekundarstufe I thematische, problembezogene, motivorientierte sowie autorenzentrierte Unterrichtsvorhaben ableiten. Im Mittelpunkt der Textauswahl und der methodischen Verfahren sollten schülerorientierte, auf die Erfahrungs- und Lebenswelt von Jugendlichen hin ausgerichtete Entscheidungen stehen. Es geht dabei weniger um literarhistorische Kenntnisvermittlung als um Lektüreimpulse, die das Interesse für den Umgang mit Lyrik, nicht zuletzt für die unterrichtliche Rezeption, gezielt fördern. Es gilt der Grundsatz: Je vielfältiger das Textangebot, desto mehr Chancen bieten sich für die Heranwachsenden, individuelle Lernwege und Vorlieben auszubilden; je konsequenter alternative methodische Zugänge auch innerhalb einer Unterrichtsreihe genutzt werden, desto aussichtsreicher lässt sich das Ziel erreichen, Lyrik aus der ersten Hälfte des 20. Jahrhunderts in den Erfahrungs- und Erwartungshorizont der Schülerinnen und Schüler zu bringen. Die Praxis, gerade im Falle der Lyrik Unterrichtsvorhaben am Gattungsprinzip auszurichten, könnte vor allem in den thematisch und problemorientiert angelegten Reihen durch eine Kombination von Gedichten mit anderen literarischen und nicht-literarischen Textsorten ergänzt und fächerverbindend beispielsweise auch mit Paradigmen der bildenden Kunst verknüpft werden.

Die folgenden Reihen, zu denen das Buch ein vielfältiges Textrepertoire anbietet, können auch der Ausgangspunkt zu eigenen Textproduktionen und eigenständigen Formen der Textpräsentation sein, beispielsweise zu Rezitationsübungen, Text-Bild-Collagen, Video-Clips. Außerdem lassen sich Fragestellungen und Materialien anderer Fächer einbeziehen (Geschichte, Kunst, Politik, Religion).

- Themenfeld *Großstadt – Lebensstile, Lebenshaltungen*

Textabfolge: Kaléko, »Großstadtliebe« – Einstieg –; Hart, »Vom Westen kam ich ...« (Gedichtauszug, Kap. 1.1); Holz, »Im Thiergarten«; Heym, »Der Gott der Stadt«; Lichtenstein, »Punkt«; Hennings, »Nach dem Cabaret«; Brecht, »Vom armen B. B.«; Kästner, »Sachliche Romanze« (= Mat. 5).

- Themenfeld *Krieg, Katastrophen, Untergänge*

Textabfolge: van Hoddis, »Weltende« – Einstieg –; Klemm, »Schlacht an der Marne«; Trakl, »Verfall«; Heym, »Der Gott der Stadt«; Kästner, »Und wo bleibt das Positive ...?«; Kolmar: »An die Gefangenen«; Lasker-Schüler, »Die Verscheuchte«; Lasker-Schüler, »Ich liege wo am Wegrand« (= Mat. 2); Max Hermann- Neisse, »Ein deutscher Dichter ...« (= Mat. 7).

- Themenfeld *Natur, Naturerleben, Landschaft*

Textabfolge: Hesse, »Höhe des Sommers« – Einstieg –; Holz, »Seligkeit«; Lehmann, »Mond im Januar«; George, »Komm in den totgesagten park ...«; George, »An baches ranft!«; Lehmann, »Die Signatur«.

- Themenfeld *Liebe*

Textabfolge: Kaléko, »Großstadtliebe« – Einstieg –; Kästner, »Sachliche Romanze« (= Mat. 5); Holz, »Seligkeit«; Dehmel, »Entbietung«; Dehmel, »Bekenntnis«; Stramm, »Schwermut«; Stramm, »Untreu« (= Mat. 4); Lasker-Schüler, »Wir beide« (= Mat. 3).

- Themenfeld *Sprache/Experimentieren mit Sprache*

Textabfolge: Ball, Strophe aus dem »Wolken«-Gedicht – Einstieg –; Stramm, »Schwermut«; Stramm, »Untreu«; Ball, »Karawane«; Tzara, »Um ein dadaistisches Gedicht zu machen«.

- Themenfeld *Satire, Groteske, Ironie*

Textabfolge: van Hoddis, »Weltende« – Einstieg –; Kaléko, »Großstadtliebe«; Kästner, «Sachliche Romanze« (= Mat. 5); Lichtenstein, »Punkt«; Tzara, »Um ein dadaistisches Gedicht zu machen«; Kästner: »Und wo bleibt das Positive ...?«; Brecht, »Laßt eure Träume fahren ...« (= Mat. 6).

Für die *Sekundarstufe II* soll in folgender Übersicht die didaktische Spannweite möglicher Unterrichtsreihen und Teilsequenzen skizziert werden.

Thematischer Gegenstand	Vorschläge zur Textauswahl (Titel in Kurzfassung)
Großstadtlyrik und großstädtisches Leben als literarisches Thema	Holz, »Im Thiergarten« (1.4.1); van Hoddis, »Weltende« (2.4.1); Lichtenstein, »Punkt« (2.4.2); Heym, »Gott der Stadt« (2.4.4); Hennings, »Cabaret« (3.3.1); Brecht, »Vom armen B. B.« (4.3.1); Kaléko, »Großstadtliebe« (4.3.2); Kästner, »Und wo bleibt das Positive ...?« (4.3.3); Rilke, »Alles Erworbne bedroht die Maschine ...« (1.4.3); Brecht, »Laßt eure Träume fahren ...« (= Mat. 6)
Naturgedichte	Holz, »Seligkeit« (1.1); George, »An baches ranft« (1.2); George, »Komm in den totgesagten park ...« (1.4.2); Trakl, »Verfall« (2.4.3); Hesse, »Höhe des Sommers« (5.2); Lehmann, »Mond im Januar« (5.2); Benn, »Einsamer nie –» (5.6.2); Lehmann, »Die Signatur« (5.6.6); Celan, »Notturno« (5.5)
Weltende, Apokalypse, Katastrophen	van Hoddis, »Weltende« (2.4.1); Lichtenstein, »Punkt« (2.4.2); Heym, »Gott der Stadt« (2.4.4); Brecht, »Vom armen B. B.« (4.3.1); Kästner, »Und wo bleibt das Positive ...?« (4.3.3); Becher, »Ich ruf dich an, Gedicht!« (5.3); Loerke, »Leitspruch« (5.6.4); Schneider, »Entfremdet ist ...« (5.6.5); Celan, »Notturno« (5.5)
Krieg, Politik, Gesellschaft	Klemm, »Schlacht an der Marne« (2.4.5); Kästner, »Und wo bleibt das Positive ...?« (4.3.3); Rilke, »Alles Erworbene bedroht die Maschine ...« (1.4.3); Kolmar, »An die Gefangenen« (5.6.3); Loerke, »Leitspruch« (5.6.4); Schneider, »Entfremdet ist ...« (5.6.5); Celan, »Notturno« (5.5)
Faschismus: Thema und Anspielungshorizont	Lasker-Schüler, »Die Verscheuchte« (5.6.1); Benn, »Einsamer nie –« (5.6.2); Kolmar: »An die Gefangenen« (5.6.3); Loerke, »Leitspruch« (5.6.4); Becher, »Ich ruf dich an, Gedicht!« (5.3); Schneider, »Entfremdet ist ...« (5.6.5); Lasker-Schüler, »Ich liege wo am Wegrand« (= Mat. 2); Celan, »Notturno« (5.5); Max Herrmann-Neisse, »Ein deutscher Dichter ...« (= Mat. 7)

Thematischer Gegenstand	Vorschläge zur Textauswahl (Titel in Kurzfassung)
Ökonomisch-technische Modernisierung vs. literarische Moderne	Rilke, »Ich fürchte mich so …« (1.4.3); Rilke, »Alles Erworbne bedroht die Maschine …« (1.4.3); Lichtenstein, »Punkt« (2.4.2); Kaléko: »Großstadtliebe« (4.3.2); Kästner, »Und wo bleibt das Positive …?« (4.3.3); Brecht, »Laßt eure Träume fahren …« (= Mat. 6); Lehmann, »Mond im Januar« (5.2); Lehmann, »Die Signatur« (5.6.6)
Poetologische Gedichte, Selbstverständigungs- und autobiografische Schlüsselgedichte	Dehmel, »Bekenntnis« (1.4.4); Rilke, »Ich fürchte mich so …« (1.4.3); Rilke, »Der Dichter« (= Mat. 1); van Hoddis, »Weltende« (2.4.1); Tzara, »Um ein dadaistisches Gedicht zu machen« (3.1); Hennings, »Cabaret« (3.3.1); Brecht, »Vom armen B. B.« (4.3.1), Kästner, »Und wo bleibt das Positive …?« (4.3.3); Rilke, »Alles Erworbne bedroht die Maschine …« (1.4.3); Benn, »Einsamer nie –» (5.6.2); Loerke, »Leitspruch« (5.6.4); Becher, »Ich ruf dich an, Gedicht!« (5.3); Schneider, »Entfremdet ist …« (5.6.5); Lehmann, »Mond im Januar« (5.2); Lehmann, »Die Signatur« (5.6.6); Lasker-Schüler, »Die Verscheuchte« (5.6.1); Lasker-Schüler, »Ich liege wo am Wegrand« (=Mat. 2)
Liebe, Sexualität, ›Geschlechterkampf‹	Holz, »Seligkeit« (1.1); Dehmel, »Entbietung« (1.4.4); Dehmel, »Bekenntnis« (1.4.4); Stramm, »Schwermut« (2.1); Stramm, »Untreu« (=Mat. 4); Hennings, »Cabaret« (3.3.1); Kaléko, »Großstadtliebe« (4.3.2); Kästner, »Sachliche Romanze« (= Mat. 5); Lasker-Schüler, »Wir beide« (= Mat. 3)
Ironische, satirische und groteske Elemente	Holz, »Im Thiergarten« (1.4.1); van Hoddis, »Weltende« (2.4.1); Tzara, »Um ein dadaistisches Gedicht zu machen« (3.1); Brecht, »Vom armen B. B.« (4.3.1); Kaléko, »Großstadtliebe« (4.3.2); Kästner, »Und wo bleibt das Positive …?« (4.3.3); Brecht, »Laßt eure Träume fahren …« (= Mat. 6)

Thematischer Gegenstand	Vorschläge zur Textauswahl (Titel in Kurzfassung)
Weltbild, Weltanschauung, Ideologie – und deren Destruktion	Rilke, »Ich fürchte mich so …« (1.4.2); Lichtenstein, »Punkt« (2.4.2); Klemm, »Schlacht an der Marne« (2.4.5); Brecht, »Vom armen B. B.« (4.3.1); Kästner, »Und wo bleibt das Positive …?« (4.3.3); Kolmar, »An die Gefangenen« (5.6.3); Loerke, »Leitspruch« (5.6.4); Schneider, »Entfremdet ist …« (5.6.5); Celan, »Notturno« (5.5)
Sprache, Sprache und Wahrnehmung, Sprachskepsis, Sprachexperiment	Rilke, »Ich fürchte mich so …« (1.4.2); Rilke, »Der Dichter« (= Mat. 1); Lichtenstein, »Punkt« (2.4.2); Stramm, »Schwermut« (2.1); Stramm, »Untreu« (= Mat. 4); Tzara, »Um ein dadaistisches Gedicht zu machen« (3.1); Ball, »Karawane« (3.3.2); Rilke, »Alles Erworbne bedroht die Maschine …« (1.4.2); Lehmann, »Die Signatur« (5.6.6); Celan, »Notturno« (5.5)
Formenvielfalt und Genres	Holz, »Im Thiergarten« (1.4.1)/Holz, »Seligkeit« (1.1) – Mittelachsenverse –; George, »An baches ranft« (1.3) – Lied –; van Hoddis, »Weltende« (2.4.1) – vierzeilige Strophenform –; Stramm, »Schwermut« (2.1)/Stramm, »Untreu« (= Mat. 4) – experimentelle Wortkunst –; Ball, »Karawane« (3.3.2) – Lautpoesie/visuelle Poesie –; Brecht, »Vom armen B. B.« (4.3.1) – balladeske Form –; Hesse, »Höhe des Sommers« (5.2) – traditionelle Liedstrophe –; Lasker-Schüler, »Die Verscheuchte« (5.6.1) – Terzinenstrophen –; Loerke, »Leitspruch« (5.6.4) – Spruchdichtung –; Schneider, »Entfremdet ist« (5.6.5) – Sonett –; Lehmann, »Signatur« (5.6.6) – variantenreiche Reimform –
Sonettdichtung	Trakl, »Verfall« (2.4.3); Rilke, »Alles Erworbne bedroht die Maschine …« (1.4.2); Schneider, »Entfremdet ist …« (5.6.5); Becher, »Ich ruf dich an, Gedicht!« (5.3)
Texte, die sich als Sprech- und Vortragstexte und für Bühneninszenierungen eignen (Auswahl)	Dehmel, »Entbietung« (1.4.4); van Hoddis, »Weltende« (2.4.1); Trakl, »Verfall« (2.4.3); Heym, »Gott der Stadt« (2.4.4); Klemm, »Schlacht an der Marne« (2.4.5); Tzara, »Um ein dadaistisches Gedicht zu machen« (3.1); Hennings, »Cabaret« (3.3.1); Ball, »Karawane«

Thematischer Gegenstand	Vorschläge zur Textauswahl (Titel in Kurzfassung)
	(3.3.1); Brecht, »Laßt eure Träume fahren ...« (= Mat. 6); Kaléko, »Großstadtliebe« (4.3.2); Lasker-Schüler, »Die Verscheuchte« (5.6.1); Kolmar, »An die Gefangenen« (5.6.3); Lehmann, »Die Signatur« (5.6.6)

3 Unterrichtsplanung in der Sekundarstufe II (Grund- und Leistungskurs)

Verwendete Abkürzungen:

A	= Alternative	LV	= Lehrervortrag
EA	= Einzelarbeit	PA	= Partnerarbeit
FV	= Fächerverbindung	PJ	= Projekt
GA	= Gruppenarbeit	PRO	= produktionsorientierte Themen- oder Aufgabenstellung
GK	= Grundkurs	SV	= Schülervortrag
HA	= Hausaufgabe	UG	= Unterrichtsgespräch
KRef	= Kurzreferat		

Grundkurs-Sequenz (ca. 13 Stunden)
Im Mittelpunkt der Grundkurs-Sequenz steht ein *historischer Längsschnitt* der deutschsprachigen Lyrik von 1900 bis 1945, der in exemplarischer Form den einzelnen Zeitphasen Themenfelder zuordnet und dabei unter dem Aspekt der Kontrastierung und des Vergleichs über den jeweiligen epochalen Hintergrund hinausgreift. Der Unterrichtsplanung liegen einige elementare didaktische Prinzipien zugrunde. Das *Prinzip der Intertextualität* wird in dem Maße aktiviert, wie Bezüge eines einzelnen Gedichts auf andere Gedichte und auch auf außerliterarische Dokumente und Medien entwickelt werden. Zum einen werden solche Verbindungen zwischen Texten unterschiedlicher Art über ein dichtes Verweissystem von Motiven, Themen und Zitaten vermittelt, zum anderen zielt Intertextualität auch auf den offenen, weitgehend vom Leser bestimmten Spielraum intertextueller Assoziationen und Bezüge, die gerade für die literarische Moderne charakteristisch sind. Ein weiteres didaktisches Prinzip betrifft die *Methodenvariation,* vor allem die Kombination von produktions- und rezeptionsorientierten Unterrichtselementen. Im Sinne einer *offenen Unterrichtsplanung* soll die Abfolge der einzelnen Stunden kein in sich geschlossenes Konzept suggerieren; im Hinblick auf eine vielseitige Verwendung der didaktischen Hilfen des Buches sind die einzelnen Teilsequenzen so miteinander verbunden, dass Umstellungen und auch Auslassungen möglich sind, ohne dass dabei das Grundmodell der Planung hinfällig wird.

Eine weitere didaktische Planungsprämisse ist das Prinzip der *Induktivität* literarhistorischen Arbeitens. Auch dort, wo Epochenbegriffe aus dem Fachdiskurs übernommen wurden, geht es nicht um eine bloße Übernahme von Periodisierungs- und Epochenschemata, deren Konstruktionsmechanismen Schülerinnen und Schülern verschlossen bleiben, also von ihnen gelernt werden, ohne dass sie deren methodische und inhaltliche Sinnhaftigkeit verstehen. Wichtiger als die Fiktion, eine Epoche mit Dutzenden von Autoren und Hunderten von Werken lasse sich auf ein Merkmal-*Set* von drei oder vier Schlagwörtern reduzieren, ist die möglichst im Unterricht selbst zu leistende Vermittlung von Periodisierungen, Epochen- und Gruppenbildungen als ein heuristisches Element, innerhalb bestimmter literarhistorischer Phasen Zu-

Stunden	**Thema**	**Didaktische Aspekte (Inhalte/Ziele)**
1./2.	Modernisierung, Moderne und moderner Dichter: Rilke, »Ich fürchte mich so …« (1.4.2)	1. Verdeutlichung des gesellschaftlichen Kontextes literarischer Modernisierung 2. Modernität des Dichters: Sprachreflexion und autonomes Dichtertum
3.	Poetik des modernen Gedichts: Die Abkehr von der Stimmungspoesie des 19. Jahrhunderts; Rilke, »Der Dichter« (= Mat. 1)	1. Vormoderne und moderne Gedichtpoetik am Beispiel von Storm und Hofmannsthal – kontrastive Gegenüberstellung als Aufbau eines Grundverständnisses für poetologische Fragen 2. Anwendung der Poetik-Reflexion auf Rilkes poetologisches Gedicht »Der Dichter«

sammenhänge und Korrespondenzen, aber auch Widersprüche und Spannungen mithilfe differenzierender Begriffe und Etiketten zu ordnen.
Den Sequenzen liegt das Gedichtrepertoire des Darstellungsteils zugrunde, erweitert um weitere Materialien des Anhangs. Es entspricht dem offenen Planungsansatz, dass sowohl Alternativvorschläge (A) als auch fächerverbindende Aspekte (FV) in die Planung einbezogen, allerdings schon von Anfang an nur angedeutet werden.

Methodische Realisierung/ Verlauf	**Hausaufgabe**
1. vorbereitende HA: Lektüre der Gedichtauszüge »Vom Westen kam ich« (Hart, 1.1) und »Ihr Dach stieß fast …« (Holz, 1.1) – Bild der Großstadt und des Großstadtdichters – (SV, UG) A: KRef zum Thema ›Industrialisierung, Verstädterung und der Ausbau der Verkehrsstruktur um 1900‹ (SV) A/FV: Großstadtmotive in der bildenden Kunst zwischen 1900 und 1914 2. Lektüre des Rilke-Gedichts (UG: Unterschiede zu Hart und Holz; schrittweise Erarbeitung der Thematik (Umgang der Menschen mit dem Wort vs. Haltung des Dichters) 3. Überleitung: Rolle des Dichters/Selbstbild des Dichters im Rilke-Gedicht 4. Vertiefung: Lektüre des Rilke-Briefes an Franz Xaver Kappus (1.2): Unbedingtheit modernen Dichtertums und Distanzverhältnis zur Gesellschaft (UG)	Lektüre der Poetik-Auszüge von Storm und Hofmannsthal (vgl. 1.2): Positionen erläutern und miteinander vergleichen
1. Besprechen der HA: Kontrastierung der beiden Texte anhand von Schlüsselbegriffen und Kernaussagen (SV) 2. Rückbezug der Ergebnisse auf den Rilke-Brief an Kappus (Rückbezug zur letzten Std.)/Formulierung eines Zwischenergebnisses: Selbstverständnis des modernen Dichters (UG) 3. Überleitung: Vermutungen über die Selbstdarstellung des modernen Dichters im Gedicht (UG) 4. Lektüre und Deutung des Rilke-Gedichts »Der Dichter« (PRO: Weglassen einiger Wörter in der 2. Strophe: **Geliebte, Haus, lebe, Dinge**) (PA, UG)	Lektüre des Gedichts »Weltende« und des Becher-Kommentars zur Wirkung des Gedichts (2.4.1). A/FV (Politik, Sozialwissenschaften): Politische Krisen und Krisenherde am Vorabend des Ersten Weltkriegs; Max Webers Thesen zur Moderne

Stunden	Thema	Didaktische Aspekte (Inhalte/Ziele)
4./5.	Einführung in die Lyrik des Expressionismus: Der Simultanstil als Ausdruck moderner Wahrnehmungsproblematik; van Hoddis, »Weltende« (2.4.1); Lichtenstein, »Punkt« (2.4.2)	1. Sukzessives Aufdecken der in »Weltende« enthaltenen Thematik/Anspielungen: Zeitpanorama mit Krisen- und Katastrophensymptomen (Becher-Kommentar als Hilfe) 2. Erläuterung der poetischen Simultanstiltechnik in »Weltende« 3. Vertiefung: Die Wahrnehmungsproblematik in Lichtensteins »Punkt«
6.	Großstadtthematik des Expressionismus am Beispiel des Gedichts »Der Gott der Stadt« von Heym (2.4.4)	1. Kennenlernen eines zentralen Themenfelds des Expressionismus 2. Expressivität von Bildern und Metaphern als Ausdrucksform künstlerischer Gegenwartserfahrung vor dem Ersten Weltkrieg 3. Krieg und Katastrophe: Befreiungs- und Zerstörungsfantasien eines Dichters?

Methodische Realisierung/ Verlauf	Hausaufgabe
1. Wiederholung: Rilkes Auffassung vom Dichter 2. HA: van Hoddis' »Weltende« und zeitgenössische Wirkung (Aspekt: Gedicht als Programmgedicht einer Generation) (SV) 3. PA/GA: Aufbau, Strophenform, Inhalte der einzelnen Verse A: Weiterschreiben des Gedichts im Zeilenstil (PA)/Auswertung des Experiments: Funktion der Simultantechnik (UG) 4. Vorlesen des Gedichts »Punkt« (LV) 5. Überleitung: Vergleichsaspekte (paralleler Strophenaufbau; analoge Verskonstruktion; apokalyptische Motivik; das Ich bei Lichtenstein ohne sichere Wahrungsfähigkeit, Auflösung des Ichs als beobachtender Instanz) (UG, bei Erweiterung der Reihe um 1 Std.: PA/UG) A: Bildnerische Umsetzung einzelner Metaphern des Gedichts/Vergleich und Auswertung der Ergebnisse (EA) 6. Zusammenfassung: (induktive) Charakteristik der neuen Dichtergeneration anhand der bisherigen Arbeitsergebnisse (UG) A: Expressionisten in Berlin 1910–1914 (KRef) 7. Vertiefung: Expressionismus-Charakteristik anhand der Definition des Expressionismus von Goll (2.1) (EA, UG)	Vorbereitende Lektüre des Gedichts »Der Gott der Stadt« (Aufbau, Beschreibung der Strophenform und der Metaphorik); KRef: Heyms Tagebücher 1910/1911: Bild der Gegenwart und die Bedeutung von Kriegswünschen.
1. Wiederholung: Zwischenergebnisse zum Stichwort Expressionismus (SV) 2. Ergebnisse der HA (Teil 1: zum Gedicht) (SV, UG) 3. Sicherung der Ergebnisse an der Tafel (detaillierter Gedichtaufbau; Assoziations- und Bedeutungsfeld zu Schlüsselmetaphern des Gedichts; Konstruktion der Figur des Gottes und Rolle der mythologischen Anspielungen) – UG – 4. KRef (SV, UG): Heyms Tagebücher 1910/1911: Bild der Gesellschaft und Bedeutung der Kriegswünsche 5. Rückbezüge zum Gedicht – offener Impuls mit methodischer Reflexion: Inwiefern erweitern Informationen zur Entstehungsgeschichte eines Textes und zur Lebensgeschichte eines Autors mein Textverständnis? (UG) A/FV (Religion): Apokalyptische Szene aus der Bibel; Bedeutung der Apokalyptik aus theologischer Sicht; Baal – ein Götze des Alten Testaments (statt Lernschritte 4 und 5)	Anhand eines Lexikons/Nachschlagewerkes das Stichwort ›Kultur der 20er-Jahre‹ vorbereiten A: Bildmaterial zu den 20er-Jahren (Geschichtsbücher, Kunst- und Kulturgeschichten) suchen und im Kurs vorstellen (die Besprechung dieser Arbeiten könnte auch eine gesamte Std. umfassen)

Stunden	Thema	Didaktische Aspekte (Inhalte/Ziele)
7./8.	Lyrik der 20er-Jahre am Beispiel von Brechts Gedicht »Vom armen B. B.« (4.3.1) und Kästners »Und wo bleibt das Positive ...?« (4.3.3)	1. Die Atmosphäre eines Jahrzehnts in Gedichten aufspüren 2. Im Gedichtvergleich unterschiedliche Haltungen von Autoren zur aktuellen Zeitsituation erschließen 3. Methodische Fähigkeiten im Gedichtvergleich weiterentwickeln
9.	Ein Liebesgedicht aus der ›Kältezone‹ der modernen Zeiten? Kalékos »Großstadtliebe«	1. Gewahrwerden des Zusammenhangs von Gedichtthematik (Liebe, Beziehung der Geschlechter) und moderner Gesellschaft, deren Kennzeichen über typische Symbole der Großstadt (Angestelltenwelt; Verkehr, Mobilität, Dynamik und Hektik) angedeutet werden 2. Bestimmung der Perspektive des lyrischen Subjekts

Methodische Realisierung/ Verlauf	Hausaufgabe
1. HA: Kultur der 20er-Jahre – Zusammentragen interessanter Details mit dem Ziel, einen möglichst plastischen Eindruck von den 20er-Jahren zu entfalten (SV); A: Besprechung der HA in GA vorbereiten lassen (= Verlängerung der Teilsequenz um 1 weitere Std.) 2. arbeitsteilige Analyse (GA) des Gedichts »Vom armen B. B.« und »Und wo bleibt das Positive …?« – Fragestellungen: Darstellung des Ichs, Verhältnis zur Gesellschaft und zur Zeitsituation, Anspielungen auf Politik und Kultur, Zukunftsaussichten 3. Besprechung/Auswertung der GA-Ergebnisse (UG) 4. Zusammenfassung: Charakteristik der Lyrik der 20er-Jahre an den Beispielen Brecht und Kästner (UG) 5. Methodische Reflexion: Welche Anforderungen stellt ein Gedichtvergleich? A/FV (Politik, Sozialwissenschaften, Geschichte): Der Mythos von den ›Goldenen Zwanzigerjahren‹	Kaléko, »Großstadtliebe« (als Lückentext einrichten, bezogen auf möglichst viele Gesprächsimpulse) A: Vorbereitung des Textes als Vortrag. – Aufgabe: Bereiten Sie den Vortrag des Gedichts vor. Berücksichtigen Sie dabei die Perspektive des lyrischen Ichs (des ›Sprechers‹ bzw. der ›Sprecherin‹).
1. Diskussion der vorgeschlagenen Varianten zu den ›Lücken‹ des Gedichts (SV, UG) A: Gedichtvortrag, zur Frage nach der Perspektive des Ichs (sentimental, traurig, sachlich …) überleitend (SV, UG) 2. Aufdecken der sprachlichen und thematischen Eigenarbeiten (Heraussuchen/Unterstreichen: a) alle Hinweise auf den Alltag und die Lebensbedingungen der Großstadt; b) alle Textstellen, die etwas über die Beziehung der beiden Partner verraten) (PA, UG) 3. Ermittlung sprachlicher Eigenarten und Auswertung charakteristischer Mittel (z. B. Funktion des anaphorischen **Man;** Schlichtheit des Reims; unterkühlte, versachlichte Sprache, Rolle/Bedeutung der Schlussverse) (UG) A: KRef: Mascha Kaléko (statt 3 und 4) 4. Gemeinsamer Charakterisierungsversuch des lyrischen Ichs (UG) A: Diskussion der Frage, ob die Perspektive des Ichs eher einer weiblichen oder eher einer männlichen Ich-Perspektive entspricht (UG)	Gedichtvergleich mit Kästners Gedicht »Sachliche Romanze« (= Mat. 5) – als schriftliche Übung zur Klausur (über längeren Zeitraum zu bearbeiten, Auswertung im Anschluss an die Lyrik-Reihe) A: Ermitteln Sie Lebensdaten und Informationen zur Lyrik Mascha Kalékos. A: Vergleich mit Lasker-Schülers Gedicht »Die Verscheuchte« (5.6.1) (Aspekt: Ich-Du-Beziehung)

Stunden	Thema	Didaktische Aspekte (Inhalte/Ziele)
10./ 11.	Literatur im Faschismus und im Exil: Benn, »Einsamer nie –« (5.6.2); Schneider, »Entfremdet ist …« (5.6.5); Lasker-Schüler, »Ich liege wo am Wegrand« (= Mat. 2); Max Herrmann-Neisse, »Ein deutscher Dichter …« (= Mat. 7) A: Austausch eines oder mehrerer Texte durch Hesse, »Höhe des Sommers«; Lehmann, »Die Signatur«; Lehmann, »Mond im Januar«	1. Die Lage der Literatur/Lyrik zwischen 1933 und 1945 erkennen 2. Unterschiedliche Positionen von Lyrikern erfassen und dabei verschiedenartige Richtungen differenzieren können (z. B. Innere Emigration, Exilsituation) 3. Methodische Fähigkeiten im Umgang mit Gedichten festigen und im Ansatz methodenbewusst reflektieren können
12./ 13.	Ein Gedicht gegen Unmenschlichkeit, Unterdrückung und Folter am Beispiel von Gertrud Kolmar, »An die Gefangenen« (5.6.3)	1. Abschluss der Unterrichtsreihe: Schreiben als Überleben? Politische Kritik, die Grenzen lyrischer Wirkung und die Schreibkonzeptionen von Lyrikerinnen und Lyrikern 2. Lyrik und Lebensgeschichte: Gertrud Kolmar – eine ermordete jüdische Dichterin aus Deutschland 3. Methodische Abschlussreflexion. Anforderungen an eine schriftliche Gedichtinterpretation (als Klausurvorbereitung) A: Auswahl von Texten, die Einzelnen besonders gefallen haben

Methodische Realisierung/ Verlauf	Hausaufgabe
1. Arbeitsteilige GA – Aufteilung des Kurses in mehrere Gruppen, denen jeweils eines der vier Gedichte zugeordnet wird (in leistungsstarken GKs sollte die Fragestellung der GA gemeinsam erarbeitet werden) Gruppe 1: Vorstellen des Gedichts/einschließlich Vortrag; Gruppe 2: Vorstellen der Gedichtthematik; Gruppe 3: Perspektive des lyrischen Ichs; Gruppe 4: Charakteristik der sprachlichen Formensprache und ihrer Bedeutung; Gruppe 5: Haltung zur Zeitsituation/zum Faschismus (Folien, Kopien) 2. Auswertung im gemeinsamen Gespräch (UG) – evtl. weitere 1–2 Std. einplanen! – 3. Vergleichen der Ergebnisse/Differenzierung nach Haltungen und Positionen (UG) FV (Geschichte): Kulturelle Bedingungen innerhalb Deutschlands und im Exil zwischen 1933 und 1945 (Verlängerung der Reihe um weitere Std.!) A: KRefs zu einzelnen Exillyrikerinnen und Exillyrikern	Vorbereitende Lektüre des Gedichts »An die Gefangenen« von Gertrud Kolmar (Zusatzaufgabe: Ordnen Sie das Gedicht in den Kontext der Lyrik zwischen 1930 und 1945 ein.) A: KRef zu Gertrud Kolmar A: Exemplarische Untersuchung des Themas am Beispiel des Gedichts »Die Verscheuchte« von Lasker-Schüler (5.6.1)
1. Leserreaktionen auf das Gedicht (HA) und Versuch einer Einordnung in den Epochenkontext (zugleich Wiederholung der Ergebnisse der 10./11. Std.) (SV, UG) A: KRef zu Gertrud Kolmar 2. Entwurf einer Vortragsfassung (GA); Arbeitsauftrag: Bereiten Sie den Text als Gedichtvortrag vor. Überlegen Sie dabei, welche Wirkung Stimme, Sprechtempo, Sprechausdruck, Körperhaltung, Gestik und Mimik auf Zuhörer haben könnten. 3. Auswertung der Vorträge/Diskussion verschiedener Vortragsfassungen (SV, UG) 4. Reflexion der Schreibmotivationen Gertrud Kolmars (evtl. im Rückgriff auf KRef zu Kolmar und in Abgrenzung der 10./11. Std.) (UG) 5. Abschließendes Resümee der Unterrichtsreihe unter methodischen Aspekten: Schwierigkeiten beim Umgang mit Gedichten; Aufbau einer Interpretation; Anforderungen an Interpretationsklausuren; Spielraum der eigenen Ausdrucksmöglichkeiten (UG) A: Gespräch über die gelesenen Gedichte, Vorstellen von besonders ansprechenden Texten und Gespräch über die eigenen Vorlieben/die eigene Auswahl (Kreisgespräch)	Als Vorübung zur Klausur: Interpretieren Sie das Gedicht »Verfall« von Georg Trakl; ordnen Sie es anschließend in den Zusammenhang des Expressionismus ein. A/FV/PRO (mit Kunst): Gedichte und ihre bildnerische Umsetzung – Ausstellung (Wiederaufnahme und Weiterführung der Ergebnisse der 5./6. Std.)

Leistungskurssequenz (14 Stunden + Grundkurssequenzen)
Die Unterrichtssequenz für den Leistungskurs orientiert sich in ihrem Gesamtkonzept am Programm des Grundkurses. Allerdings werden sowohl schwierigere Gedichte und vertiefende methodische Verfahren einbezogen als auch ergänzende Teilsequenzen hinzugefügt. Es besteht grundsätzlich die Möglichkeit, aus den angebotenen Teilsequenzen einzelne auszuwählen und eigene Schwerpunkte zu setzen. Die Sequenz ist nicht so angelegt, dass sie einen Unterricht von über 27 Stunden suggeriert. Ohnehin wäre es, wenn möglichst viele Aspekte berücksichtigt werden sollen, eine Frage der langfristigen Unterrichtsplanung, ob

2–3 Stunden (im Anschluss an die Einstiegssequenz *Modernisierung, Moderne und moderne Dichter*)

Thema	Didaktische Aspekte (Inhalte/Ziele)
Moderne Lyrik um 1900; synchroner Querschnitt durch eine Zeitphase – Holz, »Im Thiergarten« (1.4.1), Dehmel, »Entbietung« (1.4.4), George, »Komm in den totgesagten park …« (1.4.2)	1. Gedicht eines bestimmten Entstehungszeitraumes miteinander vergleichen und ein Gespür für intertextuelle Zusammenhänge, Analogien und Kontraste entwickeln 2. Am Beispiel der Dichter Holz, Rilke, George und Dehmel unterschiedliche lyrische Schreibweisen um 1900 kennen lernen 3. Rolle des lyrischen Ichs im Gedicht: Formen der Selbstdarstellung und Selbstinszenierung 4. Erfassen des Individualstils als Kennzeichen der Epoche 5. Im Ansatz die Schwierigkeiten literarhistorischer Epochenbildung erfahren (der Gedichtinterpret als ›Konstrukteur‹ einer Epoche)

nach einer grundlegenden Sequenz nicht weitere Teilsequenzen über das Halbjahr bzw. darüber hinaus über mehrere Kurshalbjahre (z. B. für die Wiederholung/Übung im Zusammenhang mit der Abiturprüfung) verteilt werden können. Außerdem gilt es, Phasen für Schreibtätigkeiten im Unterricht einzuplanen (Besprechung von Hausaufgaben, Übungen vor Klausuren, produktive Aufgabenstellungen, Schreibaufgaben während der Unterrichtsreihe, Anfertigung von Protokollen und Unterrichtsmitschriften). Die zeitliche Kalkulation erhöht sich entsprechend. Vor diesem Hintergrund ist der zu den einzelnen Teilsequenzen angegebene Stundenzeitraum eine erste grobe Orientierung.

Methodische Realisierung/ Verlauf	**Hausaufgabe**
1. Rückgriff auf das Rilke-Gedicht – Hypothesen zum Verhältnis Dichtung und Gesellschaft um 1900 (UG) 2. Arbeitsteilige GA: Beschreiben des Gedichtaufbaus; Charakterisieren der Sprache und der Gedichtform; Charakterisierung des lyrischen Ichs und seiner Perspektive (Folien) 3. Auswerten und Vergleichen der Ergebnisse (UG) 4. Zusammenfassung/Erweiterung: Vom Einzelgedicht zur Epochencharakteristik – Kennzeichen der Lyrik um 1900 (PA, UG) 5. Einführung der Begriffe Epochenstil und Individualstil (LV) und Diskussion der Frage, inwieweit sich die Gedichte diesen beiden Begriffen zuordnen lassen (UG) 6. Methodische Reflexion: Diskussion der These ›Epochen sind Konstruktionen‹	– vorbereitende arbeitsteilige HA: eines der drei Gedichte stichwortartig in seinen Eigenarten beschreiben – vertiefende HA: Ordnen Sie das Gedicht »Bekenntnis« in den Kontext der Jahrhundertwende ein. Begründen Sie Ihre Auffassung im Rückgriff auf die bereits gelesenen Gedichte.

2–3 Stunden (im Anschluss an die Teilsequenz *Großstadtthematik des Expressionismus*)

Thema	Didaktische Aspekte (Inhalte/Ziele)
Urbanität, Modernisierung und Moderne: Rilke, »Alles Erworbne bedroht die Maschine ...« (1.4.3); Brecht, »Laßt eure Träume fahren ...« (= Mat. 6)	1. Zusammenhang zwischen Weltanschauung und Technik-Verhältnis 2. Großstadt als neuer Erfahrungsraum, dessen sinnliche Erlebnisstruktur Lyriker zu Stadt-Gedichten anreizt 3. Opposition Naturraum vs. zivilisatorischer, urbaner Raum bei Rilke und die metaphorische Umsetzung der Opposition 4. Rolle des ›Kälte‹-Topos bei Brecht und die poetische Inszenierung des Topos im Gedicht (Rolle der Ironie und des Zynismus u. a. m.)

2–3 Stunden (im Anschluss an die Teilsequenz *Lyrik der 20er-Jahre am Beispiel Brechts und Kästners*)

Thema	Didaktische Aspekte (Inhalte/Ziele)
Einführung in die Naturlyrik von 1900 bis 1945: Holz, »Im Thiergarten« (1.4.1); George, »Komm in den totgesagten park ...« (1.4.2); Trakl, »Verfall« (2.4.3), Lehmann, »Die Signatur« (5.6.6)	1. Beziehung zwischen Naturverständnis und Gesellschaftsverständnis im Ansatz erkennen 2. Erfassen unterschiedlicher poetischer Naturkonzeptionen/Zusammenhang mit eigenem Dichterverständnis (z. B. bei Holz: Konzentration auf ein momenthaftes Bild der Wirklichkeit; bei George: Der Park als ästhetische Landschaft; Trakl: Konstitution des Verfalls aus der schönen Landschaft; Lehmann: Natur als geheime Schrift und Signatur)

Methodische Realisierung/ Verlauf	Hausaufgabe
1. Wiederholung: Das Bild der Großstadt in Heyms Gedicht »Der Gott der Stadt« (SV) 2. Lektüre des Rilke-Gedichts (als Lückentext: Gehorchen, entrönnen, Leben, verzaubert, Ursprung, bewundert; Musik, Haus) (EA, UG) 3. Benennen/Erläuterungsversuch der Verse, die besonderes schwierig zu verstehen sind (UG) 4. Allmähliche Rekonstruktion der Entfremdungs- und Zeitproblematik im Rilke-Gedicht A/FV (Kunst): Großstadt- und moderne Fabrikarchitektur in den 20er-Jahren (als Zwischenschritt, 1 Std.) 5. Kontrastierende Lektüre des Brecht-Gedichts (LV) 6. Die Ratschläge des lyrischen Ichs und dessen Sprache (PA, UG) 7. Vergleich der Gedichte und der in den Gedichten entwickelten Zeithaltungen	Zusammenfassende schriftliche Aufgabe: Das Bild der Großstadt bei Lichtenstein, Heym, Rilke und Brecht (als Vorübung zur Klausur; methodischer Schwerpunkt: Belegen wichtiger Aussagen am Text)

Methodische Realisierung/ Verlauf	Hausaufgabe
1. Diskussion der These **Der Gang durch die Natur ist ein Gang durch die Gesellschaft** (Ernst Bloch) (UG) 2. arbeitsteilige GA (mindestens 1 Std.): Untersuchung je eines der Gedichte – Naturauffassung, Bild der Wirklichkeit, poetische Techniken/Sprachduktus, Perspektive des lyrischen Ichs; Ergebnispräsentation in Form von Thesen (Folien) 3. Darstellung und Vergleich der Ergebnisse (SV, UG) 4. Rückbezug auf das Bloch-Zitat des Einstiegs (UG) 5. Reflexion der methodischen Vorgehensweise (UG)	Gedichtvergleich: Hesse, »Höhe des Sommers«, mit Georges, »Komm in den totgesagten park …«, oder: Trakl, »Verfall«, mit Hesse, »Höhe des Sommers« (Übung zur Klausur)

2–3 Stunden (im Anschluss an die Teilsequenz *Ein Liebesgedicht aus der ›Kältezone‹ der modernen Zeiten*)

Thema	Didaktische Aspekte (Inhalte/Ziele)
Poetologische Gedichte und Gedichtpoetik 1900–1945: Rilke-Brief (1.2); Hofmannsthal, Textauszug (1.2), Benn, »Einsamer nie –« (5.6.2), Becher, »Ich ruf dich an, Gedicht!« (5.3)	1. Gedichtpoetiken in literarischer oder essayistischer Form als Forum der Selbstdarstellung 2. Entfaltung von Autonomieansprüchen/Behauptung des engen Zusammenhangs von Gedichtproduktion und dichterischer Existenz

2–3 Stunden (im Anschluss an die Teilsequenz *Ein Liebesgedicht aus der ›Kältezone‹ der modernen Zeiten*)

Thema	Didaktische Aspekte (Inhalte/Ziele)
Geschlechterkampf: Sprache des Begehrens und Sprache der Liebe in Gedichten zwischen 1900–1945 – Holz, »Seligkeit« (1.1); Dehmel, »Entbietung« (1.4.4); Stramm, »Untreu« (= Mat. 4); Lasker-Schüler, »Wir beide« (= Mat. 3)	1. Kontrastiver Gedichtvergleich: Auffassungen von Geschlechterverhältnissen, Liebe und Sexualität 2. Verhältnis von Thema und Gedichtsprache, experimentell erschlossen in der Produktion von Sprechfassungen zu den einzelnen Gedichten 3. Mögliche Differenzen zwischen männlichem und weiblichem Schreiben von Liebesgedichten erörtern

Methodische Realisierung/ Verlauf	Hausaufgabe
1. Wiederholung: Rilkes Bild vom Dichter entwickelt in einem Brief aus dem Jahre 1902 (vgl. 3. Std., GK) 2. Besprechung der HA: Das Verständnis vom Gedicht bei Storm und Hofmannsthal – kontrastiver Vergleich (SV, UG) 3. arbeitsteilige PA: Untersuchung des Benn- und des Becher-Gedichts unter dem Aspekt: Selbstdarstellung/Wertschätzung des Gedichts 4. Auswertung und Vergleich der Ergebnisse (SV, UG) 5. Diskussion der Positionen zum Gedicht aus heutiger Perspektive (Aspekte der Fremdheit, der historischen Distanz u. a. m.) (UG)	Vorbereitende HA: Lesen und Vergleichen der poetologischen Positionen von Storm und Hofmannsthal (1.2)

Methodische Realisierung/ Verlauf	Hausaufgabe
1. Einholen der vorbereitenden HA: Tipps für eine Sprecherin oder einen Sprecher von Gedichten/alternative Möglichkeiten des Gedichtvortrags (z. B. mit Musikbegleitung, im Chor, als szenische Darbietung, mit Video- und Lichteffekten) 2. arbeitsteilige GA: Für die einzelnen Gedichte sollen eine Sprechfassung bzw. Möglichkeiten alternativer Gedichtpräsentation erprobt werden FV (Musik, Kunst): Erprobung gemeinsamer Präsentationsformen A: Erstellen einer Sprech-Partitur für die einzelnen Gedichte (nach vorheriger Vereinbarung der Abkürzungen/Abkürzungszeichen (arbeitsteilige GA) 3. Einholen der Ergebnisse in einer mit dem Kurs zu vereinbarenden Form (SV oder PRO): Darbietungen, z. B. Stufen- oder Schulfest 4. Auswertung der Darbietungen: Erweiterung/Veränderung der Tipps für Sprecherinnen und Sprecher (UG)	– vorbereitende HA: 1) Tipps für Gedichtvorträge (Zehn Vorschläge für einen Gedichtsprecher); 2) Alternative Möglichkeiten, ein Gedicht zu präsentieren – vertiefende HA: Erstellen eines Vortrags-/Inszenierungskonzepts für Stramms »Schwermut«

2 Stunden (im Anschluss an die Teilsequenz *Ein Gedicht gegen Unmenschlichkeit, Unterdrückung und Folter am Beispiel von Gertrud Kolmar, »An die Gefangenen«*)

Thema	Didaktische Aspekte (Inhalte/Ziele)
Experimente mit experimenteller Lyrik I: Stramm, »Schwermut« (2.1); Tzara, »Um ein dadaistisches Gedicht zu machen« (3.1); Ball, »Karawane« (3.3.2)	1. Erweiterung der Fähigkeit, auf produktionsorientierte Weise mit Gedichten umzugehen 2. Kennenlernen experimenteller und avantgardistischer Formen der Lyrik 3. Zusammenhang von Wortkunst-Experimenten und Dada-Experimenten 4. Eigene Lautgedichte/visuelle Gedichte produzieren

2 Stunden (im Anschluss an die Teilsequenz *Ein Gedicht gegen Unmenschlichkeit, Unterdrückung und Folter am Beispiel von Gertrud Kolmar, »An die Gefangenen«*, oder in Verbindung mit der Teilsequenz *Experimente mit experimenteller Lyrik I*)

Thema	Didaktische Aspekte (Inhalte/Ziele)
Experimente mit experimenteller Lyrik II: ›Verse um die Mittelachse‹ – Holz, »Im Thiergarten« (1.4.1) oder/und Holz, »Seligkeit« (1.1)	1. Holz' Modernitätskonzept: Ein jahrzehntelanges Experiment 2. Die immanente Poetik und Verstechnik eines modernen Gedichts untersuchen – Zum Beispiel Arno Holz 3. Auf experimentelle Weise Anspruch und Realisierung des ›Mittelachsen‹-Verses von Arno Holz erkunden 4. Mit moderner Lyrik auf experimentelle Weise umgehen und so ihre Machart und ihren Anspruch kennen lernen

Methodische Realisierung/ Verlauf	Hausaufgabe
1. Vorstellen der HA-Ergebnisse: Collage nach den ›Anweisungen‹ in Tzaras Gedicht »Um ein dadaistisches Gedicht zu machen« (SV, UG) 2. Diskussion: Unsinn und Unsinnspoesie? Implikationen der Collagenform (UG) FV (Kunst): Zur Collagenform in der bildenden Kunst (z. B. Schwitters; Erweiterung der Teilsequenz um 1 Std.) 3. Präsentationsform des Gedichts »Schwermut« von Stramm in typografischen Experimenten (z. B. Fotomontage in Bild-Text-Verbindungen) (EA, UG) A/PRO: Projektartige Präsentationsformen 4. Die Inszenierung eines Gedichts: Balls »Karawane« u. a. mithilfe der Tagebuchnotizen Balls (vgl. 3.3.2) (GA, UG) 5. **Experimentell ein experimentelles Gedicht erfinden** (EA, UG): Ein Lautgedicht/visuelles Gedicht produzieren, z. B. auf Anregung durch eine Strophe aus Balls »Wolken«-Gedicht (3.1)	Vorbereitende HA: Durchführung des Tzara-Experimentes in Form einer Collage (DIN-A 3-Format!)

Methodische Realisierung/ Verlauf	Hausaufgabe
1. Besprechung der HA: Ergebnisse der Transformierung der ›Mittelachsen‹-Technik in konventionelle Verstechnik (linksbündige Präsentation) (SV) 2. Das beobachtende Ich und die Wiedergabe von Wirklichkeit im Gedicht (PA, UG) 3. Hypothesen zur immanenten Gedichtpoetik bei Holz: Machart, Konzeption und Anspruch der Verstechnik (UG) 4. Sammeln von Themen für eigene ›Mittelachsen‹-Gedichte (UG) 5. Verfassen und Vorstellen eigener Gedichte nach der Holz'schen Verstechnik (EA, UG)	Vorbereitende HA: Das Gedicht »Im Thiergarten« und/oder »Seligkeit« in konventionelle Versform transformieren und das Ergebnis schriftlich auswerten; andere Gedichte mittig setzen und Effekte präsentieren/Wirkungen diskutieren; Figurengedichte des Barockzeitalters suchen und eigene Experimente mit Figurengedichten durchführen.

4 Materialien

Material 1

Rainer Maria Rilke: Der Dichter (aus: *Neue Gedichte*)

Du entfernst dich von mir, du Stunde.
Wunden schlägt mir dein Flügelschlag.
Allein: Was soll ich mit meinem Munde?
Mit meiner Nacht? mit meinem Tag?

Ich habe keine Geliebte, kein Haus,
keine Stelle auf der ich lebe.
Alle Dinge, an die ich mich gebe,
werden reich und geben mich aus.

(aus: Rainer Maria Rilke (1984): Werke in sechs Bänden, Bd. 2. S. 267. Frankfurt a. M.)

Material 2

Else Lasker-Schüler: Ich liege wo am Wegrand (aus: *Mein blaues Klavier*)

Ich liege wo am Wegrand übermattet –
Und über mir die finstre kalte Nacht –
Und zähl schon zu den Toten längst bestattet.

Wo soll ich auch noch hin – von Grauen überschattet –
Die ich vom Monde euch mit Liedern still bedacht
Und weite Himmel blauvertausendfacht.

Die heilige Liebe, die ihr blind zertratet,
Ist Gottes Ebenbild …!
Fahrlässig umgebracht.

Darum auch lebten du und ich in einem Schacht!
Und – doch im Paradiese trunken blumumblattet.

(aus: Else Lasker-Schüler (1986): Gedichte 1902–1943. S. 344. München)

Material 3

Else Lasker-Schüler: Wir beide (aus: *Der siebente Tag*)

Der Abend weh Sehnen aus Blütensüße,
Und auf den Bergen brennt wie Silberdiamant der Reif,
Und Engelköpfchen gucken überm Himmelsstreif,
Und wir beide sind im Paradiese.

Und uns gehört das ganze bunte Leben,
Das blaue große Bilderbuch mit Sternen!
Mit Wolkentieren, die sich jagen in den Fernen
Und hei! die Kreiselwinde, die uns drehn und heben!

Der liebe Gott träumt seinen Kindertraum
Vom Paradies – von seinen zwei Gespielen,
Und große Blumen sehn uns an von Dornenstielen …
Die düstre Erde hing noch grün am Baum.

(aus: Ebd., S. 113)

August Stramm: Untreu (aus: *Die Menschheitsdämmerung*) **Material 4**

Dein Lächeln weint in meiner Brust
Die glutverbissenen Lippen eisen
Im Atem wittert Laubwelk!
Dein Blick versargt.
Und
Hastet polternd Worte drauf.
Vergessen
Bröckeln nach die Hände!
Frei
Buhlt dein Kleidsaum
Schlenkrig
Drüber rüber!

(aus: Die Menschheitsdämmerung (1959), hrsg. von
Kurt Pinthus. S. 61. Reinbek b. Hamburg)

Erich Kästner: Sachliche Romanze (aus: *Lärm im Spiegel*) **Material 5**

Als sie einander acht Jahre kannten
(und man darf sagen: sie kannten sich gut),
kam ihre Liebe plötzlich abhanden:
Wie andern Leuten ein Stock oder Hut.

Sie waren traurig, betrugen sich heiter,
versuchten Küsse, als ob nichts sei,
und sahen sich an und wußten nicht weiter.
Da weinte sie schließlich. Und er stand dabei.

Vom Fenster aus konnte man Schiffe winken.
Er sagte, es wäre schon Viertel nach vier
Und Zeit, irgendwo Kaffee zu trinken
Nebenan übte ein Mensch Klavier.

Sie gingen ins kleinste Café am Ort
und rührten in ihren Tassen.
Am Abend saßen sie immer noch dort.
Sie saßen allein, und sie sprachen kein Wort
und konnten es einfach nicht fassen.

(aus: Deutsche Liebeslyrik (1982), hrsg. von
Hans Wagener. S. 271. Stuttgart)

Material 6

Bertolt Brecht: »Laßt eure Träume fahren …«
(aus: *Lesebuch für Städtebewohner*)

Laßt eure Träume fahren, daß man mit euch
Eine Ausnahme machen wird.
Was eure Mutter euch sagte
Das war unverbindlich.

Laßt euren Kontrakt in der Tasche
Er wird hier nicht eingehalten.

Laßt nur eure Hoffnung fahren
Daß ihr zu Präsidenten ausersehen seid.
Aber legt euch ordentlich ins Zeug
Ihr müßt euch ganz anders zusammennehmen
Daß man euch in der Küche duldet.

Ihr müßt das ABC noch lernen.
Das ABC heißt:
Man wird mit euch fertig werden.

Denkt nur nicht nach, was ihr zu sagen habt:
Ihr werdet nicht gefragt.
Die Esser sind vollzählig
Was hier gebraucht wird, ist Hackfleisch.

Aber das soll euch
Nicht entmutigen!

(aus: Bertolt Brecht (1988): Gedichte I. Sammlungen 1918–1938. Große kommentierte Berliner und Frankfurter Ausgabe, hrsg. von Werner Hecht u. a. S. 163 f. Frankfurt a. M.)

Material 7

Max Herrmann-Neisse: Ein deutscher Dichter bin ich einst gewesen …

Ein deutscher Dichter bin ich einst gewesen,
die Heimat klang in meiner Melodie,
ihr Leben war in meinem Lied zu lesen,
das mit ihr welkte und mit ihr gedieh.

Die Heimat hat mir Treue nicht gehalten,
sie gab sich ganz den bösen Trieben hin,
so kann ich nur ihr Traumbild noch gestalten,
der ich trotzdem treu geblieben bin.

In ferner Fremde mal ich ihre Züge
zärtlich gedenkend mir mit Worten nah,
die Abendgiebel und die Schwalbenflüge
und alles Glück, was einst nur dort geschah.

Doch hier wird niemand meine Verse lesen,
ist nichts, was meiner Seele Sprache spricht;
ein deutscher Dichter bin ich einst gewesen,
jetzt ist mein Leben Spuk wie mein Gedicht.

(aus: Jahrhundertgedächtnis. Deutsche Lyrik im 20. Jahrhundert (1998), hrsg. von Harald Hartung. S. 154 f. Stuttgart)

Anhang

Anmerkungen

1 Raabe, Paul (1985): Die Autoren und Bücher des literarischen Expressionismus. Ein bibliographisches Handbuch. Stuttgart

2 In: Brauneck, Manfred/Müller, Christine (Hrsg.) (1978): Naturalismus. Manifeste und Dokumente zur deutschen Literatur 1880–1890. S. 364 ff. Stuttgart

3 Siehe ausführlicher Korte, Petra (1993): Projekt Mensch – ›Ein Fragment aus der Zukunft‹. Friedrich Schlegels Bildungstheorie. Münster

4 Lamping, Dieter (1991): Moderne Lyrik. Eine Einführung. S. 8 f. Göttingen

5 In: Rothe, Wolfgang (Hrsg.) (1973): Deutsche Großstadtlyrik vom Naturalismus bis zur Gegenwart. S. 59. Stuttgart

6 Ebenda, S. 61.

7 Holz, Arno (1919): Das ausgewählte Werk. S. 37. Berlin

8 Ebenda, S. 326.

9 Ebenda, S. 319.

10 Storm, Theodor (1988): Sämtliche Werke. Bd. 4, hrsg. von Dieter Lohmeier. S. 331 f. Frankfurt a. M.

11 George, Stefan (1968): Werke. Auswahl in zwei Bänden. Bd. 1. S. 530 f. Düsseldorf, München

12 Ebenda.

13 In: Allemann, Beda (Hrsg.) (1971): Ars poetica. Texte von Dichtern des 20. Jahrhunderts zur Poetik. S. 12–14. Darmstadt

14 Rimbaud, Arthur (1976): Sämtliche Werke. S. 394. Leipzig (Brief an Georges Izambard)

15 Zit. n.: Göbel, Helmut u. a. (Hrsg.) (1998): Briefe an junge Dichter. S. 76 ff. Göttingen

16 Ebenda.

17 Ebenda.

18 Rilke, Rainer Maria (1984): Ausgewählte Werke in sechs Bänden. Bd. 1. S. 9. 3. Aufl. Frankfurt a. M.

19 Ebenda, S. 39.

20 Ebenda, S. 10.

21 George (1968), S. 137.

22 Siehe Braungart, Wolfgang (1997). Ästhetischer Katholizismus. Stefan Georges Rituale der Literatur. Tübingen; Braungart hebt die Rolle der Liturgischen, Sakralen und Rituellen in Werk und Leben Georges hervor, also die Projektion des Sakralen und Religiösen auf die Kunst, die zum Religionsersatz geworden ist.

23 George (1968), S. 309.

24 Zit. n. Hartung, Harald (Hrsg.) (1983): Gedichte und Interpretationen. Vom Naturalismus bis zur Jahrhundertmitte. S. 81. Stuttgart

25 Grimm, Reinhold: Spiegelungen. In: Reich-Ranicki, Marcel (Hrsg.) (1994): 1000 Deutsche Gedichte und ihre Interpretationen. Bd. 5: Von Holz zu Rilke, S. 35.

26 Esselborn, Hans: Die gespiegelte Welt. In: Hartung (1983), S. 85 f.

27 Ebenda.

28 Holz (1919), S. 14.

29 Der Name Phantasus verweist auf Phantasos, in der antiken Mythologie der Sohn des Schlafs, der Träume hervorruft, indem er sich ständig verwandelt. Für Holz steht der Name stellvertretend für poetische Einbildungskraft, welche die verschiedensten Dinge und Erscheinungen umgreifen, zusammenfügen, wieder auflösen und nicht zuletzt auch zu unbestimmten Zeichen verflüchtigen kann.

30 Braungart (1997), S. 224; Text: George (1968), S. 121.

31 Gruenter, Rainer: Herbst des Gefühls. In: Reich-Ranicki (1994). Bd. 5, S. 118.

32 George (1968), S. 122.

33 Ebenda, S. 123.

34 Braungart (1994), S. 229.

35 Ebenda, S. 230.

36 George (1968), S. 167.

37 Rilke, Rainer Maria (1975): Sämtliche Werke in 12 Bänden, hrsg. vom Rilke-Archiv. Bd. 1. S. 178. Frankfurt a. M.

38 Zit. n. Lichtblau, Klaus (1996): Kulturkrise und Soziologie um die Jahrhundertwende. Zur Genealogie der Kultursoziologie in Deutschland. S. 38. Frankfurt a. M.

39 Hofmannsthal, Hugo von (1957): Ausgewählte Werke in zwei Bänden, hrsg. von Rudolf Hirsch. Bd. 2. S. 338. Frankfurt a. M.

40 Hofmannsthal, Hugo von (1979): Gesammelte Werke in zehn Einzelbänden. Reden und Aufsätze I, hrsg. von Bernd Schoeller. S. 235. Frankfurt a. M.

41 Rilke, Rainer Maria (1955): Sämtliche Werke in sechs Bänden, hrsg. vom Rilke-Archiv. Bd. 3. S. 660 f. Frankfurt a. M.

42 Ebenda, Bd. 2, S. 209 f.

43 Ebenda, Bd. 1, S. 392.

44 Ebenda, Bd. 6, S. 728 f.

45 Siehe ausführlicher und mit Hinweisen auf die aktuelle Forschung Lee, Dong-Yong (1998): Narzißmus und Spieglung im Werk Rainer Maria Rilkes. Zum Dilemma zwischen Selbstbezug und Sozialintention in der frühen Moderne. Diss. Bayreuth

46 Rilke, Rainer Maria (1996): Werke. Kommentierte Ausgabe in vier Bänden, hrsg. von Manfred Engel u. a., Bd. 2, S. 415. Frankfurt a. M.

47 Rilke (1984), Bd. 2, S. 513; das Gedicht entstand im Februar 1992 in Muzot.

48 Dehmel, Richard (1913): Gesammelte Werke in drei Bänden. Bd. 1. S. 21. Berlin

49 Ebenda, S. 12 (**Grundsatz**).

50 Ebenda, S. 11.

51 Siehe Benn, Gottfried (1979): Briefe an F. W. Oelze. 3 Bände. Bd. 1. S. 33 ff. Frankfurt a. M.

52 Siehe Raabe (1985).

53 Pinthus, Kurt (Hrsg.) (1959): Menschheitsdämmerung. Ein Dokument des Expressionismus. S. 22. Reinbek b. Hamburg

54 Anz, Thomas/Stark, Michael (Hrsg.) (1982): Expressionismus. Manifeste und Dokumente zur deutschen Literatur 1910–1920. S. 37. Stuttgart

55 Ebenda.

56 Ebenda.

57 Siehe Möser, Kurt (1983): Literatur und die ›Große Abstraktion‹. Kunsttheorien, Poetik und ›abstrakte Dichtung‹ im ***Sturm*** 1910–1930. Erlangen

58 In: Pinthus (1959), S. 74

59 Raabe, Paul (Hrsg.) (1965): Expressionismus. Der Kampf um eine literarische Bewegung. S. 106. München

60 Zit. n. Matsche, Franz (1994): Großstadt in der Malerei des Expressionismus am Beispiel E. L. Kirchners. In: Anz, Thomas/Stark, Michael (Hrsg.): Die Modernität des Expressionismus. S. 96. Stuttgart/Weimar

61 Hiller, Kurt: Die Jüngst-Berliner. Zit. n. Anz/Stark (1982), S. 33.

62 Becher, Johannes R. (1973): Gedichte 1911–1918, hrsg. von Paul Raabe. S. 15. München

63 Zit. n. Reso, Martin (Hrsg.) (1969): Expressionismus. Lyrik. S. 190. Berlin/Weimar

64 Vietta, Silvio/Kemper, Hans-Georg (1975), Hans-Georg: Expressionismus, S. 30 ff. München

65 Lichtenstein, Alfred (1989): Dichtungen, hrsg. von Klaus Kanzog und Hartmut Vollmer. S. 49. Zürich

66 Heym, Georg (1964): Dichtungen und Schriften. Gesamtausgabe, hrsg. von Karl Ludwig Schneider. Bd. 1: Lyrik, S. 56–58, 68, 93 f., 102, 108, 188. München

67 Ebenda, S. 57.

68 Ebenda, S. 58.

69 Schickele, René: Großstadtvolk. Zit. n. Reso (1969), S. 185.

70 Becher, Johannes R. (1918): Das neue Gedicht. Auswahl (1912–1918). S. 11. Leipzig

71 Becher (1973), S. 51.

72 Ehrenstein, Albert (1914): Die weisse Zeit. S. 73. München

73 Lotz, Ernst Wilhelm (1917): Wolkenüberflaggt, S. 53. Leipzig

74 Zit. n. Pinthus (1959), S. 45.

75 Zit. n. Rubiner, Ludwig (Hrsg.) (1919): Kameraden der Menschheit. Dichtungen zur Weltrevolution. S. 154. Potsdam

76 Becher (1918), S. 80.

77 Pinthus (1959), S. 279.

78 Ebenda, S. 275.

79 Hasenclever, Walter (1919): Der politische Dichter. S. 14 (**1917**). Berlin

80 Ebenda, S. 23.

81 Korte, Hermann (1988): Expressionismus und Jugendbewegung. In: Internationales Archiv für Sozialgeschichte der deutschen Literatur. Bd. 13. S. 70–106. Tübingen

82 Zit. n. Pinthus (1959), S. 225.

83 Otten, Karl (1918): Die Thronerhebung des Herzens. S. 16. Berlin

84 Anz/Stark (1982), S. 108 f.

85 van Hoddis, Jakob (1987): Dichtungen und Briefe, hrsg. von Regina Nörtemann. S. 15. Zürich

86 Zur Lebensgeschichte siehe Hornbogen, Helmut (1986): Jakob van Hoddis. Die Odyssee eines Verschollenen. München/Wien

87 van Hoddis (1987), S. 451.

88 Ebenda, S. 405.

89 Kayser, Rudolf: Literatur in Berlin (1918). In: Raabe (1965), S. 131.

90 Siehe ausführlicher van Hoddis (1987), S. 260 f. und S. 480 f. (Kommentarteil).

91 In: Raabe, Paul (Hrsg.) (1964): **Ich schneide die Zeit aus.** Expressionismus und Politik in Franz Pfemferts ***Aktion*** 1911–1918. S. 149 f. München

92 van Hoddis (1987), S. 57.

93 Ebenda, S. 407 f.

94 Ebenda, S. 546.

95 Lichtenstein (1989), S. 43.

96 Raabe (1964), S. 150.

97 Ebenda, S. 149.

98 Zit. n. Lichtenstein (1989), S. 263.

99 Ebenda, S. 239 f.

100 Asholt, Wolfgang/Fähnders Walter (Hrsg.) (1995): Manifeste und Proklamationen der europäischen Avantgarde (1909–1938). S. 14. Stuttgart/Weimar

101 Trakl, Georg (o. J.): Die Dichtungen. 8. Aufl. S. 13. Salzburg

102 Ebenda, S. 64 (»Verwandlung«), S. 66 (»Trübsinn«), S. 81 (»Abendlied«), S. 117 (»Die Verfluchten«).

103 Ebenda, S. 80 (»**Im Dorf**«).

104 Ebenda, S. 97.

105 Ebenda, S. 107.

106 Siehe Bartsch, Kurt (1974): Die Hölderlin-Rezeption im deutschen Expressionismus. S. 92–124. Frankfurt a. M.

107 Heym (1964), S. 166–219.

108 Ebenda, S. 125.

109 Ebenda, S. 123.
110 Ebenda, S. 180.
111 Siehe Korte, Hermann (1982): Georg Heym. S. 53 ff. Stuttgart
112 Heym (1964), S. 452.
113 Ebenda.
114 Ebenda, S. 431.
115 Ebenda, S. 227 ff.
116 Pinthus, Kurt (1969): Wilhelm Klemm. In: Jahresring 68/69. S. 315.
117 Klemm, Wilhelm (1915): Gloria! Kriegsgedichte aus dem Feld. S. 27. München
118 Zit. n. Korte, Hermann (1981): Der Krieg in der Lyrik des Expressonismus. Studien zur Evolution eines literarischen Themas. S. 171. Bonn
119 Siehe ebenda, S. 103 ff.
120 Klemm (1915), S. 11.
121 Ebenda, S. 15.
122 Ebenda, S. 28.
123 Ebenda, S. 61.
124 Im selben Jahr wie Klemms *GLORIA!* gab Walter Eggert Windegg (München 1915) seine Anthologie *DER DEUTSCHE KRIEG IN DICHTUNGEN* heraus, die paradigmatisch für die hochpathetische, mit Reimschmuck und traditionellen Strophenformen operierende kriegsverherrlichende Poesie des Ersten Weltkriegs zitiert werden kann.
125 Ebenda, S. 127 (Richard Nordhausen: »Kronprinz Wilhelm«).
126 Ebenda, S. 126 (Ottomar Enking: »Deutscher Sieg«).
127 Ebenda, S. 127.
128 Zit. n. Ortheil, Hanns-Josef (1979): Wilhelm Klemm. Ein Lyriker der ›Menschheitsdämmerung‹. S. 64. Stuttgart
129 Vagts, Alfred (1920): Ritt in die Not. S. 13–20. München
130 Zit. n. Korte (1982), S. 189.
131 Huelsenbeck, Richard (Hrsg.) (1920): Dada-Almanach. S. 5. Berlin
132 Ebenda, S. 35 ff.
133 Ebenda, S. 38 f.
134 Tzara, Tristan (1984): Sieben Dada Manifeste. Aus dem Französischen von Pierre Gallissaires. S. 47. 3. verb. Aufl. Hamburg
135 Huelsenbeck, Richard (Hrsg.) (1984): Dada: Eine literarische Dokumentation. S. 22. Reinbek b. Hamburg; zum Dadaismus siehe auch Korte, Hermann (1994): Die Dadaisten. Reinbek b. Hamburg
136 Ball, Hugo (1992): Die Flucht aus der Zeit, hrsg. von Bernhard Lechte. S. 86 f. Zürich
137 Ball, Hugo (1963): Gesammelte Gedichte, hrsg. von Annemarie Schütt-Hennings. S. 24. Zürich
138 Riha, Karl/Wende-Hohenberger, Waltraud (Hrsg.) (1992): Dada Zürich. Texte, Manifeste, Dokumente. S. 93. Stuttgart; überarbeitete Fassung in Arp, Hans (1963): Gesammelte Gedichte 1903–1939. S. 33. Zürich/Wiesbaden/München
139 Ball (1992), S. 106.
140 Ebenda, S. 102.
141 Huelsenbeck, Richard (1960): Phantastische Gebete. S. 16 ff. Zürich
142 Asholt/Fähnders (1995), S. 30.
143 In: Cabaret Voltaire, 1, 1916, S. 6 f.
144 In: Neue Jugend 1, 1917, S. 3.
145 Huelsenbeck (1920), S. 106.
146 Ebenda, S. 71.
147 Hausmann, Raoul (1982): Bilanz der Feierlichkeit. Texte bis 1933, hrsg. von Michael Erlhoff. Bd. 1. S. 95. München
148 Sloterdijk, Peter (1983): Kritik der zynischen Vernunft. 2 Bände. Bd. 2. S. 711. Frankfurt a. M.
149 Zit. n. Schuhmann, Klaus (Hrsg.) (1991): sankt ziegensack springt aus dem ei. Texte, Bilder und Dokumente zum Dadaismus in Zürich, Berlin, Hannover und Köln. S. 224 ff. Leipzig/Weimar
150 Ebenda, S. 218
151 Huelsenbeck (1920), S. 8 (Einleitung)
152 Schwitters, Kurt (1981): Das literarische Werk. Bd. 5: Manifeste und kritische Prosa, hrsg. von Friedhelm Lach. S. 252 f. Köln
153 Ebenda, S. 187.
154 Schwitters, Kurt (1988): Das literarische Werk. Bd. 1: Lyrik, hrsg. von Friedhelm Lach. S. 58 f. Köln
155 Hennings, Emmy (1913): Die letzte Freude. S. 13. Leipzig
156 Ebenda, S. 96.
157 Bürger, Peter (1974): Theorie der Avantgarde. S. 71. Frankfurt a. M.
158 Ball (1992), S. 79.
159 Ebenda, S. 105.
160 Ebenda, S. 105 f.
161 Ebenda.
162 Ebenda, S. 106.
163 Ebenda, S. 102.
164 Siehe Henzler, Harald (1983): Die ***Karawane.*** In: Hugo Ball Almanach. S. 85–115.
165 Ball (1992), S. 113.
166 Siehe Hippen, Reinhard (1978): Kabarett zwischen den Kriegen. In: Bullivant, Keith (Hrsg.) (1984): Das literarische Leben in der Weimarer Republik. S. 89–113. Königstein/Ts.
167 Kästner, Erich (1946): Bei Durchsicht meiner Bücher. Eine Auswahl aus vier Versbänden. S. 7. Zürich
168 Zit. n. Schuhmann, Klaus (Hrsg.) (1995): Lyrik des 20. Jahrhunderts. Materialien zu einer Poetik. S. 146 f. Reinbek b. Hamburg
169 Siehe Kaléko, Mascha (1956): Das lyrische Stenogrammheft/Kleines Lesebuch für Große. Reinbek b. Hamburg; dies. (1980): Verse für Zeitgenossen, hrsg. von Gisela Zoch-Westphal. Reinbek b. Hamburg

[170] Brecht, Bertolt (1988): Werke. Große kommentierte Berliner und Frankfurter Ausgabe, hrsg. von Werner Hecht u. a. Gedichte I. Sammlungen 1918–1938. S. 7 ff. Frankfurt a. M.

[171] Ebenda, S. 9.

[172] Ebenda, S. 165.

[173] Ebenda, S. 39.

[174] Benn, Gottfried (1927): Epilog und lyrisches Ich. In: Völker, Ludwig (Hrsg.) (1990): Lyriktheorie. Texte vom Barock bis zur Gegenwart. S. 306 f. Stuttgart

[175] Siehe Wagner-Egelhaaf, Martina (1989): Mystik der Moderne. Die visionäre Ästhetik der deutschen Literatur im 20. Jahrhundert. S. 64–80. Stuttgart

[176] Mann, Klaus (1927): Dank der Jugend an Rainer Maria Rilke. In: Die literarische Welt 3, Nr. 2, S. 1 f.

[177] Siehe Korte, Hermann (1905): Lyrik am Ende der Weimarer Republik. In Weyergraf, Bernd (Hrsg.) (1995): Literatur der Weimarer Republik. 1918–1933. S. 601–635. München/Wien

[178] Erste Strophe des Gedichts »Vor dem Schlaf« von Fred von Zollikofer, zit. n. Fehse, Willy R./Mann, Klaus (Hrsg.) (1927): Anthologie jüngster Lyrik. Geleitwort von Stefan Zweig. S. 142. Hamburg

[179] Ebenda, S. 90 (W. E. Süskind: »Die Lichtreklame«).

[180] Siehe Brecht, Bert (1927): Kurzer Bericht über 400 (vierhundert) junge Lyriker. In: Kaes, Anton (1983): Weimarer Republik. Manifeste und Dokumente zur deutschen Literatur 1918–1933. S. 441 f. Stuttgart

[181] Brecht (1988), Bd. 1, S. 119 f.

[182] Ebenda, S. 324.

[183] Kaléko (1956), S. 20.

[184] Veth, Hilke (1995): Literatur von Frauen. In: Weyergraf (1995), S. 461.

[185] Zit. n. Schuhmacher (1995), S. 148.

[186] Ebenda.

[187] Kästner (1946), S. 158.

[188] Schuhmann (1995), S. 146 f.

[189] Zit. n. Kaes (1983), S. 624.

[190] Ebenda, S. 659: Zum Paradigmenwechsel in der Lyrik um 1930 und zum lyrischen Traditionalismus siehe Bormann, Alexander v. (1984): **Hin ins Ganze und Wahre.** Lyrischer Traditionalismus zwischen 1930 und 1960. Text und Kritik. H. 9/9a. S. 62–76; Schäfer, Hans Dieter (1977): Zur Periodisierung der deutschen Literatur seit 1930. Literaturmagazin 7. S. 95–113.

[191] Kaes (1983), S. 674.

[192] Blumenthal, Willy (1927): Das lyrische Weltbild (Zum Gedenken an Rainer Maria Rilke). In: Der Kritiker 9, Nr. 12, S. 1.

[193] Freud, Siegmund (1974): Studienausgabe, hrsg. von Alexander Mitscherlich u. a. Bd. IX. S. 217. Frankfurt a. M.

[194] Ebenda, S. 260.

[195] Ebenda, S. 270.

[196] Kaes (1983), S. 682.

[197] Zusammengestellt nach Kaufmann-Carossa, Eva (1993): Hans Carossa. Leben und Werk in Texten und Bildern. S. 269 ff. Frankfurt a. M., Leipzig

[198] Göbel (1998), S. 126 f.

[199] Ebenda, S. 127.

[200] Ebenda.

[201] Hesse, Hermann (1977): Die Gedichte. 1892–1962. Bd. 2, S. 615. Frankfurt a. M.

[202] Vgl. Hoffmann, Dieter (Hrsg.) (1963): Hinweis auf Martin Raschke. Eine Auswahl der Schriften. S. 10 f. Heidelberg/Darmstadt

[203] Ebenda, S. 37–42.

[204] Siehe Marsch, Edgar (Hrsg.) (1980): Moderne deutsche Naturlyrik. Stuttgart

[205] Lehmann, Wilhelm (1982): Gesammelte Werke in acht Bänden, hrsg. von Hans Dieter Schäfer, Bd. 1: Sämtliche Gedichte. S. 35. Stuttgart

[206] Theodor Ziolkowski (1972): Form als Protest. Das Sonett in der Literatur des Exils und der Inneren Emigration. In: Grimm, Reinhold/Hermand, Jost (Hrsg.) (1972): Exil und Innere Emigration. S. 162. Frankfurt a. M.

[207] Becher, Johannes R. (1976): Werke in drei Bänden. Bd. 1. S. 208 f. Berlin/Weimar; dass sich ein Autor wie Becher, aber auch – unter gänzlich anderen politischen und ästhetischen Prämissen – ein Dichter wie Rudolf Borchardt zur selben Zeit an klassizistischen Vorbildern orientieren, zeigt die über Welt- und Kunstanschauungen hinausgreifende Verbindlichkeit des lyrischen Traditionalismus, seiner Sprache, seiner Themen und seines Selbstverständnisses. Zu Borchardts Klassizismus, den der Autor zugleich als eine Art Schutz und Abwehr gegen den Faschismus verstand, siehe ausführlicher Glaser, Horst Albert (Hrsg.) (1987): Rudolf Borchardt 1877–1945. Referate des Pisaner Colloquiums. Frankfurt a. M.

[208] Hinck, Walter (Hrsg.) (1985): Schläft ein Lied in allen Dingen. Das Gedicht als Spiegel des Dichters. Poetische Manifeste von Walther von der Vogelweide bis zur Gegenwart. S. 158. Frankfurt a. M.

[209] Schneider, Reinhold (1981): Gesammelte Werke. Bd. 5: Lyrik. S. 87. Frankfurt a. M.

[210] In solchen Sonetten ging es nicht allein um eine traditionalistische Poetik oder um ein ästhetisches Programm der Traditionswahrung. Siehe Ziolkowski (1972), S. 171: Es geht um eine **ethische Form [...] Viele Menschen spürten ein geradezu existentielles Bedürfnis, sich aus dem Chaos der Hitlerjahre irgendwie durch Form geistig zu retten. Das**

Sonett bot sich als die Gattung an, die das Prinzip der Form schlechthin verkörperte.

211 Becher (1976), S. 185.

212 Schneider (1981), S. 58.

213 Ebenda, S. 59.

214 Schlösser, Manfred (Hrsg.) (1960): an den Wind geschrieben. Lyrik der Freiheit. Gedichte der Jahre 1933–1945. S. 70. Darmstadt

215 Bender, Hans (Hrsg.) (1983): Deutsche Gedichte 1930–1960. S. 62. Stuttgart; zur faschistischen Reimschmiede siehe ausführlicher Schöne, Albrecht (1965): Über politische Lyrik im 20. Jahrhundert. Göttingen

216 Ebenda, S. 35.

217 Ebenda, S. 35 f.

218 Schneider (1981), S. 111 (»Die Versuchung des heiligen Antonius«)

219 Bender (1983), S. 36 f.

220 Ebenda, S. 41.

221 Ebenda, S. 65.

222 Kaléko (1980), S. 53.

223 Kolmar, Gertrud (1983): Gedichte. Auswahl und Nachwort von Ulla Hahn. S. 20. Frankfurt a. M.

224 Lasker-Schüler, Else (1986): Gedichte 1902–1945. S. 345. München

225 Schlösser (1960), S. 85.

226 Brecht (1988), Gedichte 2, S. 85 ff.

227 Ebenda, S. 82.

228 Ebenda, S. 35.

229 Zit. n. Hartung (1998), S. 154.

230 Schlösser (1960), S. 58.

231 Arendt, Erich (1968): Aus fünf Jahrzehnten. Gedichte. S. 48. Rostock

232 Ausländer, Rose (1985): Gesammelte Werke in sieben Bänden. Bd. 3. S. 286. Frankfurt a. M.

233 Schlösser (1960), S. 230.

234 Lasker-Schüler (1986), S. 344.

235 Ebenda, S. 401 (Kommentar)

236 Celan, Paul (1989): Das Frühwerk, hrsg. von Barbara Wiedemann. S. 155 ff. 2. Aufl. Frankfurt a. M.

237 Ebenda, S. 55.

238 Ebenda, S. 54.

239 Schlösser (1960), S. 239.

240 An den Wind geschrieben, S. 303.

241 Siehe Bauschinger, Sigrid (1994): Zur Biographie Else Lasker-Schülers. In: Text + Kritik 122: Else Lasker-Schüler, S. 87–94; Zitat S. 93.

242 Ebenda.

243 Lasker-Schüler (1986), S. 345.

244 Ebenda, S. 410 (Anmerkungen).

245 Das Gedicht erschien in der veränderten Ausgabe der *Ausgewählten Gedichte* im Dezember 1936; die im März desselben Jahres erschienene Auswahl wurde in der veränderten Ausgabe um einige Gedichte erweitert, u. a. um »Einsamer nie –«, während expressionistische Programmgedichte wie »Mann und Frau gehn durch die Krebsbaracke« und »D-Zug« entfernt wurden. – Das Gedicht wird zit. n. Benn, Gottfried (1986): Sämtliche Werke. Bd. 1: Gedichte 1, hrsg. von Gerhard Schuster. S. 135. Stuttgart

246 Ebenda, S. 402 (Entstehungskommentar).

247 Benn (1979), S. 39 (Brief vom 18. 11. 1934).

248 Ebenda, S. 213 (Rückblick im Brief vom 15. Juli 1939).

249 Zit. n. Brode, Hanspeter (1978): Benn-Chronik. Daten zu Leben und Werk. S. 142. München/Wien

250 Siehe ebenda, S. 143.

251 Benn (1979), S. 141 f.

252 Kolmar (1983), S. 163.

253 Woltmann, Johanna (Bearb.) (1993): Gertrud Kolmar 1894–1943. In: Marbacher Magazin, H. 63, S. 93.

254 Kolmar (1983), S. 162.

255 Siehe Rilke (1984), S. 156; im Gedicht »Herbst« heißt es: **Wir alle fallen. Diese Hand da fällt./ Und sieh dir andre an: es ist in allen.// Und doch ist Einer, welcher dieses Fallen/ unendlich sanft in seinen Händen hält.** – Kolmar spielt im Vers **Und Einer deckt zu, deckt es zu mit den stillen, gewaltigen Händen …** auf Rilkes Gedichtschluss an

256 Kolmar (1983), S. 161 f.

257 Woltmann (1993), S. 93.

258 Bobrowski, Johannes (1961/62): Sarmatische Zeit. Schattenland Ströme. Gedichte. Neuausgabe in einem Band. S. 85. Stuttgart

259 Loerke, Oskar (1983): Gedichte. S. 614. Frankfurt a. M.

260 Ebenda, S. 618.

261 Ebenda.

262 Ebenda, S. 619.

263 Ebenda, S. 620.

264 Wilpert registriert drei Dutzend Titel; siehe Wilpert, Gero v./Gühring, Adolf (Hrsg.) (1967): Erstausgaben deutscher Dichtung. S. 1142 f. Stuttgart

265 Schneider (1981), S. 110 f.

266 Denk, Friedrich (1996): Regimekritische Literatur im Dritten Reich. Eine Problemskizze. In: Kroll, Frank-Lothar (1996): Wort und Dichtung als Zufluchtsstätte in schwerer Zeit. Berlin

267 Lehmann (1982), S. 108.

268 Brockhaus (1997), 20. Aufl., Bd. 19, Leipzig/Mannheim, S. 468.

269 Siehe Schäfer, Hans Dieter (1969): Wilhelm Lehmann. Studien zu seinem Leben und Werk. S. 187 ff. Bonn

270 Ebenda, S. 189.

271 Siehe Korte, Hermann (1989): Geschichte der deutschen Lyrik seit 1945. S. 30 ff. Stuttgart

272 Zit. n. Schäfer (1969), S. 187.

273 Zit. n. Lehmann (1982), S. 428 (Kommentar).

274 Brecht (1988), Gedichte 2, S. 85.

Literaturverzeichnis
(Auswahl)

Alleman, Beda (Hrsg.) (1971): Ars poetica. Texte von Dichtern des 20. Jahrhunderts zur Poetik. Darmstadt

Ammann, Klaus/Berger, Albert (Hrsg.) (1985): Österreichische Literatur der dreißiger Jahre. Ideologische Verhältnisse. Institutionen. Voraussetzungen. Wien/Graz/Köln

Anz, Thomas/Stark, Michael (Hrsg.) (1982): Expressionismus. Literarische Manifeste und Dokumente zur deutschen Literatur 1910–1920. Stuttgart

Anz, Thomas/Stark, Michael (Hrsg.) 1994): Die Modernität des Expressionismus. Stuttgart/Weimar

Asholt, Wolfgang/Fähnders, Walter (Hrsg.) (1995): Manifeste und Proklamationen der europäischen Avantgarde (1909–1938). Stuttgart/Weimar

Barbian, Jan-Pieter (1991): Literaturpolitik im ›Dritten Reich‹. Institutionen, Kompetenzen, Betätigungsfelder. Frankfurt a. M.

Böttcher, Kurt u. a. (Hrsg.) (1993): Lexikon deutschsprachiger Schriftsteller. 20. Jahrhundert. Hildesheim/Zürich/New York

Brauneck, Manfred/Müller, Christine (Hrsg.) (1987): Naturalismus. Manifeste und Dokumente zur deutschen Literatur 1880–1890. Stuttgart

Braungart, Wolfgang (1997): Ästhetischer Katholizismus. Stefan Georges Rituale der Literatur. Tübingen

Bürger, Peter (1974): Theorie der Avantgarde. Frankfurt a. M.

Bullivant, Keith (Hrsg.) (1984): Das literarische Leben in der Weimarer Republik. Königstein/Ts.

Friedrich, Hugo (1967): Die Struktur der modernen Lyrik. Von der Mitte des 19. Jahrhunderts bis zur Mitte des 20. Jahrhunderts. Erw. Neuausgabe. Reinbek b. Hamburg

Geist, Peter/Hartinger, Walfried u. a. (1992): Vom Umgang mit Lyrik der Moderne. Berlin

Glaser, Hermann (1978/79): Literatur des 20. Jahrhunderts in Motiven. Bd. 1: 1870–1918. Bd. 2: 1918–1933. München

Gnüg, Hildegard (1983): Entstehung und Krise lyrischer Subjektivität. Vom klassischen lyrischen Ich zur modernen Erfahrungswirklichkeit. Stuttgart

Grimm, Reinhold (Hrsg.) (1966): Zur Lyrik-Diskussion. Darmstadt

Grimm, Reinhold/Hermand, Jost (Hrsg.) (1970): Die sogenannten Zwanziger Jahre. Bad Homburg/Berlin/Zürich

Grimm, Reinhold/Hermand, Jost (Hrsg.): Exil und Innere Emigration. Frankfurt a. M.

Hamburger, Michael (1985): Wahrheit und Poesie. Spannungen in der modernen Lyrik von Baudelaire bis zur Gegenwart. Frankfurt a. M./Berlin/Wien

Hartung, Harald (Hrsg.) (1983): Gedichte und Interpretationen. Vom Naturalismus bis zur Jahrhundertmitte. Stuttgart

Hermand, Jost/Trommler, Frank (1988): Die Kultur der Weimarer Republik. Frankfurt a. M.

Heselhaus, Clemens (1962): Deutsche Lyrik der Moderne von Nietzsche bis Yvan Goll. Die Rückkehr zur Bildlichkeit der Sprache. 2. Aufl. Düsseldorf

Hinderer, Walter (Hrsg.) (1978): Geschichte der politischen Lyrik in Deutschland. Stuttgart
Hippen, Reinhard (1991): Erklügelte Nervenkultur. Kabarett der Neopathetiker und Dadaisten. Zürich
Höllerer, Walter (Hrsg.) (1965): Theorie der modernen Lyrik. Dokumente zur Poetik. Reinbek b. Hamburg
Hoffmann, Paul (1987): Symbolismus. München
Huelsenbeck, Richard (Hrsg.) (1984): Dada. Eine literarische Dokumentation. Reinbek b. Hamburg
Iser, Wolfgang (Hrsg.) (1983): Immanente Ästhetik – Ästhetische Reflexion. Lyrik als Paradigma der Moderne. Kolloquium. 2. Aufl. Köln
Japp, Uwe (1986): Literatur und Modernität. Frankfurt a. M.
Kaes, Anton (Hrsg.) (1983): Weimarer Republik. Manifeste und Dokumente zur deutschen Literatur. Stuttgart
Kemper, Hans-Georg (1974): Vom Expressionismus zum Dadaismus. Eine Einführung in die dadaistische Literatur. Kronberg/Ts.
Köpke, Wulf u. a. (Hrsg.) (1984): Deutschsprachige Exilliteratur. Studien zu ihrer Bestimmung im Kontext der Epoche von 1930 bis 1960. Bonn
Köpke, Wulf (1985): Die Wirkung des Exils auf Sprache und Stil. Ein Vorschlag zur Forschung. Exilforschung 3, 225–237
Koopmann, Helmut (1997): Deutsche Literaturtheorien zwischen 1880 und 1920. Eine Einführung. Darmstadt
Korte, Hermann (1994): Expressionismus und Jugendbewegung. Internationales Archiv für Sozialgeschichte der deutschen Literatur, 13, 70–106. Tübingen
Korte, Hermann (1994): Die Dadaisten. Reinbek b. Hamburg
Korte, Hermann (1995): Lyrik am Ende der Weimarer Republik. In: Weyergraf, Bernd (Hrsg.) (1995): Literatur der Weimarer Republik. 1918–1933. S. 601–635. München/Wien
Lamping, Dieter (1991): Moderne Lyrik. Eine Einführung. Göttingen
Lamping, Dieter (1996): Literatur und Theorie. Poetologische Probleme der Moderne. Göttingen
Lethen, Helmut (1970): Neue Sachlichkeit 1924–1932. Studien zur Literatur des ›Weißen Sozialismus‹. Stuttgart
Lethen, Helmut (1994): Verhaltenslehren der Kälte. Lebensversuche zwischen den Kriegen. Frankfurt a. M.
Ludwig, Hans-Werner (1991): Arbeitsbuch Lyrik. Tübingen
Marhold, Hartmut u. a. (1985): Impressionismus in der deutschen Dichtung. Frankfurt a. M. u. a.
Marsch, Edgar (Hrsg.) (1980): Moderne deutsche Naturlyrik. Stuttgart
Meyer, Raimund (1990): Dada in Zürich. Die Akteure, die Schauplätze. Frankfurt a. M.
Möser, Kurt (1983): Literatur und ›Große Abstraktion‹. Kunsttheorien, Poetik und ›abstrakte Dichtung‹ im *Sturm* 1910–1930. Erlangen
Murunga, Manuel (1987): Großstadtelend in der deutschen Lyrik zwischen Arno Holz und Johannes R. Becher. Frankfurt a. M. u. a.
Neis, Edgar (1986): Struktur und Thematik der klassischen und der modernen Lyrik. Paderborn u. a.
Nienhaus, Stefan (1986): Das Prosagedicht im Wien der Jahrhundertwende. Altenberg–Hofmannsthal–Polgar. Berlin/NewYork
Petzold, Klaus/Autorenkollektiv (1991): Geschichte der deutschsprachigen Schweizer Literatur im 20. Jahrhundert. Berlin
Philipp, Eckhard (1980): Dadaismus. Einführung in den literarischen Dadaismus und die Wortkunst des *Sturm*-Kreises. München

Raabe, Paul (Hrsg.) (1964): **Ich schneide die Zeit aus.** Expressionismus und Politik in Franz Pfemferts ***Aktion*** 1911–1918. München
Raabe, Paul (Hrsg.) (1965): Expressionismus. Der Kampf um eine literarische Bewegung. München
Raabe, Paul (1985): Die Autoren und Bücher des literarischen Expressionismus. Ein bibliographisches Handbuch. Stuttgart
Reso, Martin (Hrsg.) (1969): Expressionismus. Lyrik. Berlin/Weimar
Rey, William H. (1978): Poesie der Antipoesie. Moderne deutsche Lyrik. Genesis, Theorie, Struktur. Heidelberg
Riha, Karl (Hrsg.) (1977): Dada Berlin. Texte, Manifeste, Aktionen. Stuttgart
Riha, Karl/Wende-Hohenberger, Waltraud (Hrsg.) (1992): Dada Zürich. Texte. Manifeste, Dokumente. Stuttgart
Rotermund, Erwin (1963): Die Parodie in der modernen Lyrik. München
Rothe, Wolfgang (1973): Deutsche Großstadtlyrik vom Naturalismus bis zur Gegenwart. Stuttgart
Schäfer, Hans Dieter (1974): Naturdichtung und Neue Sachlichkeit. In: Rothe, Wolfgang (1974): Die deutsche Literatur in der Weimarer Republik. S. 359–381. Stuttgart
Schäfer, Hans-Dieter (1981): Das gespaltene Bewußtsein. Deutsche Kultur und Lebenswirklichkeit 1933–1945. München
Schmidt-Bergmann, Hansgeorg (1991): Die Anfänge der literarischen Avantgarde in Deutschland. Über Anverwandlung und Abwehr des italienischen Futurismus. Ein literarhistorischer Beitrag zum expressionistischen Jahrzehnt. Stuttgart
Schneede, Uwe M. (Hrsg.) (1979): Die zwanziger Jahre. Manifeste und Dokumente deutscher Künstler, Köln
Schuhmann, Klaus (Hrsg) (1991): sankt ziegensack springt aus dem ei. Texte, Bilder und Dokumente zum Dadaismus in Zürich, Berlin, Hannover und Köln. Leipzig/Weimar
Schuhmann, Klaus (Hrsg.) (1995): Lyrik des 20. Jahrhunderts. Materialien zu einer Poetik. Reinbek b. Hamburg
Schlösser, Manfred (Hrsg.) (1960): An den Wind geschrieben. Lyrik der Freiheit. Gedichte der Jahre 1933–1945. Darmstadt
Speier, Hans-M. (Hrsg.) (1989): Die Berlin-Lyrik von der Gründerzeit bis zur Gegenwart. Berlin
Sprengel, Peter (1998): Geschichte der deutschsprachigen Literatur 1870–1900. Von der Reichsgründung bis zur Jahrhundertwende. München
Thomas, Karin (1989): Du Mont's kleines Sachwörterbuch zur Kunst des 20. Jahrhunderts. Von Anti-Kunst bis Zero. 6. Aufl. Köln
Veit, Elisabeth (1978): Fiktion und Realität in der Lyrik. Literarische Weltmodelle zwischen 1890 und 1918 in der Dichtung Max Dauthendeys, Richard Dehmels und Alfred Momberts. Diss. München
Vietta, Silvio (1970): Sprache und Sprachreflexion in der modernen Lyrik. Bad Homburg
Veitta, Silvio (1992): Die literarische Moderne. Eine problemgeschichtliche Darstellung der deutschsprachigen Literatur von Hölderlin bis Thomas Bernhard. Stuttgart
Völker, Ludwig (Hrsg.) (1990): Lyriktheorie. Texte vom Barock bis zur Gegenwart. Stuttgart
Wunberg, Gotthart (Hrsg.) (1971): Die literarische Moderne. Dokumente zum Selbstverständnis der Literatur um die Jahrhundertwende. Frankfurt a. M.